탐욕(貪欲)의

심리학

탐욕의 심리학

초판 1쇄 발행	2026년 1월 20일
지은이	이은경(현도)
펴낸이	윤재승
주간	사기순
기획·홍보	윤효진
영업관리	김세정, 백지영
표지 디자인	강초원
본문 디자인	미들하우스
펴낸 곳	민족사
등록	1980년 5월 9일 제 1-149호
주소	서울 종로구 삼봉로 81 두산위브파빌리온 1131호
전화	02)732-2403, 2404
팩스	02)739-7565
홈페이지	www.minjoksa.org
블로그	blog.naver.com/minjoksabook
페이스북	www.facebook.com/minjoksa
이메일	minjoksabook@naver.com

ISBN 979-11-6869-090-5(93180)

탐욕(貪欲)의 심리학

현도 지음

민족사

머리말

인간은 왜 갈망하는가?

인간은 누구나 기본적인 욕구와 다양한 욕망을 지니고 살아간다. 그중에서도 강렬하고 때로는 파괴적인 형태로 드러나는 것이 바로 '탐욕'이다. 욕망은 인간다운 삶을 가능하게 하는 중요한 에너지이지만, 그 욕망이 지나쳐 탐욕으로 변질될 때, 개인은 물론 사회 전체에 병과 해악을 불러온다.

현대 사회는 자본주의의 영향 아래 '재물'에 대한 욕망이 유독 강해졌다. 우리는 흔히 "돈이 전부는 아니다.", "돈보다 중요한 것이 많다."고 말하지만, 실제 삶에서는 돈 없이는 일상을 유지하기 어렵다. 의식주는 물론이고 자아실현, 사회적 인정, 심지어 인간관계마저도 재물을 중심으로 움직이고 있다.

재물에 대한 욕망은 어느덧 너무나 자연스럽고 당연한 것이 되었다. 그러나 그 욕망이 탐욕으로 바뀌는 순간, 우리의 삶은 균형을 잃고 수많은 심리적·사회적 문제들을 일으킨다. 욕망과 탐욕 사이, 그 미묘한 경계를 성찰하지 않으면 알게 모르게 욕망의 노예가 되어 버릴 수 있다.

부정부패, 도박, 사기, 횡령, 투기, 인간관계의 단절, 환경 파괴 등 오늘날 우리가 겪는 수많은 고통의 뿌리에는 '지나친 재물 탐욕'이 자리하고 있다. 심지어 국가 간의 경제 전쟁과 같은 글로벌 분쟁도 결국 인간의 끝없는 탐욕이 불러온 결과다.

현대인의 삶은 외형적으로는 풍요로워 보이지만, 실제로는 탐욕이라는 그늘 아래 불안과 고통 속에 놓여 있다. 끊임없이 분출되는 욕망에 이끌리다 보면, 결국 공허함만 남는다. 그 공허함은 육체와 마음을 병들게 하고, 개인의 삶은 물론 사회 전체의 기반까지 흔들리게 만든다.

그럼에도 불구하고, 우리는 여전히 소비, 소유, 축적을 통해 행복을 얻을 수 있다고 믿고 있지만, 이런 믿음은 오래가지 않는다. 곧 한계를 드러내고, 더 큰 결핍과 불안으로 우리를 밀어 넣는다. 욕망이나 탐욕을 제어하지 않는 한, 결코 진정한 행복에 다다를 수 없다. 지금, 이 시점에서 우리는 다음과 같은 근본적 질문을 던질 필요가 있다.

"탐욕이란 무엇인가?"

“탐욕을 어떻게 이해하고, 어떻게 통제할 수 있을까?”

이 질문은 단지 도덕적 자기반성의 수준을 넘어, 건강하고 평온한 삶을 영위하기 위한 첫걸음이 될 것이다.

초기불교와 심리학의 시선에서 바라본 탐욕

불교는 탐(貪) · 진(瞋) · 치(癡), 이른바 삼독심(三毒心)을 인간의 고통과 번뇌의 근원으로 본다. 그중 ‘탐’은 끊임없이 무언가를 갈망하고 소유하려는 마음, 즉 욕망이 끝없이 확장되는 상태를 뜻한다. 불교는 이러한 탐욕이 인간 삶을 괴롭게 만드는 주요 원인이라 보고, 이를 깊이 통찰하고 제어하며 소멸시키는 것이 고통에서 벗어나는 수행의 핵심임을 강조한다.

특히 초기불교는 생존을 위한 기본적인 욕구 자체를 부정하지 않는다. 그러나 욕구가 도를 넘고, 소유와 집착의 대상이 커져 욕망이 탐욕으로 전환될 경우, 이를 깨달아 알아차리고, 극복하고, 궁극적으로 소멸하는 실천 수행을 제시한다. 인간의 욕망, 그중에서도 소유에 대한 욕망에 주목해 왔다. 현대 사회는 자본주의와 소비주의라는 거대한 구조 안에서 움직이며, 이 체계는 사람들로 하여금 더 많은 재화와 물질을 추구하도록 끊임없이 자극한다.

심리학자들은 이러한 구조적 조건이 인간의 마음에 어떤 영향을 미치는지를 집중적으로 탐구해 왔다. 예를 들어 지그문트 프로이트(Sigmund Freud)는 인간의 무의식 영역인 '이드(id)'가 본능적으로 쾌락을 추구한다고 보았으며, 그 안에는 성적 욕망뿐 아니라 물질에 대한 강한 소유욕도 포함된다고 주장했다. 그에 따르면, 인간은 본능적으로 욕망하는 존재이며, 그 충동을 어떻게 억제하고 다루느냐에 따라 삶의 질이 결정된다고 한다.

에리히 프롬(Erich Fromm)은 인간의 소유욕을 '존재'와 '소유'라는 두 가지 삶의 방식으로 구분했다. 그는 현대인이 점점 더 '소유' 중심의 삶에 집착하면서 탐욕이 강화되고, 진정한 삶의 의미를 상실한다고 보았다. '있는 그대로 존재하려는 삶'보다는 '무언가를 갖고자 하는 삶'에 집중하면서 인간은 끊임없는 결핍감과 불만족 속에 살아가게 된다는 것이다. 이는 불교가 말하는 '끝없는 갈애(渴愛)'와도 맞닿아 있다.

오늘날에는 '탐욕'을 보다 과학적으로 이해하고자 하는 시도도 이루어지고 있다. 다양한 심리 측정 도구들이 개발되어, 사람마다 어느 정도의 탐욕 성향을 갖고 있는지[탐욕 척도]를 수치화하려는 연구가 진행되고 있다. 이러한 도구들은 탐욕을 인지적 · 정서적 · 행동적 특성으로 구분하여 설명하려고 한다. 하지만 현대 심리학은 아직 탐욕을 '어떻게 없앨 것인가?', '어떻게 조절할 수 있을 것인가?'에 대해서는 구체적이고 실질적인 해법을 충분히 제시하지 못하고 있다. 대부분의 연구가 탐욕의 원인을 분석하거나 유형을 분류하는 데 집중되어 있으며, 그것을 실제 삶 속에서 어떻게 다루고 변화시킬 수 있을지에 대한 부분은 상대적으로 부족하다.

이와 비교해 보면, 불교는 욕망이 탐욕으로 발전해 가는 내적 흐름을 철저히 들여다보고, 이를 수행을 통해 직접 제어하며 소멸시키는 실천적 가르침을 전한다. 바로 이 점에서 불교의 통찰은 현대 심리학이 아직 다루지 못한 실천의 공백을 채워줄 수 있는 중요한 역할을 할 수 있다.

탐욕을 넘어서: 불교와 심리학이 안내하는 마음의 지도

현대인의 마음은 언제나 무언가를 향해 달리고 있다. 더 많은 것을 갖기 위해, 더 좋은 것을 누리기 위해, 끝없는 경쟁과 비교 속에서 우리는 어느새 '갖지 못한 것'에 사로잡혀 살아간다. 하지만 더 많이 소유할수록, 더 깊은 결핍이 마음속에 자란다. 그 결핍은 외부의 문제가 아니라, 마음 안에서 시작된다는 사실을 우리는 종종 잊는다. 바로 이 지점에서 '탐욕'에 대한 물음이 시작된다.

이 책은 탐욕이라는 마음의 작용을 불교와 현대 심리학의 관점에서 다시 바라보았다. 불교는 오래전부터 '갈애(渴愛)'를 고통의 뿌리로 보았고, 현대 심리학은 인간의 욕망이 어떻게 구조화되고 행동화되는지를 분석해 왔다. 이 두 사유 체계는 전혀 다른 언어를 쓰면서도, 결국 같은 본질 — 인간의 고통과 그 치유 — 을 향하고 있다.

필자는 불교와 심리학의 교차점에서 '탐욕'이라는 주제를 통합적으로 조망하고, 탐욕에서 벗어날 수 있는 지혜와 실천의 길을 탐구했다. 특히 초기불교와 현대 심리학[1] 이론을 바탕으로, 인간의 재물 탐욕이 어떻게 형성되고, 어떤 심리적·사회적 문제를 일으키는지를 깊이 고찰하고자 한다. 무엇보다 탐욕을 단순한 도덕적 문제로 보지 않고, 정신적·심리적·사회적 구조 안에서 어떻게 발생하고 작동하는지를 분석하며, 이를 제어하고 소멸시키기 위한 실질적 해법을 모색하였다.

불교적 측면에서는, 초기불교의 핵심 경전인 빠알리(Pāli) 삼장(三藏) —경장(經藏, Sutta piṭaka), 율장(律藏, Vinaya piṭaka), 논장(論藏, Abhidhamma piṭaka)—과 그 한역(韓譯)본인 《아함경(阿含經)》을 기본 자료로 삼았다. 4부 《니까야(Nikāya)》는 Pāli Text Society(PTS)판과 중화전자불전협회(中華電子佛典協會, CBETA, 2014년)의 한문본을 함께 참고하였다. 그 외에도 《청정도론》, 《아비담마(論藏, Abhidhamma piṭaka)》 등의 논서를 바탕으로 초기불교가 말하는 탐욕의 구조와 원인, 그리고 바른 재물관, 바른 생계(Sammā-ājīva)의 개념을 분석하였

1) 현대 심리학은 인간의 심리 변화에 따라 기초, 응용, 임상, 상담, 생리, 약물, 건강, 성격, 발달 심리학 등 다양한 분야로 확장되어 왔다. 특히 재물, 욕구, 탐욕과 관련해서는 물질주의, 형태주의, 행동주의, 인본주의, 정신분석 이론 등에서 직·간접적으로 탐구되며, 이와 관련한 다양한 탐욕 측정 도구들도 활용되고 있다. 이에 본 연구는 현대 심리학 이론, 탐욕 척도 등 다양한 문헌을 바탕으로 탐욕에 대한 심층적인 고찰을 시도하였다.

다. 아울러 초기불교의 오계(五戒), 팔정도(八正道), 보시(布施), 무소유(無所有), 법기(法器, 불도佛道를 수행할 수 있는 사람 등을 칭함) 등의 가르침이 오늘날 재물 탐욕을 해결하는 데 어떻게 적용될 수 있는지를 분석하였다.

한편 현대 심리학의 관점에서는, 재물과 욕망, 탐욕의 심리적 기반을 이해하기 위해 심리학의 다양한 분과—기초·응용·상담·임상·건강·발달 심리학—및 물질주의(Materialism), 형태주의(Gestalt), 인본주의(Humanism), 행동주의, 정신분석 이론 등에서 논의된 관련 이론을 폭넓게 다루었다. 특히 최근 활발하게 연구되고 있는 탐욕 척도(Greed Scale), 물질주의 성향 측정, 소비 행동 분석 등의 도구를 참고하여 탐욕의 정량적 이해를 시도하였다.

또한 이 책은 다음의 네 가지 목적을 지닌다.

1. 재물과 탐욕의 개념을 초기불교와 현대 심리학 양측의 관점에서 정확히 정의하고,
2. 탐욕으로 인해 발생하는 심리적·사회적 문제들을 구조적으로 분석하며,
3. 초기불교의 실천법을 통해 탐욕을 제어하고 소멸하는 방법을 제안하고,
4. 탐욕을 넘어선 삶의 지향점으로서 '바른 부(富)'와 '참된 행

복'의 길을 제시한다.

총 3장으로 구성된 이 책에서 탐욕의 정의와 구조, 탐욕이 일으키는 재물 중심의 문제들을 세분화하여 다뤘다.

Ⅰ장 '탐욕의 정의와 모습'에서는 초기불교와 현대 심리학에서 탐욕이 어떻게 정의되고 어떤 속성과 구조, 과정을 거쳐 발생하는지를 다뤘다. 욕망과 욕구의 차이를 구분하고, 탐욕이 발생하는 심리적·인지적 메커니즘을 분석했다.

Ⅱ장 '탐욕이 만들어 내는 세상'에서는 탐욕이 실제로 개인과 사회에 어떤 영향을 미치는지 구체적으로 살폈다. 소비중독, 인간관계 단절, 사회적 불평등, 도박, 투기, 사기, 환경파괴 등의 문제들이 탐욕과 어떻게 연결되어 있는지를 다층적으로 파악하여 궁극적으로 탐욕이 어떤 고통을 안기는지를 초기불교와 심리학의 관점에서 비교 분석하였다. 불교 경전과 현대 사회의 사례를 통해 재물 탐욕의 폐해를 구체적으로 살폈다.

Ⅲ장 '탐욕을 넘어서는 길'에서는 초기불교의 실천법 — 오계(五戒), 팔정도(八正道), 보시(布施), 무소유(無所有), 법기(法器) 등 — 의 가르침을 중심으로, 현대인이 어떻게 탐욕을 자각하고 통제하며 극복할 수 있는지를 구체적으로 제시한다. 또한 이 가르침들이 종교인의 수행을 넘어 현대인의 실존적 문제 해결에 어떻게 적용될 수

있는지를 조명한다.

필자는 이 책을 통해 재물 탐욕으로 인해 심리적 고통과 사회적 혼란을 겪는 현대인들에게 불교와 심리학이라는 두 관점을 바탕으로 성찰과 회복, 행복의 길을 제시하고자 한다. 독자들이 이 책을 읽으면서 '불교의 지혜는 특정 종교인만의 전유물이 아니다. 그 가르침은 누구나 삶에서 실천할 수 있는 통찰과 방법으로 탐욕을 내려놓고 참된 부(富)와 행복에 이르는 마음의 지도가 될 수 있다는 것'을 알아차리면 더 바랄 게 없겠다.

이 책을 쓸 수 있도록 도움을 주신 분들께 감사드린다. 더불어 열정적이며 무언의 갈채를 보내준 민족사 윤창화 대표님과 사기순 주간님을 위시한 민족사 직원 여러분에게도 깊은 감사를 전한다.

2025년 한겨울 끝에서

현도

차례

표목차

I.

탐욕(貪欲)의 정의와 모습

제1절 심리학이 본 탐욕

1. 탐욕이란 무엇인가?

일반 심리학에서는 욕구(needs), 욕망(desire), 탐욕(greed)을 구체적으로 구분하지 않거나, 유사한 의미로 혼용하는 경우가 많다. 일부 심리학자들만이 이 세 개념을 부분적으로 구분하여 정의한다. 그러나 대다수 심리학자는 '탐욕'의 밑바탕에 기본적인 욕구와 욕망이 존재하며, 거기에 더 많이 소유하고자 하는 강한 갈망이 덧붙여진 상태라는 점에는 동의한다.

그러나 탐욕은 매우 주관적이고 자기중심적이며, 문화적으로도 모호하고 독특하며 고유한 구조를 가진다. 이 때문에 보편적이고 명확한 정의를 내리기가 쉽지 않다. 인류학자 오카(Oka)와 쿠잇(Kuijt)은 "지금 여기서 탐욕스럽고 지나친 것으로 여겨지는 행위가 다른 시간과 장소에서는 유익한 축적으로 여겨질 수도 있다."라고 지적한다. 즉, 탐욕은 시간과 장소, 문화와 사회적 맥락 속에 깊이 뿌리내린 개념이다.

탐욕은 단순히 물질을 더 많이 가지려는 성향이 아니다. 문화·환경적 영향뿐만 아니라, 개인의 감정과 주관적 특성이 강하게 작용하는 복합적인 심리 구조다. 이러한 특성 때문에 탐욕은 객관적으로 측정하기 어렵고, 이에 대한 경험적 연구도 아직 충분히 축적되지 않았다.

초기의 연구들은 탐욕이 다양한 상황과 감정, 그리고 개인의 주관적 변화에 크게 영향을 받는다고 보았다. 그러나 최근의 연구들은 탐욕을 일시적 감정 상태로만 보지 않고, 개인의 기질이나 성향과 깊은 관련이 있는 지속적인 특성으로 이해하고 있다. 이런 관점에서, 우리는 욕구와 욕망, 그리고 탐욕을 각각 구분하여 살펴봄으로써, 탐욕이라는 개념을 한층 더 면밀히 이해할 필요가 있다.

1) 욕구(欲求, need): 살아가기 위한 필수품

'욕구'라는 말은 중세 영어 *nede*, *neden*, 그리고 고대 영어 *nīed, nēod, nēodian* 등 두 용어의 결합에서 유래했다. 이 단어들은 '필수', '강제', '원함', '욕망', '바람', '의지', '부족 없이', '필요', '요구' 등 다양한 의미를 담고 있다. 국어사전에서도 욕구는 '무엇을 얻거나 어떤 일을 하고자 바라고 원함'으로 정의한다.

심리학자 헨리 머레이(Henry Murray)는 욕구를 사람들이 외부 환경 속의 대상이나 상황에 어떻게 주목하고 반응할지를 결정짓는 내적인 방향성, 즉 내부 지향적 힘(internal directional force)이라고 보았다. 정신분석학의 창시자인 지그문트 프로이트(Sigmund Freud) 역시 욕구는 직접적으로 감각되지 않는 신체의 내면적 상태로 설명하며, 인간 내면에서 비롯된 심리적 에너지로서 욕구를 이해했다.

머레이(Henry Murray)와 에이브러햄 매슬로(Abraham Maslow)는 인간의 욕구가 개인의 성격과 행동에 영향을 주는 중요한 동기라고 강조하였다. 머레이는 1938년, 인간의 행동을 유발하는 일종의 내적 동력[내부 지향적 힘]으로서의 욕구를 체계화하였다. 그는 욕구의 범주 안에 단순한 생리적 충동뿐만 아니라 획득, 성취, 인정, 자존감, 과시, 친밀감 등 정신적·심리적 요인과 동기(motivation)들까지 포함된다는 점을 강조하였다. 특히 그는 욕구가 생리적인 것에서 출발할 수 있지만, 개인의 후천적인 경험과 환경에 크게 영향을 받아 사람마다 다른 욕구의 우선순위를 형성한다고 보았다. 머레이는 최초로 인간의 심인성(心因性) 욕구를 정리한 상세 목록을 제시하였는데, 이 목록은 총 44개 항목으로 구성되어 있으며, 그중 20개는 명백하게 드러나는 욕구로 분류되었다.[2)]

---

2) 총 44개의 변수로 구성된 상세 목록은 명백한 욕구(20개), 잠재적 욕구(8개), 특정 내부 상태(4개), 일반적인 특성(12개)이다.

여기에는 '①실추·비하(abasement), ②성취(achievement), ③친애·친화(소속, affiliation), ④침략·공격(aggression), ⑤자율(autonomy), ⑥반작용(counteraction), ⑦복종·존경(deference), ⑧방어(defendance), ⑨지배(dominance), ⑩과시(exhibition), ⑪위해 회피(harmavoidance), ⑫굴욕 회피(infavoidance), ⑬양육(nurturance), ⑭질서(명령, order), ⑮유희(play), ⑯거절(rejection), ⑰감각(지각, sentience), ⑱성(sex), ⑲구호(의존, succorance), ⑳이해(understanding)' 등이 포함된다.

그는 욕구들이 침범 방지[Inviolacy, ①~⑫까지], 격리[⑬~⑯까지], 우월성[⑰~⑲까지] 등과 연관되며, 욕구 간에는 복합적인 상호작용이 존재한다고 분석하였다. 그 외 '획득이나 비난 회피, 인지, 건설, 제시, 인정, 보유'라는 욕구의 사항들은 때때로 언급하였다.

한편 1940년, 매슬로는 인간의 욕구를 선천적 욕구[innate needs, 하위욕구로서 생리적·생명 유지에 꼭 필요함]와 후천적 욕구[acquired needs, 상위욕구로서 문화·환경에 대해 학습하게 됨]로 구분하고, 이를 바탕으로 '동기부여 이론'을 체계화시켜 '욕구 위계이론(Hierarchy of Needs)'을 정립하였다. 그는 욕구를 인간 본성의 일부이자 선천적·후천적인 요소를 다 포함한 주관적 심리상태로 보았으며, 이러한 욕구가 충족되는 것이 바람직하다고 강조했다. 매슬로가 제시한 욕구의 위계는 생존을 위한 가장 기초적인 생리적 욕구에서부터 자아실현에 이르기까지 총 다섯 단계로 구성된다.

〈표 1-1〉 매슬로의 욕구 위계 5단계

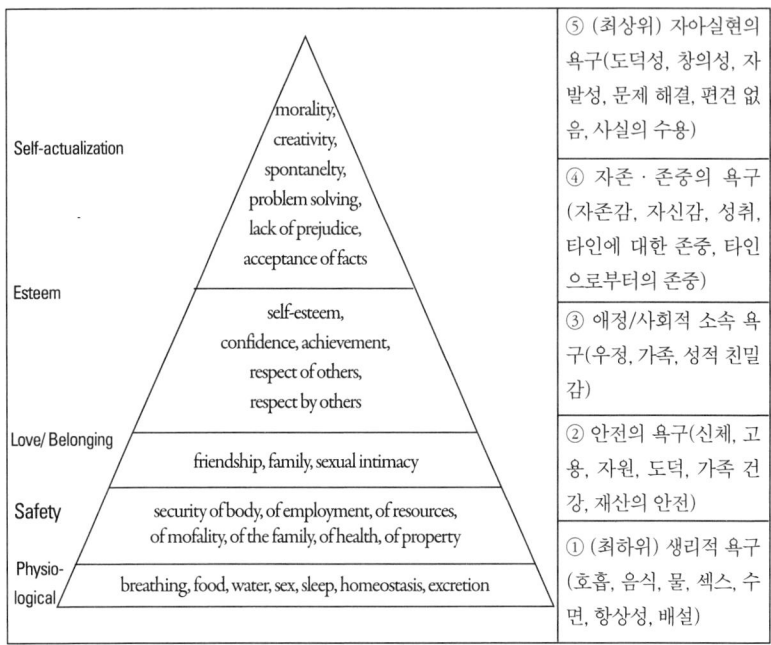

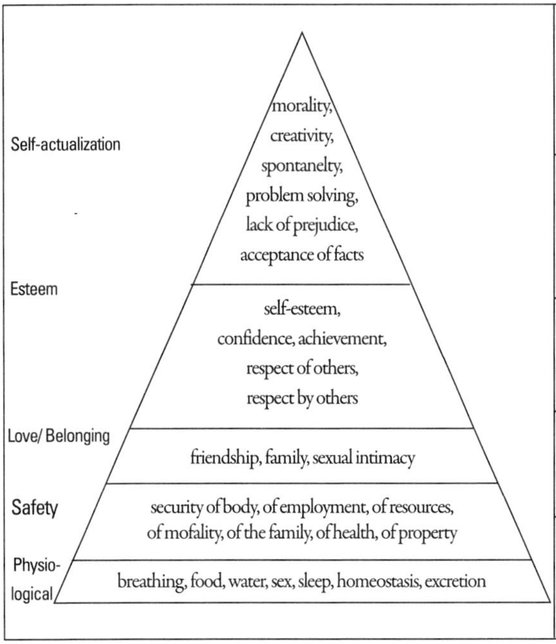

⑤ (최상위) 자아실현의 욕구(도덕성, 창의성, 자발성, 문제 해결, 편견 없음, 사실의 수용)
④ 자존 · 존중의 욕구(자존감, 자신감, 성취, 타인에 대한 존중, 타인으로부터의 존중)
③ 애정/사회적 소속 욕구(우정, 가족, 성적 친밀감)
② 안전의 욕구(신체, 고용, 자원, 도덕, 가족 건강, 재산의 안전)
① (최하위) 생리적 욕구(호흡, 음식, 물, 섹스, 수면, 항상성, 배설)

첫 번째는 호흡, 음식, 물, 성(性, sex), 수면, 항상성 유지(의복 · 피난처), 배설 등 생명 유지에 필수적인 생리적 욕구이다. 예를 들어 배고픈 사람은 "빵이 없을 때 빵만 생각한다."라는 말처럼 배고픔이나 음식 외에 다른 생각은 하지 않는다. 생리적 욕구가 충족되어야만 다음 단계인 위험에서 벗어나 안전한 상태를 원하는 안전 욕구로 이어질 수 있다. ⋯▸ 안전 욕구는 신체와 재산, 건강, 가족, 고용, 법적 보호 등 삶의 안정과 관련된 모든 것을 포함한다. 예를 들면 직장인은 직업 상실이나 재산 손실, 자연재해 등을 비롯해 신체적 위험으로부터 보호받기를 원하며, 직업의 안정, 노령 연금, 생명 보험 등과 같은 것을

선호한다.

이처럼 인간은 생리적 욕구와 안전 욕구, 이 두 가지 기본 욕구가 어느 정도 충족되면 ···▸ 세 번째인 사회적 소속과 애정의 욕구로 나아가게 된다. 이는 사회적 관계 속에서 사랑과 애정을 주고받고 구성원으로서 인정받기를 원하는 감정이다. 이러한 욕구는 '집단에 속해야 한다'는 소속 의식과 그 속에서 애정과 유대감을 주고받아야 한다는 의미를 내포한다.[3] ···▸ 이후 이 욕구가 충족되면 곧 '타인으로부터의 존경과 인정, 가치 있는 존재로서의 인정, 권력과 권위 있는 지위를 얻고자 하는 욕구' 등 자존감(자신감), 가치, 힘, 성취[능력], 존중을 추구하는 욕구로 나아가 더 높은 목표를 향한 행동을 촉진한다. ···▸ 마지막 단계는 자아실현 욕구이다.

자아실현은 인간이 자신의 잠재 능력을 최대한 실현하고, 삶의 의미와 목적을 찾아 더 나은 존재로 성장하려는 가장 고차원적인 욕구이다. 매슬로는 1단계부터 4단계까지는 결핍과 관련된 욕구이며, 5단계는 성장과 관련된 욕구라고 구분했다. 일반적으로 인간은 하위 단계 욕구가 어느 정도 충족되면 상위 단계 욕구로 나아가는데, 반드시 순차적으로 진행되는 것은 아니다. 즉 하위 단계 욕구를 충족시켜야만 상위 단계 욕구로 나아가는 건 아니다. 상위 단계 욕구로 나아갔더라도 목마름이 나타나면 즉시 하위 단계 욕구를 충족시키기 위

---

3) 사회적 관계 속은 집단에 소속되어야 한다는 생각과 집단의 구성원으로부터 사랑이나 애정을 주고받아야 한다는 의미를 지닌다.

해 돌아오듯, 필요에 따라 하위 단계로 다시 돌아가기도 한다. 예를 들어 자아실현을 이룬 사람이 갑작스러운 위협이나 결핍을 느낄 경우, 다시 생리적 안정이나 안전 욕구 등 하위 단계 욕구를 확보하려 할 수 있다는 것이다.

머레이와 매슬로의 이론에서 볼 수 있듯, 심리학자들은 인간의 욕구 우선순위가 개인마다 다를 수밖에 없다고 강조한다. 어떤 사람은 성취 욕구가 강하게 작동하는 반면, 다른 사람은 관계 욕구나 안전 욕구가 더 큰 영향을 미칠 수 있다. 이러한 차이는 개인의 성향, 성장 배경, 가치관, 경험 등에 따라 결정된다.

인간은 자신에게 중요한 욕구가 충족되지 않을 때[욕구의 강도가 커질수록] 정서적 반응과 행동도 더욱 강렬해진다. 욕구는 단 한 번의 충족으로 끝나는 것이 아니라, 충족되는 순간 더 높은 욕구가 생겨나며, 인간은 이 과정에서 끊임없이 새로운 긴장과 도전을 경험하고 행동하게 된다. 결국 어떤 목표를 달성하더라도 거기서 멈추는 것이 아니라, 또 다른 더 큰 목표를 설정하게 되기 때문에 욕구는 멈추지 않고 계속해서 이어지게 된다. 이러한 욕구의 순환은 인간이 끊임없이 성장하고 변화하는 존재임을 보여 주는 중요한 특징이다.

인간의 욕구는 충족되어야 유지되며, 그 유지 과정에서 또 다른 욕구가 생겨나기 마련이다. 따라서 욕구 충족의 개념은 단순히 하나의 고정된 상태가 아니라 계속해서 향상되고 확장되는 과정으로 이해해야 한다. 이러한 관점에서 보면 욕구 충족은 단지 어떤 행동의 결과가 아니라, 인간 삶의 근본적인 원동력이자 변화를 이끄는 힘이라 할 수 있다. 또한 충족 이론은 '좌절 이론, 학습 이론, 신경증 이론, 심리적 건강 이론, 가치 이론, 그리고 의지 · 책임 · 단련과 관련된 이론'과 함께 종합적으로 고려되어야 타당성을 확보할 수 있다.

1960년대 초, 미국의 심리학자 데이비드 매클렐랜드(David McClelland)는 인간이 성별, 나이, 문화에 상관없이 '성취', '소속(친교)', '권력'이라는 세 가지 학습된 욕구를 지닌다고 주장했다. 그는 이 가운데 하나가 특정 개인의 주된 동기가 될 수 있으며, 이는 각자의 문화적 환경과 삶의 경험에 따라 형성된다고 보았다. 성취 욕구가 높은 사람은 성공을 강하게 갈망하고 실패를 두려워하며, 소속 욕구가 지배적인 사람은 사회적 관계의 유지, 대인과의 친화, 그리고 집단 안에서의 소속감을 중시한다. 권력 욕구가 높은 경우에는 독재적 지배가 아니라 타인에게 영향력을 미치거나 주도권을 쥐고자 하는 성향이 강하게 나타난다. 이때 권력 욕구는 단순한 지배욕이 아니라 조직이나 집단의 성공을 이끄는 긍정적인 리더십으로 발현되기도 한다. 그러나 높은 성과를 추구하는 개인이 조직의 이익보다 자신의 성공을 우선시할 경우, 권력 욕구는 오히려 친화 욕구를 억제하는 요인이 될 수도 있다. 결국 인간의 욕구 중심에는 언제나 '나'라는 주체가 자리하고 있으며, 타인과의 관계 속에서 자신의 욕구를 끊임없이 충족하려는 성향이 존재하는 것이다.

현대 심리학에서 말하는 개인의 올바른 욕구는 다섯 가지로 정리할 수 있다.

첫째, 생존[물리적, 생리적]과 직결된 내면적 결핍상태로, 생활에서 만족하지 못하거나 무언가를 갈구하는 욕구이다.

둘째, 사회적·문화적·경제적 생활과 성공, 성취, 권력 등을 포함한 최소한의 조건을 충족하려는 욕구이다.

셋째, 생존과 관계없이 필요 이상의 과도한 요구나 불필요한 소유는 지양해야 한다.

넷째, 자신과 타인에게 손해(피해)를 끼치거나 감각적 쾌락, 소유욕, 과시욕을 바탕으로 추구 및 획득, 축적하려는 욕구는 바람직하지 않다.

다섯째, 기본적 욕구가 충족된 뒤에도 끊임없이 새로운 욕구를 추가하거나 확장하려 해서는 안 된다. 이러한 기준에서 벗어난 무절제한 욕구는 결국 욕망으로, 더 나아가 탐욕으로 변질될 수 있다. 인간은 자신의 욕구를 자각하고 올바르게 조절해 나갈 때, 비로소 내면의 안정과 조화를 이룰 수 있으며, 삶의 균형을 유지할 수 있다.

2) 욕망(欲望, desire): 필수를 넘어선 바람

욕망은 욕구를 충족하려는 실현 과정에서 자연스럽게 생겨나는 내면의 움직임이다. 그러나 욕망을 명확히 정의하는 일은 간단하지 않다. 우리가 흔히 쓰는 '욕망'이라는 말은 본래 영어 'desire'를 번역하기 위해 만들어진 신조어로, 그 어원은 중세 영어 'desire'(명사)와 'desiren'(동사), 고대 프랑스어 'desirer', 라틴어 'dēsīderō'로 거슬러 올라간다. 특히 'de-sidere'라는 어근에 뿌리를 두고 있는데 놀랍게도 '별로부터(from the stars)'라는 뜻을 가지며, 고대의 점성술과 희망의 개념이 연결되어 있다. 그만큼 욕망은 단순한 바람을 넘어 '갈망, 원함, 그리움, 후회' 등 복합적인 감정을 품고 있다.

한자의 뜻을 살펴보면 그 의미는 더욱 분명해진다. '欲(욕)'은 '하고자 함, 바라다, 탐내다, 좋아하다' 등의 뜻이고, '望(망)'은 '바라다, 기대하다, 원하다, 그리워하다'라는 의미를 담고 있다. 결국 욕망은 마음속의 모든 대상에 일어나는 것이 아니라, 특정한 '원하고 구하는' 대상에 대해서만 작동하는 마음·정서적 반응이라 할 수 있다.

한편, 심리학에서는 욕망이 종종 무의식적으로 작동한다고 본다. 즉, 우리는 자신의 욕망을 스스로 인지하거나 자각하지 못한 채 무의식 속에서 그것이 작동하는 경우가 많다고 주장한다. 현대 심리학에서 욕망은 본능(instinct), 추동(drive), 충동(impulse), 동기(motivation), 욕구(need) 등의 개념과 긴밀히 연결되며, 상황과 선호하는 것에 따라 다양한 방식으로 표현된다. 이 모든 개념은 '모두 어떤 이익이나 혜택을 추구하고자 하는 감정 또는 느낌, 의지'라는 공통점을 공유한다.

그중 '추동(drive)'은 신체 내부의 결핍상태에서 비롯된 생리적 요구를 의미한다. 예를 들어, 음식, 물, 수면, 성적 충동 등 생존과 번식[종의 보존]에 필수적인 요구가 여기에 해당한다. '동기(motivation)'는 이러한 요구에 방향성과 에너지를 부여하는 내적 과정으로, 인간의 행동을 끌어내는 핵심적인 심리 기제이다. 심리학자 데이비드 매클렐랜드(David McClelland)는 동기를 '선호하는 경험과 목표를 중심으로 조직화한 감정적 색채가 배어 있는 인지의 집합'이라고 정의했다. 이처럼 욕구(need)는 동기에서 비롯되고, 동기는 다시 행동을 일으키는 동력이 된다. 욕구와 동기가 행동으로 이어지는 연쇄 반응을 일으키는 것이다. 욕구와 동기의 차이는 개인이 그 상태를 자각하느냐의 여부에 따라 결정되며, 자각된 욕구가 곧 동기라 할 수 있다. 다시 말해 신체적으로 욕구는 직접적으로 감각되지 않는 상태로서, 주관적으로 경험하게 될 때 동기 상태로 전환된다.

(1) 욕망, 삶의 추진력이자 고통의 근원

욕망은 인간의 삶 전반에 깊은 영향을 미친다. 인간은 본래 쾌락을 추구하고 고통을 회피하려는 성향을 지녔다. 욕망이 충족되는 정도에 따라 이러한 쾌락과 고통, 나아가 삶의 만족과 행복, 혹은 불만과 고통 등 한마디로 '삶의 질'을 결정짓게 되는 것이다. '욕망 충족 이론(desire fulfillment theory)'에 따르면, 욕망의 크기나 강도 그 자체보다도 욕망이 얼마나 충족되느냐에 따라 행복(쾌락)이나 불행(고통)을 가른다고 한다. 하지만 현실에서 욕망을 충족시키는 일은 그리 단순하지 않다. 다음과 같은 여섯 가지 이유 때문이다.

① **충족 조건의 부족**: 외적 환경이나 상황적 조건이 부족하여 욕망을 실현하기 어려운 경우가 많다.

② **일시성**: 욕망의 충족은 순간적 · 일시적이며, 시간에 따라 변하기 때문에 유지 및 지속하기 어렵다.

③ **새로운 욕망의 등장**: 한 가지 욕망이 채워지면, 곧바로 또 다른 욕망이나 더 높은 단계의 상위 욕망이 생겨난다.

④ **충족감의 소멸**: 욕망을 반복적으로 충족하면 그 상태에 익숙해져 그 충족감 · 만족감은 점차 줄어들거나 사라진다.

⑤ **비교 심리의 작동**: 욕망이 충족된 이후엔 타인과 자신을 비교하게 되어, 자신보다 더 나은 사람을 보면 충족된 욕망도 무색해지며 행복감이 감소한다.

⑥ **비현실적 욕망**: 비현실적이고 심리적인 욕망은 현실의 외부적 · 상황적 조건으로 이를 충족시킬 수 없어 결국 좌절감과 공허감을 불러온다.

결국 욕망은 단순히 충족 여부만으로 지속적인 만족이나 행복을 보장해 주지 않는다. 오히려 인간의 심리적 · 외부적 · 상황적 조건이 모두 맞아떨어져 충족될 때만 일시적인 만족(행복)을 얻을 수 있을 뿐이다. 그럼에도 욕망은 인간을 이끄는 중요한 내적 동기이자 삶의 추진력이다.

실제로 많은 심리학자와 사회학자들은 욕망을 삶의 영위와 적응에 도움이 되는 안내자의 역할, 즉 인간의 진화 과정에서 긍정적인 결과물로 보는 것이다. 행복 연구의 선구자인 네덜란드 사회학자 루트 베인호벤(Ruut Veenhoven)은 욕망이 인간에게 다음과 같은 긍정적인 영향을 미친다고 말한다:

첫째, 삶의 의욕과 활력을 제공한다.

둘째, 생존과 적응력(특히 문제 해결 능력, 위기 대처 능력)을 높인다.

셋째, 즐거움의 원천이며, 행복감을 높인다.

넷째, 금욕주의의 부정적 시각을 반박하며, 몸과 마음을 즐겁게 만들어 인생을 풍요롭게 한다.

반면, 욕망에 대해 부정적이며 금욕주의적 입장도 있다. 이들은 욕망을 위험한 것으로 간주하며 다음과 같은 이유를 든다:

첫째, 쉽게 충족되지 않으며, 충족되더라도 곧 익숙해져 더 강한 쾌락이나 끊임없는 새로운 자극과 충족을 요구한다.

둘째, 절제력과 통제력을 약화시켜 사람을 나태하고 무절제하게 만들어 현실에 적응하지 못하게 한다.

셋째, 삶의 공허함과 무가치함을 심화하며, 쾌락과 욕망 그 자체로의 진정한 의미를 부여하기 어렵다.

넷째, 개인의 이기적 성향(이기심)을 우선 강화해 사회적 유대감과 관계를 해치기 쉽다.

이처럼 욕망은 인간 삶의 원동력이자 고통을 낳는 근원이라 할 수 있다. 따라서 우리는 욕망을 단순히 긍정하거나 부정하기보다 이해하고 조율하는 태도가 필요하다. 욕망은 다음과 같은 다섯 가지 특징으로 요약할 수 있다:

첫째, 생존과 직접 관련되지 않는 내면의 상태로, 특정 대상을 추구하고자 하는 심리이다.

둘째, 원하는 특정 대상을 향한 감정적·느낌적 반응으로, 특정 행동(행위)을 유도(유발)하며 이익(혜택)을 기대하게 만든다.

셋째, 결핍을 채우기 위한 심리적 갈망으로 동기의 기반이 된다.

넷째, 긍정 또는 부정의 심리적 영향력을 행사하며, 끊임없이 새로운 갈망을 만들어 낸다.

다섯째, 적절한 충족이 바람직하지만, 완전히 만족시키기는 어렵다.

욕망은 결코 피해야 할 감정이 아니라, 잘 다루어야 할 마음의 한 흐름이다. 이를 적절히 이해하고 조율하는 것이 지혜로운 삶의 첫 걸음이 될 것이다.

3) 탐욕(貪欲, greed): 끝없는 집착과 욕망

탐욕(greed)은 단순한 '욕심'이나 '욕망' 이상의 개념이다. 중세 영어의 *gredy*, 고대 영어의 *grēdiġ*, *grǣd*, *grǣdig* 등에서 유래한 이 말은 배고픔, 결핍, 간절함, 그리고 과도한 욕망과 소유욕을 의미했다. 현대에 와서는 주로 '필요 이상으로 더 많이 가지려는 강한 욕망', 즉 끝을 모르는 소유욕이라는 의미로 통용되고 있다.

사전적 정의에 따르면, 탐욕은 단순한 원함이나 욕망을 넘어선다. 그것은 부(富), 재산, 권력과 같은 자원에 대해 이기적이고 부적절하며 통제되지 않는 갈망을 뜻한다. 더 많이, 더 높이, 더 크게 가지려는 끝없는 열망은 한 개인의 행동뿐만 아니라 사회 전반에까지 영향을 미치는 심리적·사회적 힘으로 작용한다.

탐욕의 대상은 물질에만 국한되지 않는다. 우리는 때때로 성공, 명예, 권위, 사랑, 인정, 심지어 시간에 대해서도 끝없이 더 많이 가지려 한다. 인간은 무엇인가를 손에 넣자마자 금세 만족을 잃고 또 다른 대상을 향해 욕망을 확장하는 경향이 있다. 탐욕은 이러한 끊임없는 결핍감, 만족을 모르는 마음에서 비롯된다. 결국 탐욕은 개인이 '가치 있다고 여기는 모든 대상'을 향한 통제 불가능한 소유욕으로 나타난다.

일부 경제학자들은 이러한 탐욕과 이기심을 경제 활동의 핵심 동력으로 간주한다. 인간은 본질적으로 자신의 이익을 최대화하려는 존재이며, 그 이기적인 선택이 오히려 '합리적인 행동'이라는 주장이다. 그러나 대부분의 학자는 이에 반대한다. 탐욕은 본질적으로 도덕성과 윤리성을 해치는 부정적인 요소이며, 종종 착취적이고 파괴적인 결과를 초래한다고 본다. 이런 이유로 탐욕은 비판의 대상이 되며, 사회적으로 경계와 자제가 필요하다는 목소리가 나온다.

그렇다고 탐욕이 반드시 악(惡)으로만 작용하는 것은 아니다. 일부 심리학자들은 탐욕이 인간의 삶에 있어 긍정적인 측면과 부정적인 측면을 동시에 지닌다고 본다. 예를 들어, 더 나은 삶을 위한 욕구와 욕망이 강화될 때, 그것은 강한 동기부여로 작용할 수 있다. 하지만, 이 욕구가 지나치게 확대되면 탐욕으로 비화되어 결국 파괴적 결과를 초래한다. 욕구와 욕망이 강해질수록 탐욕은 더 깊어지고, 때로는 스스로 자신도 통제할 수 없는 강박적인 갈망으로 변질된다.

일반적으로 탐욕은 하나의 대상에만 집중되지 않는다. 물질이든 비물질이든 상관없이 더 많은 것을 가지려는 과도한 소유욕과 이기적 태도가 혼합된 복합적인 심리상태라 할 수 있다. 여기에는 단순히 '더 많이 얻고자 하는 욕망'뿐만 아니라, 충분히 얻지 못했을 때 생기는 불만족, 좌절, 실망, 깊은 불만, 그리고 그로부터 비롯된 더 큰 갈망까지 포함된다.

결국 탐욕은 우리가 어디까지 추구하고 어디에서 멈출 수 있는지를 묻는 중요한 문제와 연결된다. 어떤 사람들은 현실적으로 도달하기 어려운 목표를 세우고, 그 목표에 집착하며 삶 전체를 끌고 가기도 한다. 그 과정에서 탐욕은 다시 강화되고, 때로는 삶을 갉아먹는 형태로 나타난다.

심리학자들은 이러한 탐욕이 단순한 심리 반응을 넘어서, 특정한 심리적·정서적 기질에서 비롯된다고 말한다. 특히 일부 사람들에게는 탐욕이 성격적 경향, 즉 하나의 '기질적 특성(trait)'으로 자리잡는다. 최근 심리학 연구들은 탐욕이 개인의 기질에 따라 다르게 발현되며, 이에 따라 기질적 탐욕을 측정하는 여러 심리 척도가 개발되었다. 대표적인 예로는 Heintzelman Greed Scale(HGS©), Greed Trait Measure(GTM), Dispositional Greed Scale(DGS) 등이 있다.

이러한 도구들은 탐욕이 개인의 성격 구조와 얼마나 깊게 연관되어 있는지를 보여주며, 탐욕이 단지 순간적인 감정이 아니라 지속적이고 구조적인 성향이라는 사실을 드러낸다.

이 중 하인첼만의 HGS© 척도는 탐욕을 다음과 같이 정의한다. "무슨 수를 써서라도 자신이 가진 것 이상으로 더 얻거나, 어떤 대가를 치르더라도 가진 것을 유지하려는 욕망이며, 결코 만족하지 못하는 경향이다."

HGS©는 탐욕의 속성을 다음 여섯 가지 범주로 구체화한다: (a) 물질적(물건, 상품 등) 소유에 대한 과도한 욕망(욕구); (b) 비물질적 가치(성공, 명예 등)에 대한 과도한 욕망; (c) 욕망을 채우기 위해 기꺼이 치를 수도 있는 잠재적인 대가에 대한 무시; (d) 끊임없는 불만족(불만족의 정도); (e) 무엇이든 얻고자 하는 의욕(획득 동기); (f) 보유하려는 강한 동기(유지 동기). 이들 각 범주((a~f)에서의 점수가 높을수록 더 강한 탐욕과 관련되며, 이때 행동이나 신념이 반영된다.

실제 항목들은 탐욕이 어떻게 인간의 인지와 정서를 왜곡시키는지를 잘 보여 준다. 예를 들어, 다음과 같은 문장을 통해 그 심리를 엿볼 수 있다:

"나는 이미 가진 것보다 더 많은 것을 원한다." "나는 항상 더 많은 것을 갈망한다." "나는 가진 것에 종종 만족하지 못한다." "나는 가진 것에 감사하기가 어렵다." "나는 가진 것에 행복하지 않다." "내가 얼마나 가졌는지는 중요하지 않다. 나는 절대 만족하지 않는다." "어떤 것을 갖자마자, 다음에 무엇을 갖고 싶은지를 떠올린다." 등.

이러한 항목에서 탐욕은 ① 과잉 축적 욕망(욕구), ② 지속적인 불만족, ③ 가진 것에 대해 행복감이나 감사함의 부족, ④ 변화하는 목표 대상을 쫓는 속성 등으로 나타난다.

또한 탐욕은 단순히 더 많이 가지려는 것에 그치지 않고, 이미 가진 것을 지키려는 욕망으로도 표출된다. 이때 나타나는 심리적 태도는 다음과 같다: "내가 가진 것을 지키거나 유지하기 위해 어떤 수단도 불사한다." "내가 가진 것을 잃을까 봐 늘 불안(걱정)하다." "내가 가진 것을 공유하거나 나누고 싶지 않다." "타인에게 베푸는 것은 내 책임이 아니다." 등.

이러한 특성은 '보유와 유지', '상실에 대한 두려움', '베풀거나 보시하지 않음', '인색 및 공유 회피'로 요약된다. 특히 탐욕의 대상과 반응에 있어 '소유, 유지, 상실 공포'로 탐욕이 인간 내면에 뿌리 깊게 자리하고 있음을 보여 준다. 탐욕은 이들 대상을 확보 및 유지하는 과정에서 종종 타인의 필요나 이익을 무시하거나 희생시키는 결과를 초래한다.

탐욕은 점차 도덕적 감각을 무디게 만들고, 타인과의 관계까지 왜곡시킨다. HGS©의 확장 항목은 탐욕이 다음과 같은 반윤리적 행동으로 이어질 수 있음을 시사한다:

"원하는 것을 얻기 위해 거짓말하거나, 속이고, 조종하고, 해를 끼친다." "원하는 것을 얻기 위해 사람을 이용하거나, 나쁜 일을 할 수 있다." "내가 원하는 것을 얻는 것이 친구, 타인, 도덕보다 더 중요하다." "원하는 것을 얻기 위해 자신에게 상처를 주더라도 괜찮으며, 얻는 것에 중요한 가치를 둔다." "원하는 것을 추구할 때 결과를 생각하지 않고, 무엇이든 할 수 있다는 생각을 갖는다." 등.

이러한 경향은 자기중심적 사고, 비윤리적·부도덕한 행동 정당화, 타인에 대한 무관심으로 연결되며, 탐욕의 위험성과 파괴력을 극명하게 보여 준다. 더불어 세운첸스(Seuntjens)는 '더 많은 것을 얻고자 하는 경험과 충분히 갖지 못하는 것에 대한 불만'을 추가로 언급하였다.

한국판 기질적 탐욕 척도에서도 다음과 같은 진술을 통해 탐욕의 속성이 잘 드러난다:

"돈은 많으면 많을수록 좋다." "나는 항상 욕심이 많은 편이며,

'더' 많은 것을 원한다." "내가 얼마나 가졌는지는 중요하지 않고, 결코 만족하지 않는다." "어떤 것을 갖자마자, 다음에 무엇이 갖고 싶은지 생각한다." 등.

이 척도는 탐욕의 세 가지 본질을 강조한다. 첫째, 과잉 축적: 더 많이, 끝없이 가지려는 성향을 지닌다. 둘째, 지속적 불만족: 현재에 만족하지 못한다. 셋째, 대상의 유동성: 욕망의 대상이 계속 바뀐다.

지금까지 탐욕에 관한 다양한 연구와 측정을 종합하면, 탐욕의 특성(속성)은 다음과 같은 아홉 가지로 정리할 수 있다:

① 과잉 축적을 추구한다.

② 현재 소유에 대한 끊임없는 불만족.

③ 욕망의 대상이 계속 바뀜.

④ 소유한 것을 보유 및 유지하려는 집착.

⑤ 상실에 대한 극도의 두려움.

⑥ 자신만 위하고 나눔에 인색함(공유하지 않음).

⑦ 자신이 원하는 것을 얻기 위한 무리한 대가 감수와 불만 증가.

⑧ 비윤리적 · 비도덕적 행동 정당화(나쁜 생각과 행위 포함).

⑨ 타인에게 해를 끼쳐서라도 자신의 욕망을 우선한다.

이 모든 속성을 종합하면, 탐욕은 단순한 욕심 · 욕망이 아니라 삶의 방향과 인간관계, 윤리 의식 전반에 영향을 주는 심리적인 힘으로 다음과 같이 정의할 수 있다.

"탐욕은 의·식·주를 포함한 생존에 필요한 수준을 훨씬 넘어서, 자신이 가치 있다고 여기는 대상에 대해 끊임없이 더 많이 가지려는 이기적이고 과도한 욕망이다. 어떤 대상을 막론하고 결코 만족하지 못하며, 때로는 도덕적·사회적 기준을 넘어서 자·타에 해를 끼치는 행동으로까지 나아가는 강렬한 내적 충동이다."

이 정의는 네덜란드 심리학자 세운첸스(Seuntjens)의 견해를 따르며, 물질적 재화뿐 아니라 성공, 명예, 권력, 시간, 인간관계 등 비물질적 영역까지 포괄하는 탐욕의 범위를 담고 있다.

탐욕은 오직 소유나 획득 그 자체를 위한 추구로 끝나지 않는다. 그것은 다음과 같은 다섯 가지 방식으로 우리의 삶에 깊은 영향을 미친다.

첫째, 생존과 관계없는 대상에 대해 집착적인 내적 동기를 유발한다.

둘째, 개인의 기질(성향)과 환경(사회·경제·문화적 여건 등)에 따라 필요하지 않은 것까지도 갈망하게 만든다.

셋째, 충족되어도 만족하지 못하고, 끊임없이 새로운 대상에 대한 욕망을 촉발한다.

넷째, 어떤 대가를 치르더라도 소유를 유지하려 하며, 결국 부도덕한 행동으로 나아간다. (자신·타인에게 부정적인 문제를 일으킨다.)

다섯째, '더 많은 것, 가치를 두는 것, 새로운 것' 등에 대한 자극으로 인해 끊임없이 갈망하고 과도한 획득 및 축적하게 만든다.

이처럼 탐욕은 인간의 내면 깊숙한 곳에서 작동하며, 개인의 삶뿐만 아니라 사회 전체에까지 영향을 미치는 복합적이고 중대한 심리 현상(정신적 작용)이다. 탐욕은 때로 발전과 성취를 자극하는 원동력이 되기도 하지만, 그것이 조절되지 않을 때 인간 내면의 공허함을 낳고, 사회적 불균형과 윤리적 붕괴를 초래할 수 있다. 이제 우리는 탐욕을 단순히 비난하거나 억제하는 데 그칠 것이 아니라, 그 본질을 깊이 이해하고 성찰하며 조절할 수 있어야 한다. 탐욕을 인식하고 다스리는 힘은 외부가 아닌, 자신의 마음속 내면에서 비롯된다. 우리는 지금, 그러한 내면의 지혜가 더욱 절실히 요구되는 시대를 살아가고 있다.

지금까지 심리학에서 살펴본 욕구, 욕망, 탐욕을 구분하여 정리하면 다음과 같다.

〈표 1-2〉 심리학에서의 욕구, 욕망, 탐욕의 구분

	욕구(欲求)	욕망(欲望)	탐욕(貪欲)
정의	생존과 관련됨.	생활·성장하기 위함.	지나친 생활하기 위함.
	무언가를 갈구하는 내면적 결핍상태. 내부 지향적인 힘.	무엇을 하거나 갖고 싶은 간절히 바라는 내면 상태.	지나치게 이기적이며 무언가를 더 얻고자 갈망하는 내면 상태.
종류(대상)	생리적 욕구(필수). (의·식·주와 관련) 개인·사회적 욕구(선택).	감각적인 오욕(五欲). 물질·비물질적 요소.	감각적 오욕락과 심리적 과도한 욕망. 물질·비물질적 요소.

	욕구(欲求)	욕망(欲望)	탐욕(貪欲)
발생 원인	내면적인 결핍상태.	개인의 기질, 성향, 문화, 환경, 경제적 여건 등에 영향받음.	개인의 기질, 성향, 문화, 환경, 경제적 여건 등에 영향받음.
속성	욕구의 강도는 사람마다 다르다.	욕망의 충족 여부에 따라 쾌락과 고통 유발. 지속 및 유지 어렵다.	자·타를 해침, 부도덕, 비윤리적, 착취성, 획득·보유·유지에 힘씀.
	욕구 변화는 계속 일어 난다.	충족 · 만족시킬 수 없다. [불만족]	충족 · 만족시킬 수 없다. [불만족]
특징	생리적 욕구 충족. 긍정적 심리상태.	적당한 충족이 요구. 긍정·부정적 심리상태.	탐욕은 제어 · 제거 대상. 괴로움, 고통 야기. 부정적 심리상태.

2. 탐욕은 어디에서 비롯되는가?

탐욕은 단순한 욕심이나 지나친 욕망을 넘어서, 인간의 내면에서 복합적인 심리적 과정을 거쳐 형성된다. 심리학적 관점에서 탐욕은 '욕구 충족의 실패', '좌절된 욕망', '자아 만족의 결핍', '불안과 결핍감', '자아의 상처와 확장 욕구' 등과 밀접하게 연관되어 있다. 즉, 탐욕은 단순히 어떤 것을 원하는 마음이 아니라, 채워지지 않은 내면의 공백과 불안을 메우려는 심리적 반응이라 할 수 있다.

탐욕의 발생 원인을 더욱 깊이 있게 이해하기 위해서는 프랑스의 정신분석학자 자크 라캉(Jacques Lacan)의 욕망 이론을 참고할 필요가 있다. 라캉은 인간의 욕망은 단지 생물학적 욕구(need)[4]를 넘어서, 타인과의 관계 속에서 형성되는 심리적 구조라고 보았다. 그는 욕망을 "욕구가 언어를 통해 표현될 때 나타나는 요구(demand)에서 파생되는 것"으로 정의하며, 욕망은 끊임없이 반복되고 재생산되기 때문에 완전한 충족은 불가능하다고 주장했다.

이를 쉽게 이해하기 위해 한 가지 예를 들어보자. 아기가 엄마의 젖을 요구하는 것은 생존을 위한 생리적 욕구 충족의 행위다. 그러나 아기는 단지 배고픔만을 해결하고자 하는 것이 아니라, 동시에 엄마의 사랑과 관심, 정서적 안정까지 바라고 있다. 만약 이러한 정서적 욕구가 채워지지 않으면, 아이는 점차 욕망의 상태에 머물게 되고, 이러한 욕망은 계속해서 새로운 요구로 나타난다. 즉, **욕망은 단순한 욕구를 넘어선 '결핍된 채움'을 향한 끝없는 갈망이다.**

이처럼 충족되지 못한 욕구와 욕망은 새로운 욕구를 만들어 내며, 결국 이 과정은 탐욕으로 이어진다. 욕구에서 시작된 요구는 욕망으로 진화하고, 이 욕망이 반복되면서 더 큰 갈망, 즉 탐욕이 발생하게 되는 것이다. 이러한 흐름을 바탕으로 탐욕이 발생하는 주요 원인은 다음의 다섯 가지로 정리할 수 있다.

---

4) 생물학적 욕구는 생존과 종족 보존을 위해 인간이 본능적으로 지니는 기본적인 욕구를 의미한다. 이는 생리적 욕구와 종족 보존 욕구로 구분된다. 생리적 욕구에는 음식·물·수면·배설 등이 포함되며, 종족 보존 욕구에는 성욕과 양육 욕구가 포함된다. 특히 이러한 욕구는 인간의 행동을 유발하는 주요 동기 요인으로 작용한다.

첫째, 인간의 본성과 자존감

인간의 기본적인 본성과 자존감은 탐욕을 유발하는 주요 원인 중 하나이다. 매슬로(A.H. Maslow)의 욕구 위계 이론을 비롯한 여러 심리학자는 인간의 욕구를 다섯 단계로 구분한다. 즉 인간의 욕구는 생리적 욕구 → 안전 욕구 → 애정과 사회적 소속 욕구 → 자존감과 존중 욕구 → 자아실현 욕구의 순서로 이어진다고 설명하며, 욕구 충족의 중요성을 강조한다.

그러나 실제로는 개인마다 욕구가 충족되는 시점과 방식이 다르며, 이러한 욕구가 순차적으로 충족되더라도 인간은 끊임없이 더 나은 삶·상태, 더 높은 쾌락·만족을 추구하려는 경향을 보인다. 특히 자아와 자존감을 강화하려는 심리에서 비롯된 과도한 욕심·욕망은 탐욕으로 이어질 수 있다. 욕구가 충족되었음에도 만족하지 못하고 '더 가지려는 마음(과도한 욕망)'이 지속될 때, 이는 단순한 바람이 아닌 강한 갈망, 즉 탐욕으로 변질된다.

더불어 인간의 본성 자체에 욕구와 욕망, 탐욕의 요소가 내재한다고 보는 견해도 존재한다. 생존과 번영을 위한 본능적 충동이 반복적으로 작동할 경우, 이는 탐욕으로 쉽게 비화될 수 있다는 것이다. 결국 인간은 자존감을 유지하거나 강화하는 과정에서 무의식적으로 탐욕을 증폭시키는 경향을 지닌다고 볼 수 있다.

둘째, 불안과 불만족, 사회적 비교

탐욕은 불안과 불만족, 사회적 비교 등 심리적 요인을 해소하려는 과정에서 비롯된다. 현대 사회는 불안의 시대라 할 수 있으며, 직업의 불안정, 자연재해, 경제적 불황 등은 개인 내면에 불안과 결핍을 남긴다. 사람들은 이러한 심리적 불만족과 불편을 해소하거나 보호받기 위해 더 많은 자원이나 안전장치를 원하게 되며, 그 과정에서 탐욕적 성향·행동이 나타날 수 있다.

또한 인간은 종종 타인과 자신을 비교하거나 사회적 비교를 통해 상대적 박탈감을 경험한다. 남보다 더 많이 소유하거나 더 높은 지위에 오르려는 욕망 등이 반복될수록 탐욕은 강화된다. 특히 돈, 권력, 지위, 명예 등 외적 자원은 비교의 척도가 되어 심리적 결핍을 해소하는 수단으로 작용하며, 이는 곧 탐욕의 연료이자 원동력이 된다. 결국 탐욕은 단순한 욕심이 아니라, 인간이 느끼는 불안과 결핍, 그리고 사회적 비교 속에서 발생하는 심리적 방어 반응이라 할 수 있다.

셋째, 사회적 문화와 가치관

탐욕은 단순히 개인의 성향이나 심리적 결핍에서 비롯된 문제가 아니다. 우리가 살아가는 사회와 문화 자체가 탐욕을 유발하고 강화하는 중요한 배경으로 작용한다. 현대 사회는 물질 또는 비물질적 가치 즉 돈, 권력, 지위, 특권 등 외적인 성공을 삶의 중요한 가치로 여긴다. 이러한 요소가 사회적으로 높이 평가될수록 사람들은 이를 얻기 위해 보다 경쟁적이고 치열하게 행동하게 된다. 그 과정에서 탐욕은 점차 확대된다.

개인의 욕망은 사회의 가치관과 문화·환경 속에서 형성된다. 특히 현대 사회는 소비 중심의 문화와 성공 중심의 가치가 지배적이며, '더 많이 가지는 것'이 '더 나은 삶'이라는 메시지를 끊임없이 주입한다. 광고, SNS, 대중매체는 지속적으로 소비와 성취를 요구하며, 비교와 과시를 통해 소유욕을 강화한다. 이러한 환경 속에서 사람들은 자기도 모르게 탐욕에 길들여지며, 이를 당연한 삶의 태도로 받아들이게 된다.

결국 탐욕은 개인의 내면에서만 비롯된 것이 아니라, 사회적 분위기와 문화적 구조가 만들어 낸 집단적 산물이다. 따라서 탐욕은 개인의 문제가 아닌, 사회 전체가 함께 성찰해야 할 문제로 확장될 필요가 있다.

넷째, 보상 체계와 시스템

탐욕이 지속되고 강화되는 또 다른 이유는 바로 사회가 만들어 놓은 보상 체계에 있다. 현대 사회는 성과 중심의 평가 방식, 자본주의 시스템, 경쟁 위주의 구조를 기반으로 운영되며, 이러한 구조 속 보상 체계(mechanism)는 탐욕을 끊임없이 자극하고 조장하는 중요한 요인으로 작용한다.

사람들은 돈, 권력, 지위, 성공, 특권, 심지어 인정과 만족 같은 보상을 기대하며 행동한다. 그리고 이러한 보상은 구체적이며 즉각적으로 주어지는 경우가 많다. 경쟁에서 더 많은 성과를 내면 더 큰 보상을 받고, 더 높은 자리에 오르면 더 많은 권한을 부여받는 구조 속에서 사람들은 자연스럽게 '더 가지려는 마음'을 갖게 되며, 이는 또 다른 탐욕적 선택을 촉발한다.

이러한 시스템에서 사람들은 단순한 욕구를 넘어 더 많은 보상을 얻기 위해 끝없는 경쟁과 소비, 소유의 욕망 속으로 빨려 들어간다. 결과적으로 보상에 대한 사회적 기준과 구조는 탐욕을 개별적 차원이 아닌 사회적·구조적 현상으로 전환시키며, 이를 정당화하고 반복 재생산하는 토대가 된다. 탐욕은 개인의 문제가 아니라, 이를 허용하고 강화하는 사회 시스템 속에서 끊임없이 성장하고 확산하는 집단적 문제라 할 수 있다.

다섯째, 자아 확장을 포함한 심리적 요인

마지막으로 탐욕은 단순한 물질적 결핍에서 비롯되는 것이 아니다. 때로는 '자아 확장'이라는 심리적 욕구·동기에서 비롯되기도 한다. 인간은 성장과 성취, 자아실현을 향한 본능적인 열망을 지니며, 이는 긍정적인 자기 발전의 원동력이 되기도 한다. 그러나 자아실현의 단계에 도달한 이후에도 자신의 존재를 더욱 확고히 하고 영향력을 넓히려는 과도한 자아 확장의 욕구가 새롭게 나타날 수 있다.

이러한 심리적 기제는 곧 탐욕으로 이어진다. 더 많은 돈, 더 높은 지위, 더 큰 영향력 등 외부 자원을 끊임없이 추구함으로써 자아의 확장을 도모하려는 것이다. 이 과정에서 개인은 현실의 불확실성과 미래에 대한 불안감을 외부 자원의 축적을 통해 통제하려 하며, 그렇게 함으로써 자기 자신이 더욱 강해지고 안전해질 것이라는 믿음을 갖는다.

결국, 자아 강화라는 명목으로 시작된 욕망은 점차 과도해지고, 자원의 축적은 목적이나 수단이 아닌 또 다른 '자아'의 일부가 되어버린다. 탐욕은 이처럼 불안정한 자아의 틈(결핍)을 메우려는 심리적 보상 작용의 일환이자, 무한히 팽창하려는 자아의 그림자라 할 수 있다. 이는 궁극적으로 인간 내면의 공허함을 더욱 심화시키며, 자신을 둘러싼 사회적 관계와 윤리적 기준마저 무너뜨리는 위험한 심리적 메커니즘으로 작용할 수 있다.

이처럼 탐욕은 단일 원인에 의해 발생하지 않는다. 개인의 성격이나 기질(성향), 삶의 경험, 사회적 환경, 문화적 분위기 등 다양한 요인이 복합적으로 작용하여 탐욕이라는 심리적 현상을 만들어 낸다. 그리고 무엇보다 탐욕은 충족을 모르는 속성을 지니고 있다. 아무리 채워도 채워지지 않으며, 만족을 모른 채 끊임없이 새로운 욕망을 낳는다. 결국, 탐욕은 외적인 것을 통해 내면을 채우려는 시도이지만, 그 '채움'은 근본적 공허함을 더욱 증폭시킬 뿐이다.

3. 탐욕이 불러온 검은 그림자

탐욕은 그 자체가 지닌 다양한 의미와 속성 때문에 대부분 부정적으로 인식된다. 특히 주요 종교 전통에서는 '탐욕은 나쁘다.'라는 견해를 분명히 밝힌다. 불교, 그리스도교, 기독교 등에서는 탐욕을 모든 악의 어머니라고까지 말하며, 다른 죄들—분노, 시기, 탐식, 정욕, 교만, 나태 등—또한 탐욕에서 비롯된다고 본다. 실제로 탐욕은 '영원한 저주'로 이끄는 일곱 가지 대죄 중 하나로 규정되며, 사회적·윤리적 문제를 초래하는 근본적 원인으로 간주한다.

탐욕은 단순히 물질적 욕망에만 국한되지 않는다. 개인의 성향에 따라 만족 여부에 영향을 받으며, 만족하지 못할 때 끊임없는 불만족으로 표출된다. 예를 들어, 심리학자 크레켈스(Krekels)는 개인의 성향적 탐욕과 불만족 사이의 관계를 측정하는 15가지 항목의 척도를 제시하였다. 여기에는 ①기질적 탐욕, ②기질적 시기심(이기심), ③~⑦성격 특성(개방성, 성실성, 외향성, 친화성, 신경증), ⑧자존감, ⑨경쟁심, ⑩성능 개선에 대한 만족, ⑪승리를 향한 열망, ⑫노력 동기, ⑬좋은 성과에 대한 만족, ⑭어려운 일에 대한 선호, ⑮생산성 지향 등이 포함된다.

이 척도는 탐욕이 기질적·개인적 성향, 물질주의, 소유욕, 성공지향, 경쟁 본능, 사회적 비교, 부러움 등과 깊이 연결되어 있음을 보여 준다. 탐욕 수준이 높은 사람일수록 더 강한 경쟁심을 보이며, 타인의 성취나 소유에 민감하게 반응한다. 이들은 만족하지 못하는 상황에서 문제 행동을 보일 가능성이 높으며, 이러한 경향은 개인뿐만 아니라 사회 전반에 부정적인 영향을 미친다.

또한, 탐욕을 충족시키기 위해 치러야 할 대가 역시 적지 않다. 하인첼만(Haynzelmann)의 HGS© 탐욕 척도는 탐욕이 불러올 수 있는 비윤리적·반사회적 행동을 12가지 항목으로 제시하고 있다.

① 내가 원하는 것을 얻기 위해 무엇이든 한다.

② 내가 원하는 것을 추구할 때 결과에 대해 생각하지 않는다.

③ 내가 원하는 것을 얻기 위해 사람들을 이용한다.

④ 내가 원하는 것을 얻기 위해 속임수를 쓴다.

⑤ 나는 무엇보다도 내가 원하는 것을 얻는 것에 중요한 가치를 둔다.

⑥ 장기적으로 나에게 상처를 주더라도 내가 원하는 것을 쫓아 추구한다.

⑦ 친구를 갖는 것보다 내가 원하는 것을 얻는 것이 더 중요하다.

⑧ 나는 거짓말을 해서라도 내가 원하는 것을 반드시 얻을 것이다.

⑨ 내가 원하는 것을 얻기 위해 타인에게 해를 끼쳐도 괜찮다.

⑩ 내가 원하는 것을 얻는 데 너무 집중해서 그 결과에 대해 생각하지 않는다.

⑪ 내가 원하는 것을 얻기 위해 타인들을 조종해도 된다.

⑫ 내가 원하는 것을 얻기 위해 나쁜 일을 할 수도 있다고 받아들인다.[5)]

"자신이 원하는 것을 이루기 위해서라면 어떤 수단이든 정당화하여 무엇이든 하며, 타인을 이용하거나 속이고, 거짓말을 하거나 해를 끼쳐도 괜찮다는 생각에 개의치 않는 태도"가 그 대표적인 예이다. 이러한 사람들은 결과에 상관없이 오로지 욕망의 실현만을 추구한다. 또한, 인간관계보다 자신의 욕망을 우선시하고, 장기적인 결과보다는 단기적인 쾌락과 만족, 욕망의 충족에 몰두하는 경향을 드러낸다.

이러한 태도는 탐욕을 충족시키는 방식 자체가 부도덕하고, 비윤리적인 방향으로 흐르기 쉽다는 점을 시사한다. 무엇보다 문제는,

---

5) Glenn W. Lambie, Jaimie Stickl Haugen, "Heintzelman Greed Scale©(HGS©) Theoretical Framework and Item Development", University of Central Florida, College of Community Innovation and Education, 2019, pp.9-10.
1. I do whatever it takes to get the things that I want. / 2. I don't think about consequences when pursuing what I desire. / 3. I use people to help me get what I want. / 4. I would cheat in order to get what I desire. / 5. I value getting what I want above everything else / 6. I chase the things that I want, even when it hurts me in the long-run. / 7. It is more important to me to get what I want than to have friends. / 8. I will get what I want at all costs, even if I have to lie. / 9. It is ok to harm others to get what I want. / 10. I am so focused on getting what I want, that I don't think about the consequences. / 11. It is ok to manipulate people to get what I want. / 12. I accept that I might have to do bad things in order to get the things that I want.

이러한 방식으로 욕망을 충족시키더라도 그 만족은 오래가지 않으며(일시적), 오히려 더 큰 욕망을 불러일으켜 끝없는 탐욕의 악순환으로 이어질 수 있다. 결국 탐욕은 개인의 내적 불안정성을 심화시킬 뿐만 아니라, 사회 전반에도 지속적으로 부정적인 영향을 미친다.

더 나아가, 탐욕은 중독 문제로도 이어질 수 있다. 특히 도박 중독은 탐욕이 초래하는 폐해를 가장 극명하게 보여 주는 사례다. 한국에서는 도박중독의 실태를 파악하기 위해 KNODS, KSOGS, KCPGI와 같은 척도를 사용한다. 이 척도들은 도박에 대한 집착, 문제 인식, 조절(통제) 실패, 도피, 내성, 금전 문제, 거짓말, 죄책감, 사회적 갈등, 불법적 행동 등의 항목을 통해 중독 수준을 평가한다.

예를 들어, KSOGS는 도박 빈도, 금전적 손실, 도박으로 인한 대인관계 갈등, 채무 불이행, 도박에 대한 통제 실패, 감정적 반응 등 16가지 항목으로 구성되어 있으며, 도박중독의 심각성을 수치화하여 정량적으로 평가한다.

KSOGS 척도의 16가지 문항은 다음과 같다.

① 도박을 일주일에 몇 번이나 하는가?

② 도박을 한 날 중 하루에 최대 얼마까지 잃었는가?

③ 당신에게 도박 문제가 있다고 생각하는가?

④ 당신은 잃은 돈을 만회하기 위해 얼마나 자주 도박장에 가는가?

⑤ 도박에서 실제는 그렇지 않은데 돈을 땄다고 주장한 적이 있

는가?

⑥ 돈을 걸거나 도박하는 데 있어 문제가 있다고 생각하는가?

⑦ 당신이 의도했던 것보다 도박을 많이 하는가?

⑧ 사람들이 당신이 도박하는 것에 대해 비난한 경우는 있는가?

⑨ 당신은 도박 시에 일어난 문제나 도박하는 것 자체에 대해서 죄책감을 느낀 적이 있는가?

⑩ 당신은 도박을 중단해 보려 했지만, 뜻대로 되지 않은 적이 있는가?

⑪ 당신은 배우자나 자녀 또는 다른 중요한 사람들에게 도박 전표, 복권, 도박 자금 및 기타 등 도박 관련 징후들을 숨기려고 한 적이 있는가?

⑫ 당신이 돈을 쓰는 문제에 대해 당신과 함께 사는 사람들과 다툰 적이 있는가?

⑬ 돈 문제로 인한 다툼에서 당신의 도박이 중심 문제였는가?

⑭ 도박 때문에 누군가로부터 돈을 빌린 후 갚지 못한 적이 있는가?

⑮ 도박으로 인해 직장이나 학교에서의 시간을 빼앗긴 적이 있는가?

⑯ 도박하거나 도박 빚을 갚기 위해 돈을 빌려 본 적이 있는가?

a 가계 자금에서

b 배우자로부터

c 다른 친척이나 지인으로부터

d 은행, 대출 회사 또는 신용 조합으로부터

e 신용카드에서

f 사채업자로부터

g 주식, 채권 또는 기타 유가증권을 현금화했다.

h 개인 또는 가족 재산을 판매한 경우가 있다.

i 자신의 당좌, 예금 계좌에서 대출을 받았다. (불량 수표를 이용했다.)

j 당신은 마권업자와 신용 한도를 가지고 있다.

k 당신은 카지노에 신용한도를 가지고 있다.[6)]

특히 이 척도는 도박을 위해 가족이나 친인척, 주변인(지인), 금융기관, 심지어 사채업자(불법 대출 포함)에게까지 돈을 빌리고 갚지 못하는 악순환이 반복되는 현실을 고스란히 드러낸다.

도박중독은 단순한 경제적 손실로 끝나지 않는다. 몰입과 집착, 죄책감, 정서적 불안정, 우울, 무력감, 사회적 고립, 범죄, 자살 충동, 술이나 약물 중독 등 다양한 형태의 심리적·행동적 문제를 동반한다. 탐욕이 중독으로 전이되는 과정은 개인의 삶을 붕괴시키고, 가정과 사회 전반에 깊은 상처를 남긴다.

6) Lesieur, H. R., & Blume, S. B., "Revising theSouth Oaks Gambling Screen in DifferentSettings", Journal of Gambling Studies, 9(3), 1993, pp.220-223.

탐욕의 문제는 결국 물질주의와 긴밀하게 연결되어 있다. 현대 사회는 경제적 성장과 소비 문화의 확산을 통해 돈, 성공, 소유, 행복 등 물질적 가치를 삶의 중심에 두고 있다. 이에 따라 사람들은 끊임없이 타인과 자신을 비교하며, 더 많이 가지지 못하면 심리적 불안, 우울, 자살 충동, 섭식 장애 등 심각한 문제를 경험하게 된다. 물질주의는 탐욕을 부추기고, 탐욕은 다시 또 다른 문제를 낳는 연쇄적 구조를 형성한다.

경제학자들은 이러한 탐욕을 인간의 도덕적 본성과 관련된 근본적인 문제로 다루기보다는, 탐욕을 채택하는 사람들의 관점 즉 행위자와 관찰자 간의 관점 차이로 설명하는 경향이 있다. 실생활에서도 이러한 관점의 차이로 인해 사람들은 타인의 탐욕을 쉽게 비난하거나, 반대로 자신의 탐욕을 정당화하곤 한다. 특히 개인이 자신의 탐욕적 성향을 드러낼 때는 합리화하면서, 타인의 탐욕에는 도덕적 잣대를 들이대는 이중적 태도를 보이는 경우도 적지 않다.

탐욕의 중심에는 '탐심(貪心)'이라 불리는 과잉된 심리 죄(罪)가 있다. 이는 단순한 물질적 욕망을 넘어서 명예, 권력, 지위 등 비물질적 영역까지 과도하게 추구하게 만든다. 특히 우월감이나 오만함, 권력 지향적 사고방식과 연결되며, 탐욕은 점점 더 자기중심적인 방식으로 확대된다.

사회적으로 탐욕은 이기심, 자기중심주의, 타인에 대한 무관심, 편협함, 인색함, 부도덕성 등의 형태로 나타난다. 이 같은 탐욕은 개인의 문제에 머무르지 않고, 사회, 국가, 더 나아가 전 세계적 차원에서 테러, 전쟁, 환경 문제와 같은 파괴적 결과를 불러일으키기도 한다.

제2절
초기불교가 본 탐욕

붓다가 열반에 든 후, 그분의 가르침은 제자들에 의해 본격적으로 정리되기 시작했다. 전승의 첫걸음은 인도 마가다국의 수도인 왕사성의 칠엽굴에서 이루어졌다. 이곳에서 500명의 제자들이 모여 붓다의 말씀을 함께 암송하고 검증하는 '합송(共誦, saṃgīti)'을 통해 첫 번째 결집(제1결집)이 이루어졌다.

이 결집을 계기로 붓다의 말씀은 체계적으로 정리되었고, 이후 경전은 두 갈래로 전해졌다. 하나는 남방 상좌부 불교에서 전승된 《니까야(Nikāya)》로, 이는 다섯 부류의 경전으로 빠알리어(Pāli)로 기록된 것이다. 다른 하나는 북방 대승 불교권으로 전해진 《아함경(阿含經, Āgama)》으로, 이는 산스끄리뜨어 전통을 바탕으로 한문으로 번역되어 중국을 비롯한 북방 지역에 널리 전파되었다.《니까야》와 《아함경》은 내용상 큰 줄기에서 일치하지만, 언어적 표현과 구성 방식, 그리고 전파 경로에 따라 차이를 보인다. 예를 들어,《디가-

니까야(D.N.)》는 《장(長)아함경》, 《맛지마-니까야(M.N.)》는 《중(中)아함경》, 《상윳따-니까야(S.N.)》는 《잡(雜)아함경》, 《앙굿따라-니까야(A.N.)》는《증일(增一)아함경》과 대체로 각각 대응한다. 아래 표는 이를 간략히 정리한 것이다.

〈표 1-3〉《니까야》와《아함경》의 구분

다섯 니까야(빠알리어)	네 가지 아함경(한역)
장부(長部): Dīgha-Nikāya, 34經	장아함경(長阿含經): 30經, 法藏部所傳, 412년~413년 번역
중부(中部): Majjhima-Nikāya, 152經	중아함경(中阿含經): 222經, 說一切有部所傳, 397년~398년 번역 (어떤 책은 221년경 ?)
상응부(相應部): Saṁyutta-Nikāya, 2,872經	잡아함경(雜阿含經): 1,362經, 說一切有部所傳, 436년~443년 번역
증지부(增支部): Aṅguttara-Nikāya, 2,198經	증일아함경(增一阿含經): 472經 397년~398년 번역(어떤 책은 471년경 ?)
소부(小部): Khuddaka-Nikāya	법구경, 본사경 등 일부 번역

이러한 경전에 수록된 붓다의 교설(教說)은 시대적 상황과 청중의 수준, 설법의 목적에 따라 간결하고도 명확하게 설해졌다. 붓다는 복잡한 이론보다는 실천적인 깨달음을 중시했기에 당시 사람들의 이해를 돕기 위해 직설적이고 생생한 표현을 자주 사용하였다.

따라서 본 장에서는《니까야》와《아함경》에 나타난 붓다의 가르침을 비교 분석하고, 그 가운데 '탐(貪)', '탐욕(貪欲)', '욕(欲)', '욕망(欲望)' 등 핵심 개념을 중심으로 탐욕에 대한 가르침이 어떻게 전개되었는지 살펴보고자 한다. 이러한 비교를 통해 초기불교에서 말하는 탐욕의 본질과 그것이 인간 존재와 해탈에 있어 어떤 의미를 갖는지 더욱 깊이 이해할 수 있을 것이다.

1. 불교 경전 속 '탐욕'의 의미

1) 《아함경》에서의 정의

초기불교 경전인 《장아함경》과 《잡아함경》에서는 '욕(欲)', '욕심', '욕망', '욕탐', '탐착', '집착', '갈망', '갈애', '애욕', '애착' 등 다양한 용어를 통해 탐욕의 여러 양상을 설명한다. 이는 곧 '욕'이라는 개념이 단일하고 단순한 정의로는 포착하기 어려울 만큼 복잡하며, 심리적으로도 깊은 층위를 지니고 있음을 보여 준다.

특히 《잡아함경》에는 다음과 같은 구절이 등장한다.

> "세상의 모든 일, 이것은 곧 욕이 아니다. 심법(心法)의 달라지는 갖가지 생각, 이것이 바로 사람의 욕이다."[7]

---

7) 《雜阿含經》 권48, (T02, 0354b17), "非世間衆事 是則之爲欲 心法馳覺想 是名

이 구절은 욕이 단지 외부 세계의 사물이나 환경에 의해 생기는 것이 아니라, 인간의 내면—즉 '마음'의 상태와 의식의 작용—에 따라 발생한다는 점을 강조한다.

다시 말해 '욕'은 외부 자극 자체가 아니라, 그 자극을 어떻게 인식하고 해석하느냐에 따라 발생하는 심리적 반응이다. 이러한 '욕'은 상황에 따라 '욕망', '탐', '탐욕' 등 다양한 형태로 드러나며, 때로는 애착이나 갈애와 같은 집착적 정서로 발전하기도 한다.

이러한 배경을 바탕으로 본 장에서는 초기불교에서 말하는 '욕(欲)'을 중심으로, '애(愛)', '탐욕(貪欲)' 등의 개념과의 관계를 함께 고찰함으로써 초기불교가 이해한 탐욕의 본질과 정의를 보다 명확히 규명하고자 한다.

(1) 욕(欲)

《아함경》은 욕이 인간에게 본래부터 일어나는 자연스러운 마음의 작용임을 인정한다. 동시에 이 '욕'이 어떤 과정을 거쳐 번뇌로 이어지는지를 명확히 설명한다. 예를 들어, 다음과 같은 구절이 있다.

"욕(欲)이란 이른바 다섯 가지 욕의 공덕이다. 어떤 것이 다섯인가? 눈이 밝은색[빛깔]을 알 때 가히 사랑할 만하고, 의(意)하고 생각하여 욕

士夫欲."

락(欲樂)을 더욱 자라게 한다. 이같이 귀·코·혀도 그러하며, 몸이 촉을 알 때 사랑할 만하고, 생각하고(意) 숙고하여 욕락을 더욱 자라게 한다. 이것을 욕이라 이름한다. 그러나 그것은 욕이 아니다. 그것을 탐해 집착하면 이것을 욕이라 이름한다."[8)]

이 구절에서 알 수 있듯, 욕은 오근(五根: 눈·귀·코·혀·몸)과 오경(五境: 색·성·향·미·촉)이 접촉할 때, 오식(五識, 감각 의식: 안식·이식·비식·설식·신식)이 작동하면서 발생한다. 이 과정에서 어떤 대상을 '사랑할 만한 것'이라 인식하면, 감각적 즐거움이 자라나 이를 더욱 추구하게 된다. 따라서 욕은 감각기관이 인식한 대상이 긍정적일 때 발생하며, 반대로 불쾌하거나 부정적인 대상에 대해서는 발생하지 않는다.

또한 다음과 같은 설명도 함께 전해진다.

"욕(欲)이라는 것은 눈에 분별되는 색이 가히 애(愛)하고 낙(樂)하며 염(念)해서 색을 염착하는 것이다. 귀에 소리, 코에 냄새, 혀에 맛, 몸에 분별되는 촉으로써 가히 애, 낙, 염하고 염착해서 촉하는 것이다."[9)]

---

8) 《雜阿含經》 권28, (T02, 0199a01), "欲 , 謂五欲功德. 何等爲五, 謂眼識明色, 可愛, 可意, 可念, 長養欲樂. 如是耳, 鼻, 舌, 身識觸, 可愛, 可意, 可念, 長養欲樂, 是名爲欲. 然彼非欲, 於彼貪著者, 是名爲欲."

9) 《雜阿含經》 권18, (T02, 0127b04), "欲者. 謂眼所識色可愛, 樂, 念. 染著色. 耳聲, 鼻香, 舌味, 身所識觸可愛, 樂, 念. 染著觸."

이처럼 욕은 오욕락(五欲樂)이라는 감각적 쾌락을 추구하는 경향에서 비롯된다. '욕은 오욕의 공덕'이라고 표현된 것도 이 때문이다. 여기서 '공덕'이란 하나의 조건에서 또 다른 조건이 자라나는 것, 즉 삶의 동력으로 작용할 수 있음을 의미한다. 이는 욕의 대상이 감각적으로 유쾌할수록 그것에 대한 욕망은 더욱 증폭된다. 여기에 '집착, 사랑, 사모, 생각, 마음, 번뇌' 등이 더해지면, 욕은 더욱 증장(增長)하거나 발생하여 결국 탐욕으로 발전한다.

> "만약 중생에게 생기는 괴로움이 있다면, 일체 모두 다 욕이 근본이 된다. 그것은 욕에서 생기고, 욕에서 모이며, 욕에서 일어나고, 욕의 원인이며, 욕을 인연하여 괴로움이 생긴다."[10]

즉, 욕은 괴로움의 씨앗이다. 끊임없이 새로운 욕망을 낳고, 욕망이 충족되지 않으면 다시 괴로움이 생긴다. 욕의 발생과 증가는 곧 중생이 고통에서 벗어나지 못하게 만드는 핵심 요인이다.

욕의 속성은 네 가지로 분류된다; 첫째, 큰 근심·걱정인 '장애'이다. 둘째, 오물이나 냄새처럼 '더러움'이다. 셋째, '번뇌' 그 자체이다. 넷째, 거짓과 속임, 망언, 악마의 미끼, 악행, 불선(不善)의 근원이 되며, 인명을 해치는 요인이 된다. 구체적인 내용은 다음과 같이 정

10) 《雜阿含經》 권32, (T02, 0229c11), "若衆生所有苦生, 彼一切皆以欲爲本, 欲生, 欲集, 欲起, 欲因, 欲緣而苦生."

리할 수 있다.

첫째, 욕은 큰 근심과 걱정이라는 '장애'이다.

"욕은 큰 근심과 걱정이며, 깨끗하지 않고 더러운 것으로서 최상의 번뇌로 장애가 된다."[11)]

욕은 절대 충족되지 않으며, 끊임없이 결핍을 불러일으킨다. 그 결과 인명(人命)을 위협하거나 정신적 · 육체적 고통과 병, 불안(근심, 혼란), 심지어 재앙으로 이어지기도 한다.

둘째, 욕은 오물이나 냄새처럼 '더러움'이다.

"마땅히 나와 남의 생각을 버리고 홀로 거처하면서 사랑하는 마음 닦아 욕을 제거하여 더러운 냄새를 없애야 범천에 태어날 수 있다. (…) 모든 하늘과 세상 사람들은 모두 오욕을 버리고 모든 더러움을 깨끗이 제거하여 범행을 깨끗이 닦아야 한다."[12)]

---

11) 《長阿含經》 권3, (T01, 0019b09), "欲爲大患, 不淨, 穢汚, 上漏爲礙."

12) 《長阿含經》 권5, (T01, 0032c11-c14, 0033b14), "當捨我人想, 獨處修慈心, 除欲無臭穢, 乃得生梵天. (중략) 諸天及世人, 皆應捨五欲, 蠲除諸穢汚, 淨修於梵行."

욕은 쾌락과 애착에 사로잡힌 상태로, 쉽게 벗어나지 못하고 마음을 오염시킨다. 마치 냄새나는 오물에 빠진 것처럼, 욕망은 인간을 더럽게 만들고 번뇌에 빠지게 한다.

셋째, 욕은 '번뇌' 그 자체이다.

"색에는 번뇌가 있고 장애 · 답답함 · 괴로움 · 근심 · 슬픔이 있다. 만일 그것이 없어지려고 하면 욕을 떠나고, 제거하고 고요히 해서 다 없애야 한다. 수(受) · 상(想) · 행(行) · 식(識)에도 번뇌와 장애 · 답답함 · 괴로움 · 근심 · 슬픔이 있다. 만일 그것이 없어지려고 하면 욕을 떠나고, 제거하고 고요히 해서 다 없애야 한다."[13)]

욕은 오온에 대한 끊임없는 집착을 일으키며, 이는 '장애, 답답함, 괴로움, 근심, 슬픔, 불만족' 등과 같은 번뇌와 정신적 · 정서적 고통의 원인이 된다. 욕을 근절하지 않으면 평온한 상태에 이를 수 없다.

넷째, 욕은 거짓, 속임, 망언, 악마의 미끼, 악행, 불선(不善)의 근원이며, 인명을 해치는 요인이 된다.

---

13) 《雜阿含經》 권6, (T02, 0039a10), "色有漏, 有障閡, 熱惱, 憂悲, 彼若盡, 離欲, 滅, 寂, 沒. 受, 想, 行, 識有漏, 障閡, 熱惱, 憂悲, 彼若盡, 離欲, 滅, 寂, 沒故."

"욕은 무상하며 허위이고 망언이다. 이 망언의 법은 곧 허깨비이며 속임이며 어리석음이다. 만약 현세의 욕과 후세의 욕, 혹은 현세의 색과 후세의 색 그 일체는 악마의 경계로서 곧 악마의 미끼이다. 그것으로 인하여 마음에는 무량한 악과 불선한 법이 늘어나는 것을 보며, 성냄, 어리석음과 싸움 등을 한다."[14)]

욕은 단순히 감각적 쾌락을 추구하는 데서 그치지 않고, 나아가 거짓말과 위선, 폭력, 싸움, 불만족 등 부정적인 행위로 이어져 결국 인명까지 위협할 수 있다. 즉, 욕은 단순한 개인적 문제를 넘어 사회적 해악으로 확장되며, 분쟁과 파괴를 낳는다.

한편, 《증일아함경》에서는 욕의 구체적 형태를 오욕(五欲)이라는 개념으로 설명한다.

"욕에는 어떤 맛이 있는가? 이른바 오욕이 이것이다. 어떤 것이 다섯 가지인가? 눈으로 빛깔을 보아 안식(眼識)을 일으켜 그것은 매우 사랑스럽고 마음에 든다고 생각하여 세상 사람들이 좋아한다. 귀·코·혀·몸도 그러하다. (…) 이것을 이른바 욕의 맛이라 한다."[15)]

---

14) 《中阿含經》 권18, (T01, 0542b06), "欲者無常, 虛僞, 妄言. 是妄言法, 則是幻化. 欺誑 . 愚癡. 若現世欲及後世欲. 若現世色及後世色. 彼一切是魔境界. 則是魔餌. 因此令心生無量惡不善之法. 增伺. 瞋恚及鬪諍等."

15) 《增壹阿含經》 권12, (T02, 0605a02), "欲有何味, 所謂五欲者是. 云何為五, 眼見色.

이 구절은 오근(五根), 오경(五境), 오식(五識)의 상호작용[三事和合]을 통해 감각적 쾌락이 형성됨을 설명한다. 이를 다음과 같이 도식화할 수 있다.

〈표 1-4〉 오욕(五欲)의 발생

근(根) +	경(境) +	식(識)	= 욕(欲)
안(眼)	색(빛깔)	안식	색욕(色欲)
이(耳)	성(소리)	이식	성욕(聲欲)
비(鼻)	향(냄새)	비식	향욕(香欲)
설(舌)	미(맛)	설식	미욕(味欲)
신(身)	촉(느낌)	신식	촉욕(觸欲)

특히 인간은 '사랑스럽다', '마음에 든다', '좋아한다'와 같은 표현에서 드러나듯, 즐거운 감각[樂受]에 대해 애착과 탐착을 일으키며, 이러한 쾌락에 '맛들이게' 된다. 《잡아함경》에서는 이를 다음과 같이 설명한다.

"중생들이 수·상·행·식에 맛들이기 때문에 그것들에 물들어 집착한다."[16]

為起眼識. 甚愛敬念. 世人所喜. 若耳聞聲, 鼻嗅香, 舌知味, 身知細滑. 甚愛敬念. 世人所喜. 若復於此五欲之中. 起苦, 樂心. 是謂欲味."

16) 《雜阿含經》 권1, (T02, 0002b16), "以衆生味受, 想, 行, 識故, 彼衆生染著於識."

욕은 단순한 느낌이 아니라, 인간을 구속하는 갈고리이며 사슬이다.[17] 그 속박이 클수록, 인간은 쉽게 벗어나지 못한다. 오욕 중 어떤 것이 가장 중요한가에 대해서는 다음과 같은 설명이 전해진다.

> "오욕 가운데 어느 것이 제일인가? 어떤 사람은 색이 가장 제일이다. 또 어떤 사람은 '성(聲)·향(香)·미(味)·촉(觸)이 제일이다.'라고 말했다. (…) 부처님께서는 여러 왕에게 말씀하셨다. '제각기 뜻에 맞는 대로 해라. 나도 다 다른 말을 한다. 이 같은 이유로 나는 오욕의 공덕을 말한다.'"[18]

즉, 오욕은 개개인이 추구하는 기쁨(즐거움·쾌감·행복 등 감각적 쾌락)의 성격에 따라 달라지며, 그것이 욕의 시작점이 된다. 감각기관과 대상, 인식이 함께 촉(觸)할 때 수(受, 느낌)가 생기고, 이는 다시 쾌락[樂受], 고통[苦受], 무덤덤[不苦不樂受]으로 나뉜다. 이중 쾌락은 애착과 탐착을 불러 더욱 자라게 하여 결국 탐욕을 불러일으킨다. 고통은 혐오나 슬픔, 분노로 이어지고, 무덤덤은 무관심을 낳는다. 《잡아함경》은 말한다.

---

17) 《長阿含經》 권16. (T01, 0105c27), "於我賢聖法中, 爲著, 爲縛, 爲是拘鎖."

18) 《雜阿含經》 권42, (T02, 0306a22), "五欲之中, 何者第一, 有一人言, 色最第一. 又復有稱聲, 香, 味, 觸爲第一者. (중략) 佛告諸王, 各隨意適, 我悉有餘說, 以是因緣, 我說五欲功德."

"모든 오욕에 대해 낙수(樂受)에 촉이 생겨 오욕락을 느끼고, 이를 탐으로 하여 탐을 쫓게 된다."[19]

이처럼 오욕락은 단순한 쾌락을 넘어 욕망과 애착, 집착으로 이어지며, 결국 탐욕으로 진화한다.

정리하면, 《아함경》에서 말하는 '욕(欲)'은 다섯 가지 감각 대상에 탐착과 이를 취하려는 마음 상태를 의미한다. 이는 감각적 쾌락에 대한 인간의 자연스러운 반응이자, 삶을 이끄는 기본적인 동기이기도 하다. 그러나 이러한 욕이 집착과 애착으로 굳어질 때, '욕'은 '탐욕(貪欲)'으로 변질되어, 결국 인간을 얽매고 가두는 괴로움의 근본(원인)이 된다.

욕은 감각적 대상에 물들여[染著] 낙수(樂受)를 발생시키고, 이는 수(受) ···▸ 취(取) ···▸ 애(愛)로 이어져 점점 증장(增長)된다. 그러나 욕은 본질적으로 충족될 수 없는 속성을 지니며, 충족되지 않으면 번뇌와 장애, 고통과 재앙을 초래한다. 설령 일시적으로 충족·만족하더라도 곧 새로운 욕이 발생하여 결국 끊임없는 갈망과 괴로움을 낳는다.

따라서 욕은 단순한 감정의 흐름이 아니라, '더럽고, 답답하며, 고통스럽고, 근심과 슬픔' 등을 불러일으키는 본질을 지닌다. 이는

---

19) 《雜阿含經》 권17, (T02, 0120a12), "於諸五欲生樂受觸, 受五欲樂, 受五欲樂故, 爲貪使所使."

불만족과 부도덕, 비윤리적이며 불선(不善)한 행위를 초래하는 번뇌의 뿌리로서 곧 괴로움의 근본적인 원인으로 작용한다.

(2) 애(愛)

가) 애의 구조와 작용

불교에서 말하는 '애(愛)'는 단순한 감정적 집착이 아니다. 애는 다섯 가지 감각 대상, 즉 오욕(五欲)에 대한 '느낌[受]'을 조건[因緣]으로 생겨나며, 심지어 마음에서도 발생한다. 경전에서는 이를 다음과 같이 설한다.

> "몸에는 여섯 가지 애(愛)가 있다. 어떤 것이 여섯 가지 애의 몸인가? 눈에 촉(觸)하여 애가 생기고, 귀·코·혀·몸도 그러하며, 마음(意)에 촉하여 애가 생긴다. 이것을 여섯 가지 애의 몸이라 한다."[20]

이른바 육애신(六愛身), 즉 여섯 가지 감각기관과 그것에 대응하는 대상과의 접촉으로 생겨나는 애는 그 자체로도 욕(欲)을 낳는다. 그리고 이 욕은 다시 애에 대한 탐착(貪著)을 통해 더욱 강해진다. 경전에서는 이러한 과정을 다음과 같이 설명한다.

---

20) 《雜阿含經》 권13, (T02, 0092a29), "有六愛身. 云何爲六愛身, 謂眼觸生愛, 耳, 鼻, 舌, 身, 意觸生愛, 是名六愛身."

"의식은 네 가지 취(取)에 서로 의지하여 머물게 한다. 색(色, 물질) 안에 의식이 머물러 색과 서로 반연하고, 수(受, 느낌)·상(想, 생각)·행(行, 행위) 안에도 의식이 머물러 수·상·행과 반연하여 생기고 자라며 거듭 늘어나 탐(貪)과 기쁨을 윤택하게 한다."[21)]

이처럼 의식은 색·수·상·행이라는 오온(五蘊)의 요소들과 끊임없이 반응하며 그 작용을 확장해 나간다. 특히 감각 대상과의 지속적 접촉과 반응은 욕망을 낳고, 그 욕망은 다시 애로 이어진다. 감각과 의식이 반복적으로 결합함으로써 결국 탐욕과 기쁨의 감정이 '생기고 자라며 거듭 늘어나게' 되어, 존재는 더욱 깊은 탐착에 빠지게 된다. 또한 경전에서는 이 점을 더욱 강조하며 다음과 같이 덧붙인다.

"의식은 안에 오기도 하고 가기도 하며, 머물거나 잠기기도 하여 생기고 자라나 더욱 늘어나게 한다."[22)]

이 구절은 감각의 접촉과 의식의 상호작용이 어떻게 애착을 불러일으키는지를 잘 보여 준다. 의식은 단순히 감각 정보를 처리하는 중립적인 작용이 아니라, 색·수·상·행과의 상호작용을 통해 점차

---

21) 《雜阿含經》 권2, (T02, 0009a05), "四取攀緣識住. 何等爲四. 於色中識住. 攀緣色. 喜貪潤澤. 生長增廣. 於受, 想, 行中識住. 攀緣受, 想, 行. 貪喜潤澤. 生長增廣."

22) 《雜阿含經》 권2, (T02, 0009a05), "識於中若來, 若去, 若住, 若沒, 若生長增廣."

애욕으로 발전하는 구조를 지닌다.

특히 감각적 느낌, 즉 고락(苦樂)과 쾌·불쾌한 감정에 탐착이 붙게 되면 '애'가 생기고, 이 애가 더욱 강화되면 '갈애(渴愛)'[23]로 심화한다. 갈애는 단순한 욕망을 넘어선, 존재를 구성하고 윤회를 유발하는 결정적인 집착의 힘으로 작용한다.

나) 애의 세 가지 속성

'애(愛)'는 단순한 감정적 집착이나 욕망을 넘어, 존재를 속박하고 괴로움을 불러오는 근원적인 힘으로 설명된다. 여러 경전에서는 애(愛)의 성질을 다양하게 밝히고 있으며, 이를 핵심적으로 세 가지 속성으로 요약할 수 있다. 즉, 첫째, 결박(結縛)과 윤회(輪廻)와 같은 괴로움, 둘째, 염착(染著)과 원리(遠離)와 같은 더러운 때, 셋째, 장애와 덮개이다.

첫째, 결박과 윤회와 같은 괴로움

애는 중생을 생사윤회에서 벗어나지 못하게 묶어두는 결박의 성격을 지닌다. 《아함경》은 이를 다음과 같이 밝힌다.

---

23) 갈애(渴愛)는 어원적으로 '목마르다'에서 파생된 명사로, 목마른 사람이 아지랑이처럼 피어오르는 환상을 물로 착각해 좇는 모습처럼, 강렬하고 사납게 타오르는 욕망, 애착의 작용을 의미한다. 즉 고락(苦樂)의 느낌과 상(想, 생각)에 대해 지나친 탐욕과 애착을 일으키는 심리적 작용이다.

"무시 이래 나고 죽는 것은 무명에 덮이고 애의 결박에 묶이어 긴 밤 동안 윤회하면서 괴로움의 근본 끝을 알지 못한다."[24]

즉, 무명과 애는 윤회의 두 기둥이다. 무명은 진리를 가리고, 애는 집착과 갈망으로 존재를 묶어 끝없는 생사윤회를 반복하게 만든다. 이처럼 중생은 무명과 애에 단단히 결박되어 괴로움과 윤회의 고통에서 벗어나지 못한다. 그러므로 윤회의 굴레에서 벗어나기 위해서는 애를 근본적으로 끊어야 한다.

둘째, 염착과 원리와 같은 더러운 때는 본질적으로 마음을 더럽히는 염착의 성격을 지닌다. 마음이 특정 대상에 물들어 그것을 놓지 못하고 집착하게 만들며, 멀리하지 못하게 함으로써 번뇌의 고리에 머물게 한다. 경전은 이를 다음과 같이 말한다.

"공양을 받고는 곧 즐거움을 견고하게 짓고, 애에 물들어 버릴 줄 모르며, 멀리 떠나기를 생각하지 않고 벗어날 길을 모른다. 이것이 더러운 때(垢穢)다."[25]

---

24) 《雜阿含經》 권10, (T02, 0069b05), "於無始生死, 無明所蓋, 愛結所繫, 長夜輪迴. 不知苦之本際."

25) 《長阿含經》 권8, (T01, 0048a07), "得供養已, 樂著堅固, 愛染不捨, 不曉遠離, 不知出要, 是爲垢穢."

이처럼 애(愛)는 '즐거운 느낌(樂受)'에 대한 집착을 강화시켜, 그것을 버릴 줄 모르게 만든다. 그 결과 마음은 더욱 혼탁해지고 번뇌와 괴로움이 반복된다. 이러한 물듦과 집착은 곧 '더러움(垢穢)'으로 작용하여, 청정한 수행심을 가리는 오염된 상태를 초래한다.

셋째, 장애와 덮개처럼 깨달음을 가로막는 작용이다.

애는 경전에서 '그물, 아교, 샘물, 연뿌리, 문지기, 씌우개, 어둠, 개창자, 어지러운 풀, 솜' 등 다양한 비유로 표현된다. 경전에서는 이처럼 묘사한다.

> "나는 이제 애가 그물이 되고, 아교가 되며, 샘물이 되고, 연뿌리가 되는 것을 설명한다. 그것은 능히 중생의 장애가 되고, 덮개가 되며, 아교가 되고, 문지기가 되며, 씌우개가 되고, 덮개가 되며, 마개가 되고, 어두움이 되며, 개창자가 되고, 어지러운 풀이 되며, 솜이 되어 이 세상에서 저 세상으로 가고 저세상에서 이 세상으로 오며, 왕래하면서 돌아다니어 잠시도 쉴 때가 없다."[26]

이 비유들은 모두 애가 중생을 얽매고, 가리고, 막으며, 혼란스럽

---

26) 《雜阿含經》 권35, (T02, 0256a18), "我今當說愛爲網, 爲膠, 爲泉, 爲藕根. 此等能爲衆生障, 爲蓋, 爲膠, 爲守衛, 爲覆, 爲閉, 爲塞, 爲闇冥, 爲狗腸, 爲亂草, 爲絮, 從此世至他世, 從他世至此世, 往來流轉, 無不轉時."

게 만드는 등 깨달음을 방해하는 장애물임을 드러낸다. 전체적으로 그물이나 샘물, 연뿌리처럼 하나같아 보이지만, 그 구조는 서로서로 엉켜져 있고, 아교처럼 끈끈한 성질로 단단히 붙잡고, 개창자처럼 더럽고 어두우며, 문지기처럼 막아서며, 어둠처럼 시야를 가리는 등 애는 중생이 해탈로 나아가는 길을 차단한다. 따라서 애는 단순한 감정이 아니라, 궁극적으로 수행을 방해하는 큰 덮개이자 장애로 작용한다.

요컨대, 애는 단순히 '사랑'이나 '갈망'을 뜻하지 않는다. 그것은 중생을 결박하고 괴로움에 빠뜨리는 주요한 원인이다. 그 본질은 염착이며, 작용은 장애와 덮음이고, 결과는 생사윤회의 반복이다. 따라서 불교 수행에서 애를 통찰하고 제거하는 일은 곧 해탈을 위한 핵심 과제가 된다.

다) 애의 발생 조건과 삼애(三愛)

애는 '느낌(受)'과 '생각(想)'에 대한 강렬한 애착, 즉 집착에서 비롯된다. 이러한 애는 다시 욕심[貪]을 낳고, 나아가 집착[取], 질투[嫉], 갈애로 확장된다. 이는 생존과 존재, 나아가 존재하지 않으려는 욕망까지 아우르는, 실로 광범위한 정서적 에너지이다. 《아함경》에서 "애보다 넓은 것이 없다."[27]라고 한 것처럼 애는 중생의 삶 전반을 관통하며, 끊임없는 갈애로 인해 윤회의 괴로움을 반복하게 만든다.

---

27) 《雜阿含經》 권48, (T02, 0355c11), "廣無過於愛."

특히 육애신(六愛身)은 삼애(三愛)의 근거가 된다. 불교의 대표적인 교설인 '십이연기(十二緣起)'나 사성제(四聖諦)의 '집성제(集聖諦)'에서는 애를 다음과 같이 세 가지로 분류한다.[28]

① 욕애(欲愛): 감각적 쾌락에 대한 집착.

② 색애(色愛) 또는 유애(有愛): 물질적 존재에 대한 집착.

③ 무색애(無色愛) 또는 무유애(無有愛): 비물질적 존재(무형의 세계)에 대한 집착.

이러한 삼애는 모두 느낌(受)을 기반으로 한다. 즉 애는 수(受)에 의지하여 발생하며, 수가 없으면 애도 생기지 않는다. 경전에서는 이를 다음과 같이 명확히 밝히고 있다.

> "'만일 일체 중생에게 욕애·유애·무유애를 없게 한다면 그래도 취(取, 구함)가 있겠는가?' '없습니다.' '나는 이 인연으로써 안다. 취는 애로 말미암아 있고, 애를 인연하여 취가 있다.'"[29]

또한 애는 수(受)와 직접적으로 연결된다.

"'만일 일체 중생에게 낙수·고수·불고불락수를 없게 한다면 그래도 애

28) 《長阿含經》 권8, (T02, 0050a19), "謂三愛. 欲愛, 有愛, 無有愛."

29) 《長阿含經》 권10, (T01, 0060c11), "若使一切衆生無有欲愛, 有愛, 無有愛者, 寧有取不. 答曰. 無有. 阿難, 我以此緣, 知取由愛, 緣愛有取."

가 있겠는가?' '없습니다.' '나는 이 인연으로써 안다. 애는 수를 말미암고, 수를 인연하여 애가 있다.'"[30]

즉, '느낌(受)'이 존재하는 한, 애(愛)는 일어나며, "애를 인연하기 때문에 곧 구함이 있듯"[31] 애가 존재하는 한 취함(取)이 생기고, 이는 곧 괴로움(苦)의 고리를 형성한다. 이제 각 애의 작용을 살펴보자.

① 욕애(欲愛): 감각적 쾌락에 대한 집착

'애(愛)'는 단순한 감정이나 욕망을 넘어 구함(求)의 원인이자 익힘(習), 근본(本), 그리고 연(緣)으로 작용하는 근원적인 에너지로 이해된다.[32] 이러한 애는 다시 '취함(取)'으로 발전하며, 그 대표적인 형태가 바로 '욕애'이다. 욕애는 오욕(五欲) — 색(色) · 성(聲) · 향(香) · 미(味) · 촉(觸) — 에 대한 감각적 쾌락을 추구하거나 갈망하는 애(愛)를 뜻한다. 이러한 욕애는 '느낌(受)'에서 비롯되며, 느낌은 다시 '촉(觸)'이라는 조건에 의존한다.

---

30) 《長阿含經》 권10, (T01, 0060c11), "若使一切衆生無有樂受, 苦受, 不苦不樂受者, 寧有愛不. 答曰, 無也. 阿難. 我以此緣. 知愛由受, 緣受有愛."

31) 《中阿含經》 권24, (T01, 0579b20), "是故當知是求因, 求習, 求本, 求緣者. 謂此愛也. 所以者何, 緣愛故則有求."

32) 《中阿含經》 권24, (T01, 0579b20), "是故當知是求因, 求習, 求本, 求緣者. 謂此愛也."

> "욕애와 유애의 두 법은 수(受)를 원인으로 하고, 수를 오게 하는 작용[緣]이 된다. 아난아, 만일 어떤 사람이 '수에 연이 있는가?' 묻거든 마땅히 이렇게 답한다. '수에도 또한 연이 있다'고 한다. 만일 어떤 사람이 '수에는 어떤 연이 있는가?' 묻거든 마땅히 이렇게 답한다. 촉(觸)을 연하여 낙(樂)이 있다. 소위 촉의 낙을 연하여 수가 있다는 것을 마땅히 알아야 한다."[33]

즉, 접촉을 통해 즐거움이 발생하고, 그 즐거움이 느낌을 낳으며, 그 느낌이 다시 욕애를 유발하는 연기적 구조를 형성한다. 감각적 쾌락은 낙수(樂受)를 동반하고, 이 낙수는 다시 더 강한 쾌락을 추구하게 만든다.

욕애는 특히 오욕을 통해 구체화 된다.

> "오욕의 공덕이 있다. 이른바 안식이 색을 사랑하고 좋아하여 생각하며, 이식은 소리를, 비식은 냄새를, 설식은 맛을, 신식은 촉을 사랑하고 좋아해서 생각한다. 이 오욕의 공덕에 있어서 탐을 떠나지 못하고 욕을 떠나지 못하며 사랑을 떠나지 못하고 생각을 떠나지 못하며 흐림을 떠나

---

33) 《中阿含經》 권24, (T01, 0579b20), "欲愛及有愛. 此二法因覺, 緣覺致來. 阿難, 若有問者, 覺有緣耶. 當如是答. 覺亦有緣. 若有問者. 覺有何緣. 當如是答. 緣更樂也. 當知所謂緣更樂有覺." 이때 각(覺)은 수(受)의 의미이며 느낌으로 번역한다. 그리고 갱(更)은 촉(觸)의 의미로 근(根) · 경(境) · 식(識)이 서로 만나 생긴 접촉이다. 각은 오근에 작용하여 낙수, 고수, 불고불락수를 낼 수 있게 하는 것이다.

지 못한다."[34]

이 구절은 욕애가 각 감각기관을 통해 어떻게 구체적으로 작용하는지를 잘 보여 준다. 눈은 아름다움을 탐하고, 귀는 즐거운 소리를 갈망하며, 코는 향긋한 냄새에 끌리고, 혀는 맛을, 몸은 부드러운 촉감을 애착한다. 이러한 감각적 쾌락에 대한 집착·애착이 곧 욕애다. 중생은 오욕을 통해 끊임없이 감각적 쾌락을 추구하며, 그 추구는 곧 애(愛)의 증장으로 이어진다.

또한, 욕애는 두 가지 요인에 의해 생겨난다. '첫째는 정묘색(淨妙色, 물질적 욕망), 즉 외적인 아름다움과 감각적 대상을 향한 욕망이고, 둘째는 부사유(不思惟), 즉 잘못된 생각이다.'[35] 욕망은 감각적·외부적 대상에서 출발하여 이를 향한 쾌락적 반응이 일어나고, 그 위에 분별심과 왜곡된 인식이 덧붙여지면서 강한 욕애로 발전한다. 이 과정 속에서 욕애는 중생을 탐착의 구렁텅이로 몰아간다. 결국 욕애는 괴로움의 근본이 되며, 경전은 다음과 같이 경고한다.

"만약 중생에게 생기는 괴로움이 있다면, 일체 모두 다 욕이 근본이 된

---

34) 《雜阿含經》 권20, (T02, 0142a04), "有五欲功德. 謂眼識色愛, 樂, 念, 耳識聲, 鼻識香, 舌識味, 身識觸愛, 樂, 念. 於此五欲功德不離貪, 不離欲, 不離愛, 不離念, 不離濁."

35) 《長阿含經》 권8, (T01, 0049c23), "二因二緣生於欲愛, 一者淨妙色 , 二者不思惟." 여기서 정묘색의 색은 성(性)을 의미하므로 물질욕으로 본다.

다. 그것은 욕에서 생기고, 욕에서 모이며, 욕에서 일어나고, 욕의 원인이며, 욕을 연하여 괴로움이 생긴다."[36)]

"무릇 모든 고뇌가 생기는 것은 모두 다 애욕으로 말미암은 이유이니 세상을 다 칼이나 가시라고 안다면 그 누가 욕을 즐기겠는가?"[37)]

결국 중생은 욕애로 인해 괴로움에 빠지지만, 그 괴로움 속에서도 감각적 쾌락을 잊지 못해 다시 욕애에 빠지게 된다. 재물, 배우자, 자식 등 세속적 대상에 대한 집착 역시 이러한 오욕락(五欲樂)에 대한 갈애에서 비롯된다.

② 색애(色愛) 또는 유애(有愛): 물질적 존재에 대한 집착

색애 또는 유애는 감각적 대상이 아닌 '존재 자체에 대한 갈애'를 의미한다. 이는 단순히 즐거운 감각을 추구하는 것을 넘어, 지금의 삶과 존재 상태 자체를 지속하고자 하는 강렬한 집착이다. 〈식경(識經)〉에서는 유애의 발생을 무명에서 비롯된 연기의 흐름으로 설명한다.

"유애는 즉 무식(無食)이 아닌 유식(有食)이다. 어떤 것이 유애식(有愛食)

---

36) 《雜阿含經》 권32, (T02, 0229c11), "若衆生所有苦生, 彼一切皆以欲爲本, 欲生, 欲集, 欲起, 欲因, 欲緣而苦生."

37) 《雜阿含經》 권39, (T02, 0289a26), "凡生諸苦惱, 皆由於愛欲, 知世皆劍刺, 何人樂於欲."

인가? 대답하길, 무명(無明)이 식(食)이 되고 무명 역시 무식(無食)이 아닌 유식(有食)이다. 어떤 것이 무명식(無明食)인가? 대답하길, 오개(五蓋)가 식이 되고 오개 역시 무식이 아닌 유식이다. 어떤 것이 오개식(五蓋食)인가? 대답하길, 삼악행(三惡行)이 식이 되고 삼악행 역시 무식이 아닌 유식이다. 어떤 것이 삼악행식(三惡行食)인가? 대답하길, 모든 근(根)을 보호하지 않은 것이 식이 되고 무식이 아닌 모든 근을 보호하지 않는 것 역시 유식이다. 어떤 것이 모든 근을 보호하지 않는 식인가? 대답하길, 정념(正念)과 정지(定智)하지 않고 식하는 것이다. 정념과 정지하지 않는 것 역시 무식이 아닌 유식이다. 어떤 것이 정념과 정지하지 않는 식인가? 대답하길, 정사유(正思惟)하지 않음이 식이다. 정사유하지 않음 역시 무식이 아닌 유식이다. 어떤 것이 정사유하지 않는 식인가? 대답하길, 믿지 않는 것이 식이다. 믿지 않는 것 역시 무식이 아닌 유식이다. 어떤 것이 믿지 않는 식인가? 대답하길, 악법(惡法)을 듣는 것이 식이다. 악법을 듣는 것 역시 무식이 아닌 유식이다. 어떤 것이 악법을 듣는 식인가? 대답하길, 악(惡)을 친근히 하여 명확히 인식하는 것이 식이다. 악을 친근히 하여 명확히 인식하는 것 역시 무식이 아닌 유식이다. 어떤 것이 악을 친근히 하여 명확히 인식하는 식인가? 대답하길, 악인(惡人)이 식이다. (…) 이같이 나쁜 사람이 생긴 뒤에 곧 악(惡)을 친근히 하여 명확히 인식하게 되는 것을 알았고, 악을 친근히 하여 명확히 인식한 뒤에 곧 갖추어 악법을 듣게 되었다. 악법을 들은 뒤에 곧 믿지 않게 되고, 믿지 않은 뒤에 곧 바르지 않은 사유를 가지게 되었다. 바르지 않은 사유가 생긴 뒤에 곧 바르지 않은 생각과 바르지 않은 지혜를 가지게 되고, 바르지 않은 생각과 바르지 않은 지혜가 생긴 뒤에 곧 모든 근을 보호하지 않게 되었다. 모든 근을 보호하지 않은 뒤에 곧 삼악행을 갖추게 되었다. 삼악행이 생긴 뒤에 오개를 갖추게 되고, 오개가 생긴 뒤에 무명을 갖추게 되며, 무명이 생긴 뒤에 유애를 갖추게 된다는 것이다. 이같이 유애는 차례로 잇달아 이루어지는 것이다."[38]

이 인용에서 알 수 있듯, 유애는 '무명 → 오개 → 삼악행 → 근의 보호하지 않음 → 정념·정지·정사유의 상실 → 믿음의 붕괴 → 악법 수용 → 악인 친근'이라는 연속적인 악연(惡緣)의 흐름 속에서 형성된다. 결국 유애는 무명에서 발생하며, 존재에 대한 지속적인 집착을 불러온다. 중생은 이러한 집착을 통해 '나', '내 것', '내가 존재해야 한다'라는 개체 중심적 사고에 빠지게 된다.

---

38) 《中阿含經》 권10, (T01, 0487a28-b22), "有愛者. 則有食. 非無食. 何謂有愛食. 答曰. 無明爲食. 無明亦有食, 非無食, 何謂無明食. 答曰. 五蓋爲食. 五蓋亦有食, 非無食. 何謂五蓋食. 答曰. 三惡行爲食. 三惡行亦有食. 非無食. 何謂三惡行食. 答曰. 不護諸根爲食. 不護諸根亦有食, 非無食. 何謂不護諸根食. 答曰. 不正念·不正智爲食. 不正念·不正智亦有食. 非無食, 何謂不正念·不正智食. 答曰, 不正思惟爲食. 不正思惟亦有食, 非無食. 何謂不正思惟食. 答曰. 不信爲食, 不信亦有食, 非無食. 何謂不信食. 答曰. 聞惡法爲食. 聞惡法亦有食, 非無食. 何謂聞惡法食. 答曰. 親近惡知識爲食, 親近惡知識亦有食, 非無食. 何謂親近惡知識食. 答曰, 惡人爲食. (…) 如是具惡人已, 便具親近惡知識, 具親近惡知識已, 便具聞惡法, 具聞惡法已, 便具生不信, 具生不信已, 便具不正思惟, 具不正思惟已, 便具不正念. 不正智, 具不正念, 不正智已, 便具不護諸根, 具不護諸根已. 便具三惡行, 具三惡行已, 便具五蓋, 具五蓋已, 便具無明, 具無明已, 便具有愛, 如是此有愛展轉具成."

"유애는 곧 수(受, 느낌)가 있는 것이다. 수가 있으면 애가 있다. 인연이 모여 서로 각각 상생하는 것은 이와 같다. 이리하여 다섯 가지 괴로움의 쌓임은 끊어질 때가 없다."[39]

유애는 느낌을 기반으로 저장되고 기억된다. 중생은 쾌락의 느낌을 오래도록 마음에 간직하며, 그 느낌을 다시 얻기 위해 존재 자체에 대한 집착을 놓지 못한다. 이처럼 유애는 단순한 욕망을 넘어 자아의 영속성과 삶의 지속성에 대한 갈애이며, 결국 윤회를 불러오는 원인이 된다.

③ 무색애(無色愛) 또는 무유애(無有愛): 비물질적 존재(무형의 세계)에 대한 집착

무색애·무유애는 문자 그대로 '존재하지 않기를 바라는 애(愛)'를 뜻하며, 때때로 '비유애(非有愛)'로도 표현된다. 이는 존재에 대한 갈애(渴愛)인 유애(有愛)와는 반대로, 존재의 소멸, 곧 '비존재'에 대한 갈망·욕망을 의미한다. 초기불교에서는 이러한 무유애를 단견(斷見)과 연결 짓는다. 다시 말해, 존재의 본질을 왜곡하여 '존재하지 않는 것'에 집착하는 관점이다. 경전은 이렇게 말한다.

---

39) 《中阿含經》 권31, (T01, 0718a01), "有愛者則有受, 有受則有愛, 因緣合會, 然後各各相生如此, 如此五苦盛陰, 無有斷絶時." 이때 수는 낙수(樂受), 고수(苦受), 불고불락수(不苦不樂受)와 같은 느낌이다.

"만일 일체 중생에게 욕애·유애·무유애가 있는 것을 없게 한다면, 영원히 취함이 있겠는가?" "없습니다."[40)]

"나는 인연으로써 안다. 구함은 애로 말미암고, 애로 인하여 구함이 있다는 것을 안다."[41)]

이처럼 불교에서는 애(愛)가 구함(求)의 원인이며, 무유애 또한 예외가 아니다. 존재하지 않기를 바라는 집착 역시 고통을 낳는 애의 한 양상(형태)이다.

무유애는 현실적으로 허무주의, 삶의 무의미함에 대한 절망, 자살 충동 등의 형태로 나타난다. 자아의 소멸을 바라는 마음, 세계가 아무 의미 없다고 느끼는 사고, 고통에서 벗어나기 위해 '존재하지 않음'을 갈망하는 상태가 그것이다. 그러나 이러한 갈망조차도 결국 자기중심적인 욕망에서 비롯되었다고 본다. 겉으로는 '없음'을 추구하는 듯 보이지만, 실상은 고통을 회피하려는 본능적 욕망이며, 생존에 대한 집착이 여전히 작동하고 있는 것이다. 경전은 이와 같은 모순을 다음과 같이 지적한다.

"당신들은 만일 선을 행하면 하늘에 나므로 죽는 것이 사는 것보다 낫

---

40) 《長阿含經》 권10, (T01, 0060c11), "若使一切衆生無有欲愛, 有愛, 無有愛者. 寧有取不. 答曰. 無有."

41) 《長阿含經》 권10, (T01, 0060c19), "知求由愛, 因愛有求."

> 다고 한다면, 당신들은 마땅히 곧 칼로써 스스로 목을 찌르든지 독약을 마시고 죽든지 혹은 몸을 다섯 가지로 묶어 스스로 높은 벼랑에서 떨어지든지 해야 할 것이다. 그런데 이제 삶을 탐하여 죽지 못하는 것을 보면, 곧 죽는 것이 사는 것보다 낫지 않다는 것을 알 수 있다."[42]

이 구절은 무유애의 내적 모순을 드러낸다. 죽음을 갈망한다고 말하면서도 실제로 죽음을 택하지 못하는 이유는, 여전히 생명에 대한 애착이 남아 있기 때문이다. 즉 무유애는 '없음을 바라는 욕망'이지만, 그 밑바탕에는 '살고자 하는 본능'이 교묘하게 숨어 있다.

무유애는 무명(無明)과 무지(無知)에 뿌리를 두고 있으며, 현실과 자아에 대한 왜곡된 인식에서 비롯된다. 자아 상실감, 사회적 박탈감, 자괴감, 무상함에 대한 공포 등은 이러한 갈애를 더욱 증폭시킨다. 특히 명예, 권세, 사랑 등 외적 욕망이 좌절되었을 때, 중생은 극심한 스트레스를 경험하며 허무에 빠지기 쉽다. 이때 자아의식이 위태로워지고, 고통을 직면하지 못한 채 현실로부터 도피하려는 충동으로 자살을 선택하기도 한다. 그러나 불교적 관점에서 자살은 고난을 인내하거나 초월하려는 실천이 아니라, 오히려 그것을 회피하려는 이기적인 욕망의 결과로 본다.

---

42) 《長阿含經》 권7. (T01, 0046b04), "汝等若謂行善生天, 死勝生者, 汝等則當以刀自刎, 飮毒而死, 或五縛其身, 自投高岸, 而今貪生不能自殺者, 則知死不勝生."

결국 무유애는 유애와 마찬가지로 애(愛)에서 비롯된다. 애가 있기에 구함이 생기고, 구함으로 인해 집착이 일어나며, 그 집착은 괴로움을 낳는다. 따라서 무유애 또한 번뇌의 일종으로서, 통찰과 수행을 통해 극복해야 할 대상이다. 존재를 부정하는 집착에서 벗어나는 길은 무(無)의 추구가 아니라, 무상(無常)의 진리를 꿰뚫는 지혜에 있다.

라) 삼애(三愛)의 이해

이와 같이 욕애(감각적 쾌락), 유애(존재), 무유애(비존재)와 같은 세 가지 갈애(渴愛)는 모두 '느낌(受)'을 조건으로 발생하며, '애(愛)'를 통해 구함(求), 취함(取), 집착(執着)으로 이어진다.

> "애로 인해 구함이 있고, 구함으로 이익이 있고, 이익으로 인해 씀이 있고, 씀으로 욕이 생기고, 욕으로 집착하게 되며, 집착으로 질투가 생기고, 질투로 인해 지킴이 있고, 지킴으로 보호가 있다."[43]

이와 같은 삼애(三愛)는 곧 생사윤회의 고리를 구성하는 핵심 요인으로, 이 고리를 끊기 위해서는 '애'에 대한 철저한 통찰과 수행 실천이 필요하다. 애는 기쁨과 욕망(欲)을 동반하여, 그 닿는 곳마다

---

43) 《長阿含經》 권10, (T01, 0060c17), "當知因愛有求, 因求有利, 因利有用, 因用有欲, 因欲有著, 因著有嫉, 因嫉有守, 因守有護."

탐착을 일으키고 마침내 괴로움과 고통을 낳는다. 그러므로 '애'를 바르게 이해하는 일은 곧 해탈로 나아가는 첫걸음이라 할 수 있다.

(3) 탐욕

불교 경전은 탐욕(貪欲)이 어디에서 비롯되는지를 명확히 밝히고 있다.

> "하늘과 사람이 탐욕을 내고 즐기고 집착하는 이유는 빛깔, 소리, 냄새, 맛, 부딪힘의 오욕에 있기 때문이다."[44]

인간은 눈으로 보는 색(色), 귀로 듣는 소리(聲), 코로 맡는 냄새(香), 혀로 느끼는 맛(味), 몸으로 감지하는 촉감(觸), 그리고 마음으로 인식하는 대상에 끌린다. 이러한 감각적 대상에 대한 집착이 '취(取)'로 발전하고, 그것이 곧 탐욕으로 전환된다. 경전에서는 이러한 감각적 대상에 대한 집착을 '취법'이라 하며, "욕탐을 취법이라 한다."[45]라고 밝히고 있다. 욕은 욕을 근본으로 삼아 생기고(生), 모이고(集), 일어나며(起), 그 원인과 조건(因緣)에 따라 탐욕을 낳는다.

---

44) 《中阿含經》 권52, (T01, 0758a18), "如是天及人貪欲樂著. 謂在五欲. 色, 聲, 香, 味, 觸."

45) 《雜阿含經》 권9, (T02, 0058a02), "眼色, 耳聲, 鼻香, 舌味, 身觸, 意法, 是名所取法. 云何取法, 謂欲貪, 是名取法."

이는 단순한 물질적인 대상이나 욕망에 국한되지 않고, 마음과 정신 작용 전반에 걸친 깊은 집착으로 드러난다.

〈소연경(小緣經)〉에 나타난 태초 인간의 서사는 탐욕의 기원을 상징적으로 잘 보여 준다.

> "이제 나는 너를 위하여 사성의 본연을 설명하겠다. … 비록 세간에 태어났지만, 여전히 생각을 먹고 살았다. … 그 뒤에는 이 땅에서 단 샘이 솟아나 그것은 마치 타락이나 꿀 같았다. 저 처음으로 온 천신으로서 성질이 경솔한 자는 이 샘을 보고 잠자코 스스로 생각했다. '저것은 무엇인가 시험해 맛보리라.' 곧 손가락을 물에 넣어 시험해 맛보았다. 이렇게 하기를 두세 번, 점점 그 맛을 깨닫고 드디어 손으로 움켜쥐어 마음껏 그것을 먹었다. 이렇게 즐거움에 집착하여 끝내 만족할 줄 몰랐다."[46]

이처럼 태초의 존재는 생각을 양식으로 삼아 살았으나, 땅에서 솟아난 단 샘의 단맛을 맛본 순간부터 그것에 탐닉하게 되었고, 즐거움(쾌락)에 빠져 더욱더 많은 것을 먹고자 했다. 이러한 욕망은 곧바로 탐욕으로 이어졌으며, 더 많은 재물·재화를 얻고자 하는 욕

---

46) 《長阿含經》 권6, (T01, 0037b27-0038b03), "今當爲汝說四姓本緣. … 來生此間. 雖來生此, 猶以念食, … 其後此地甘泉涌出, 狀如酥蜜. 彼初來天性輕易者, 見此泉已, 默自念言, 此爲何物, 可試嘗之. 即內指泉中, 而試嘗之, 如是再三, 轉覺其美, 便以手抄自恣食之, 如是樂著, 遂無厭足,"

심이 생겨나 경쟁과 다툼, 재물의 사유화, 나아가 도둑질로까지 발전하였다.

> "때에 중생들은 저절로 자란 멥쌀을 먹으며 살았다. (멥쌀은) 취하는 데 따라 연달아 자라나서 다함이 없었다. 그때 중생들 가운데 어떤 게으른 자가 있어 가만히 스스로 생각했다. '아침에 먹을 것은 아침에 취하고, 저녁에 먹을 것은 저녁에 취하는 것은 수고로운 일이다. 이제 하루 먹을 것을 한꺼번에 취하자.' 그래서 곧 한꺼번에 취하였다. … 저 게으른 자들은 서로 다투어 저축했다. … '우리는 마땅히 땅을 갈라 따로따로 표지를 세우자' … 그때의 중생은 따로 전답을 차지하고 경계를 정하자, 점점 도둑질할 마음을 내어서, 남의 벼를 훔치게 되었다."[47]

이 장면은 인간 사회에서 사유(私有)의 개념이 탐욕으로부터 비롯되었음을 보여 준다. '한꺼번에 취하자', '쌀을 저축하자', '땅을 나누자', '도둑질하자'와 같은 행위들은 모두 탐욕의 발현이며, 이러한 탐욕은 자만과 사견을 동반하여 분노, 시기, 미움, 다툼, 질투, 교만 등 해로운 감정 · 심리와 행위를 유발한다.

---

47) 《長阿含經》 권6, (T01, 0038b03-0038b10), "時, 彼衆生食自然粳米, 隨取隨生, 無可窮盡. 時, 彼衆生有懈惰者, 默自念言, 朝食朝取, 暮食暮取, 於我勞勤, 今欲併取, 以終一日. 即尋併取. … 其懈怠者, 競共儲積, … 當共分地, 別立幖幟. … 彼時衆生別封田地, 各立疆畔, 漸生盜心, 竊他禾稼."

탐욕은 단순히 생존을 위한 욕망이 아니라, 감각적 쾌락을 지나치게 추구하는 불선(不善)한 마음 상태이다. 이는 어떤 대상에 대한 애착에서 비롯되어, 욕(欲)과 애(愛)를 증대시키며 끊임없는 취득의 행위로 이어진다. 또한 탐욕은 만족을 모르고 한꺼번에 더 많은 것을 얻으려 하므로 나태와 게으름, 자만심, 잘못된 견해(사견)와 더불어 나타난다. 나아가 이기심, 배타성, 자기중심주의, 인색함, 오만함, 편협함과 같은 비윤리적이고 부도덕한 행동까지 불러일으킨다. 이 때문에 경전에서는 "욕은 큰 재앙이며, 깨끗하지 못하고 더러운 것, 가장 큰 번뇌로서 장애가 될 뿐이다."라고 설한다.[48]

탐욕은 마음의 조건과 상황에 따라 다양한 형태로 나타나며, 대상의 취함을 통해 기쁨과 집착을 증대시킨다. 그 결과 더 많은 것을 얻으려는 탐착이 일어나 고통을 초래하게 된다.

오욕(五欲)—식욕, 재물욕, 수면욕, 명예욕, 성욕—에 얽매인 중생은 세속의 쾌락에 빠져 애착과 탐착으로 굳어진다. 특히 '나'라는 아상(我相)이 개입될 때 소유에 대한 탐애(貪愛)가 강화되며, 이는 실제적인 탐욕의 행위로 드러난다. 이러한 행위들은 과거와 미래를 넘어서 현재에도 계속 이어지고 있으며, 탐욕이 중생의 삶 전체를 덮고 있다. 《장아함경》과 《잡아함경》에서는 욕의 본성과 함께, 탐욕의 부정적인 속성을 다섯 가지로 제시하여 그 행악을 분명히 경계한다.

---

48) 《長阿含經》 권3, (T01, 0019b09), "欲爲大患'不淨'穢汚, 上漏爲礙."

1. 탐욕은 근심과 걱정을 일으키며, 인명(人命)을 해치는 재앙이다.

"탐욕에 분명히 물들면 마음을 덮어 막기 때문에, 혹 스스로를 해치고, 혹 남을 해치기도 하며, 혹 둘을 다 함께 해치기도 한다. 현세(현재 세상)에 죄를 얻고(짓고), 후세에도 죄를 얻으며(짓게 되며), 현세와 후세 두 곳 모두에서 죄를 얻는다(죄의 과보를 받는다). (그렇게 된 사람의) 그 마음은 언제나 근심하고 괴로워하는 감정(느낌)을 가지게 된다."[49]

탐욕은 결코 충족될 수 없기 때문에 끊임없이 더 많은 것을 요구한다. 그 결과 근심과 걱정, 위험, 고통, 재난 등 온갖 재앙을 초래한다. 이는 마음의 평화를 무너뜨리고 인간관계를 파괴하며, 심지어 인명을 해치는 극단적 결과로까지 이어진다.

2. 탐욕은 오물, 냄새, 때와 같은 더러움이다.

'오물', '냄새', '때'와 같은 비유는 단순한 표현이 아니라, 탐욕이 내면을 오염시키고 수행의 길을 방해하는 근본적 장애임을 드러낸다.

---

49) 《雜阿含經》 권35, (T02, 0251b29), "染著貪欲映障心故. 或自害. 或復害他. 或復俱害. 現法得罪, 後世得罪, 現法後世二俱得罪. 彼心常懷憂, 苦受覺."

> "속임과 질투를 마음에 품고 거만과 증상만을 익혀 탐욕과 성냄과 어리석음을 방자히 마음에 간직하고 있다. 이것이 세간의 더러운 냄새다."[50)]

탐욕은 자신과 타인을 속이게 하고, 질투·오만·증오와 같은 부정적 감정을 키운다. 그 결과 삼독(三毒)-탐(貪)·진(嗔)·치(痴)-이 마음속에 자리 잡게 된다. 이러한 상태를 경전은 '세간의 더러운 냄새'라 부른다. 이는 탐욕이 외형적으로는 드러나지 않을 수 있으나, 내면에서는 끊임없이 부패와 악취를 일으키는 심리적 오염임을 의미한다. 또한,

> "깨끗하지 못한 음식이 있어도 즐거이 남에게 주지 않고, 만일 깨끗한 음식이 있으면 탐을 일으켜 자기만 먹으며, 자기의 허물은 보지 않고, 생사를 벗어나는 길을 모른다. 이것이 더러운 때다."[51)]

탐욕은 타인과의 나눔을 막고, 자기중심적인 태도를 강화한다. 그 결과 사람은 생사의 고통에서 벗어나지 못하고, 자신의 허물을 보

---

50) 《長阿含經》 권5, (T01, 0032c11-c14), "欺妄懷嫉妬, 習慢增上慢, 貪欲瞋恚癡, 自恣藏於心. 此世間臭穢."

51) 《長阿含經》 권8, (T01, 0048a07-a12), "有不淨食, 不肯施人, 若有淨食, 貪著自食, 不見己過, 不知出要. 是爲垢穢."

지 못한 채 타인을 비난하는 어리석음을 반복한다. 그러므로 탐욕은 더러운 냄새이자 정신과 삶을 오염시키는 '때'와 같다.

3. 탐욕은 미혹과 취함, 광란, 깨닫지 못함을 동반한 괴로움이다.

"재물에 대해 탐욕을 일으키면 탐욕에 취하고 홀리어 미쳐 날뛰는 자신을 깨닫지 못한다."[52]

탐욕은 정신을 흐리게 하여 감각적 욕망에 빠지게 만든다. 그 결과 사람은 현실을 있는 그대로 보지 못하고, 옳고 그름을 분별하지 못한다. 더욱이 미혹과 광란 속에서 자각을 잃은 사람은 결국 괴로움과 악업을 쌓는다. 특히 《잡아함경》에서는 탐욕이 오온(五蘊)의 실상을 깨닫지 못하게 하는 근본 원인으로 지적된다.

"이른바 탐욕이라는 한 법을 성취함으로써, 색(물질)의 무상함을 알지 못하고, 수(느낌), 상(생각), 행(행위), 식(의식)의 무상함을 알지 못하게 만든다."[53]

---

52) 《雜阿含經》 권46, (T02, 0337a01), "於財起貪欲, 貪欲所迷醉, 狂亂不自覺."

53) 《雜阿含經》 권7, (T02, 0048c28), "謂貪欲一法成就, 不堪能知色無常, 知受, 想, 行, 識無常."

탐욕이 깊을수록 마음은 흐려지고, 무상(無常)의 진리를 깨닫는 능력은 약화된다. 이로 인해 무지는 진리에서 멀어지고, 존재의 무상함을 인식하지 못한 채 괴로움을 낳는다.

4. 탐욕은 덮개와 결박처럼 장애를 일으킨다.

탐욕은 단순한 욕망이 아니라 마음을 가리고 얽매어 진리로 나아가는 길을 막는 장애로 작용한다. 경전에서는 바른 사유[正思惟]가 없을 때, 탐욕의 덮개가 쉽게 생겨나며 반복적으로 강화된다고 말한다.

> "만일 정사유하지 않으면, 아직 일어나지 않은 탐욕의 덮개는 곧 일어나고, 이미 일어난 탐욕의 덮개는 거듭 생겨 더욱 많아질 것이다."[54]

또한 탐욕은 마음을 결박해 집착에서 벗어나지 못하게 하며, 무명과 함께 작용해 지혜를 흐리게 한다.

> "탐욕이 결박하기 때문에 욕을 떠나지 못하고, 무명이 결박하기 때문에 지혜가 청정해지지 못한 것이다."[55]

---

54) 《雜阿含經》 권26, (T02, 0189b11), "若不正思惟者, 未起貪欲蓋則起, 已起貪欲蓋重生令增廣."

55) 《雜阿含經》 권37, (T02, 0268b16), "貪欲纏故, 不得離欲. 無明纏故, 慧不清淨."

이처럼 탐욕은 덮개처럼 의식을 어둡게 가리고, 결박처럼 마음을 구속해 해탈을 방해한다. 이를 잘 보여 주는 예가 '원숭이의 식탐' 비유다.[56] 접착제를 바른 나무에 음식을 놓으면, 원숭이는 손을 뻗어 음식을 잡으려 하고 손이 붙자 다른 손, 발, 머리까지 들이대 결국 온몸이 붙어버린다. 탐욕은 이처럼 스스로 덫에 걸리게 하는 집착의 올가미다. 벗어나려 할수록 더 얽히며, 끝내 온 존재를 옭아맨다. 이 불선한 마음이 지혜를 덮고 올바른 길을 가로막는다.

5. 탐욕은 불만족을 낳고, 결국 인명을 해친다.

> "탐욕은 끝이 없어 사람의 목숨을 사라져 흩어지게 한다. 서로 은혜와 사랑을 잊지 못하고 만족할 수 없다."[57]

탐욕은 감각적 대상뿐 아니라, 선정(禪定)이나 비존재에 대해서도 일어난다. 그것은 인연(因緣)에 따라 생겨나고 사라지기에 고정된 실체가 없으며, 언제나 만족을 모른다. 이러한 끝없는 불만족은 새로운 쾌락과 갈망을 추구하게 만들고, 집착이 깊어질수록 인명을 해치는 불선한 행위로까지 이어진다.

---

56) 《雜阿含經》 권24, (T02, 0173b21), 〈원후경〉 참조.

57) 《長阿含經》 권4. (T01, 0024b18), "貪欲無厭, 消散人命, 戀著恩愛, 無有知足."

이처럼 《아함경》에서는 탐욕을 오욕(五欲), 삼애(三愛), 탐욕(貪欲)이라는 세 축으로 나누어 설명한다. 그러나 이들은 서로 깊이 인과적으로 연결되어 있어 명확히 구분하기는 어렵다. 탐욕은 특정 대상과 상관없이, 느낌(受)과 조건, 그리고 마음의 성향에 따라 언제든지 다양하게 발생한다. 요컨대, 욕(欲)은 욕망의 시작이며, 애(愛)는 대상에 대한 집착, 탐욕(貪欲)은 그것을 취하려는 강렬한 행위의 표현이다. 이 세 가지는 서로를 강화하며 중생의 괴로움을 더욱 심화시키는 원인이 된다. 이를 다음과 같이 정리할 수 있다.

〈표 1-5〉《아함경》에서의 욕, 애, 탐욕의 구분

	욕(欲)	애(愛)	탐욕(貪欲)
정의	생존·생활과 관련됨.	생활·성장하기 위함.	지나친 생활을 하기 위함.
	오욕(五欲)을 탐착해 취하고자 하는 마음상태.	느낌[受], 생각[想]에 대해 무엇을 하거나 갖고 싶은 간절히 바라는 내면 상태.	지나치게 이기적이며, 무언가를 더 얻고자 갈망하는 내면 상태.
종류(대상)	감각적인 오욕(五欲). (색욕·성욕·향욕·미욕·촉욕)	육애신(六愛身). 갈애: 욕애, 색애[유애], 무색애[무유애].	감각적 오욕락과 심리적 과도한 욕망. 물질·비물질적 요소.
발생 원인	오욕에 대한 낙수(樂受), 감각적 접촉, 느낌[受]이 원인.	느낌[受]과 생각[想]에 대한 강렬한 애착이 원인.	애(愛), 취(取), 유(有)가 직접적 원인.

	욕(欲)	애(愛)	탐욕(貪欲)
속성	욕에서 생기고, 모이고, 일어나고, 원인, 즉 인연하여 일어난다.	결박시키거나 윤회하게 한다. 괴로움·더러운 때, 장애, 덮개 등 역할.	자·타를 해침, 부도덕, 비윤리적, 착취성, 재앙, 장애, 덮개, 괴로움 등
	충족시키지 못하면 번뇌·장애·재앙·괴로움 등의 시작.	충족·만족시킬 수 없다. [불만족]	충족·만족시킬 수 없다. [불만족]
특징	생리적 욕구 충족 필수. 괴로움의 근본. 긍정·부정적 심리상태.	오욕락을 더욱 갈망. 윤회의 괴로움을 경험. 부정적 심리상태.	탐욕은 제어·제거 대상. 괴로움, 고통 호소. 부정적 심리상태.

2) 《니까야》에서의 정의

초기불교 경전인 《디가 니까야(Dīgha Nikāya)》의 〈세기경(Aggañña Sutta)〉은 인간 존재의 기원을 우주론적 서사로 풀어낸다. 이 경전은 세계가 어떻게 형성되었으며, 생명과 인간이 어떠한 과정을 통해 출현했는지를 설명하면서, 인간이 피할 수 없는 생(生)·노(老)·병(病)·사(死)의 존재적 조건에 매여 있음을 드러낸다. 특히 물질[色]과 정신[名]에서 비롯되는 근원적인 고통으로부터 벗어나려는 인간의 노력은 결국 '욕망'을 기반으로 전개된다.[58]

이 욕망은 감각적 쾌락에 대한 욕망, 충동적 욕구, 성적 쾌락에

---

58) SN. Ⅱ, pp.3-4. 정신(名)은 '느낌[受], 지각[想], 의도[思], 접촉[觸], 마음 냄[作意]'을 말한다. 물질(色)은 '땅(地)·물(水)·불(火)·바람(風)'의 4가지 요소 四大)와 4가지 요소에 의존한 물질현상(四大所造色)을 말한다.

대한 욕망 등 다양한 의미를 포괄한다. 욕망은 마음의 작용에 따라 서로 다르게 표현되기 때문에 주체자의 주관[전개 방식]에 따라 때로는 삶을 견인하는 동력이 되기도 하고 반대로 탐욕으로 치닫는 괴로움의 근원이 되기도 한다. 그러므로 욕망의 양면성을 객관적[긍정적·부정적인 요소]으로 명확히 구분하기는 어렵다.

(1) 욕구에서 탐욕으로: 마음의 작용

우리는 흔히 욕구·욕망·탐욕을 동일하게 사용하지만, 초기불교는 이 개념들을 미묘하게 구분한다. '욕구'는 생존을 위한 기본적 요구로서 긍정적이고 필수적인 심리 상태를 의미한다. 반면 '욕망'은 욕구를 넘어 '무엇을 하거나 갖고 싶어 하는 마음'으로 확장되며, 그 마음이 특정 대상에 집착하게 될 때 '탐욕(lobha)'이라는 불선한 심리 작용으로 전환된다.

이러한 전환 과정은 '마음(citta)'의 작용으로 이해된다. 경전 주석서에서는 마음을 "대상을 사량(思量)하여 안다."라고 설명하며, 《아비담마》에서는 다음과 같이 정의한다.

> "Yaṁ viññāṇaṁ ārammaṇaṁ cintetī; iti cittaṁ. vijānāti iti cittaṁ. saññā paññā viññāṇaṁ na hoti."[59] [의식은 대상을 생각하고 인식한다. 그

59) AhVṬ. p.74; DhsA. p.106. "Yaṁ viññāṇaṁ 그 의식(알음알이)은 ārammaṇaṁ 대

래서 그것을 '마음(citta)'이라 하며, 이는 식(識), 즉 안다는 기능이다. 그러나 이는 인식(想)이나 통찰지(慧)의 인식과는 다르다.]

이처럼 마음은 대상과 접촉하며 색[形色], 소리, 냄새, 맛, 감촉, 그리고 법(法)이라는 여섯 가지를 인식(식별)하고, 이러한 접촉을 통해 욕망과 집착을 형성한다.

(2) 욕망과 탐욕의 다양한 표현들

불교에서 말하는 '탐욕'은 흔히 '욕망'으로 번역되지만, 초기 경전에서는 이 개념을 드러내기 위해 놀라울 만큼 다양한 표현이 사용된다. 특히 빠알리어(Pāli) 경전에서는 감정적 끌림이나 내면의 갈망을 나타내는 수많은 용어가 등장하며, 이는 탐욕이 단일한 감정이 아니라 복합적이고 다층적인 심리 구조를 지닌다는 사실을 시사한다. 욕망 또는 탐욕을 표현하는 주요 단어들은 다음과 같다:

kāma(欲樂: 감각적 쾌락을 향한 욕망), chanda(欲: 하고자 하는 의욕, 중립적인 욕망), rāga(愛着: 애착, 붉게 물들인 듯한 집착), lobha(貪: 탐내는 마음, 탐욕), taṇhā(渴愛: 마르듯 갈망하는 애욕), abhijjhā(貪愛, 愛慾: 탐애, 지나친 욕심), ālaya(愛慾: 머무름, 의지처가 되는 애욕), pihā(愛: 애착, 열망), icchā(渴

상을 cintetī 생각한다; 안다. iti 그래서 cittaṁ 마음이다; vijānāti 다르다 해서 iti 그래서 cittaṁ 마음이다; saññā 인식(想)이나 paññā 통찰지(慧)가 viññāṇaṁ 의식해서 na hoti 아는 모습과 다르게 안다."

望: 갈망, 원함), upaddhi / upādāna(取着, 取: 강한 욕망의 집착, 집적), 그리고 gedha[60], apekkhā, abhilāsa, ākaṅkhā, āsiṁsanā, āsa, esanā, pipāsā, sinehita 등.[61]

이처럼 다양한 표현들은 각기 다른 맥락에서 탐욕의 일면을 조명한다. 정서적 뉘앙스나 심리적 작용은 다르더라도 그 핵심 구조는 '끌림-획득-집착'으로 요약된다.

그중에서도 'lobha(貪)'와 'rāga(愛着)'는 탐욕을 구성하는 대표적 개념으로, 불선법(不善法)의 중심에 놓여 있다. 이 둘은 《니까야(Nikāya)》를 비롯한 초기 경전에서 윤회(saṁsāra)의 근원으로 제시되며, 붓다는 이를 '덮개 · 장애(nīvaraṇa)', '속박(saṁyojana)', '오염(kilesa)' 등과 같은 해로운 심리적 요소로 규정한다.

그뿐만 아니라, 'lobha(貪)'는 taṇhā(渴愛), abhijjhā(貪愛), upādāna(取着) 등의 용어들과도 밀접하게 연결된다. 이들은 단지 유사한 의미를 공유하는 것이 아니라, 서로의 작용을 보완하고 설명하는

---

60) gṛdhi(sk, 탐욕을 의미한다.)는 영어의 greed와 어원적 관련성을 시사하고 있다.

61) David Webster, The Philosophy of Desire in the Buddhist Pali Canon, London and New Yok: Routledge Curzon, 2005, pp.97-142. apekkhā, apekhā는 ① 희망, 요구, 기대. ② 주의, 관심. ③ 애정, 애착, abhilāsa는 ① 욕구, 원함, 옵션 ② 열망, ākaṅkhā는 의욕, 희망, āsiṁsanā는 ① 바램, 기대 ② 욕망, āsa는 희망, 욕구, esanā는 ① 구함, 심구(尋求), 탐구(探求) ② 동경, 바램, 소망, pipāsā는 ① 갈증, 목마름 ② 갈망, sinehita는 ① 탐욕스러운 ② 음탕한, 탐애하는 등이 있다.

매개가 되어 탐욕의 다층적 구조를 더욱 풍부하게 만든다.

탐욕은 단순한 감정의 차원이 아니라, 애(愛)-취(取)-유(有)로 이어지는 삼중의 심리적 작용 구조를 통해 하나의 실체로 응결된다. 마음이 어떤 대상에 끌리고, 그것을 취하려 하며, 결국 그것을 자기의 일부처럼 여기는 과정이 곧 탐욕의 구조이다.

이러한 점에서 볼 때, 탐욕을 설명하는 핵심 개념들인 kāma, chanda, lobha, rāga, taṇhā는 비록 역할이 다르지만, 심리적 작용의 측면에서는 긴밀하게 연결되어 있다. 명칭은 달라도 이들이 개념이 지향하는 본질은 하나다. 바로 대상을 향한 끌림, 그것을 취하려는 의도, 그리고 놓지 않으려는 집착이다. 이제 우리는 이러한 중심 개념들을 하나씩 살펴봄으로써, 불교가 말하는 탐욕의 실체를 보다 구체적이고 통합적으로 이해하고자 한다.

(3) 까마(kāma) – 감각적 욕망

'kāma'는 주로 감각적 쾌락에 대한 욕망을 의미하며, 탐욕의 원인과 조건이 되는 대표적인 개념이다. 빠알리어 어근 '√kam'(바라다, to desire)에서 파생된 명사로, '욕구', '바램', '욕망', '갈망', '감각적 쾌락', '탐욕', '애욕', '성적인 쾌락' 등을 포함한다. 이 단어는 단순한 욕망을 넘어 감각적 쾌락에 대한 탐닉과 집착을 뜻한다. 초기 경전은 kāma를 다음과 같이 설명한다.

"Pañca kho ime bhikkhave kāmaguṇā – cakkhuviññeyyā rūpā iṭṭhā kantā manāpā piyarūpā kāmūpasaṃhitā rajanīyā; sotaviññeyyā saddā … gandhā … rasā … phoṭṭhabbā."(AN. 6.63)

"수행승들이여, 다섯 가지 감각적 쾌락의 대상이 있다. 눈으로 인식되는 형상, 귀로 인식되는 소리, 코로 인식되는 냄새, 혀로 인식되는 맛, 몸으로 인식되는 감촉이다."[62]

"다섯 가지 감각적 쾌락의 대상이 있다. 즉 원하고 즐겁고 마음에 들고 사랑스럽고 감각적 욕망을 자극하고 애착의 대상이 되는, 시각으로 인식되는 형상, 청각으로 인식되는 소리, 후각으로 인식되는 냄새, 미각으로 인식되는 맛, 촉각으로 인식되는 감촉이다. … 수행승들이여, 접촉이 감각적 쾌락의 욕망의 원인이다. … 감각적 쾌락을 욕망하면서 그때그때 공덕을 수반하거나 악덕을 수반하는 자신을 만들어 낸다. … 접촉의 소멸이 감각적 쾌락의 욕망의 소멸이다. 그리고 이 여덟 가지 고귀한 길[八正道]이 그 소멸로 이끄는 길이다."[63]

이 경전 구절은 kāma의 작용을 분명히 보여 준다. kāma는 오근

---

62) AN. Ⅲ, A6.63 p.411; AN. III. A5.55, p.67; DN. I. D8, p.174. 등 ("pañca kāmaguṇā – rūpā saddā gandhā rasā phoṭṭhabbā, ime pañca kāmaguṇā." "다섯 가지 감각적 욕락이 있으니, 곧 색(色), 성(聲), 향(香), 미(味), 촉(觸)이다.")

63) AN, Ⅲ, p.411; SN. Ⅳ, p.196; "… Phasso hetu kāmānaṁ … phassanirodhā kāmanirodho … ariyo aṭṭhaṅgiko maggo kāmanirodhagāminī paṭipadā."(AN.6.63) "… 접촉이 감각적 욕망의 원인이며, 접촉이 소멸하면 감각적 욕망도 소멸한다. 그리고 여덟 가지 고귀한 길(팔정도)은 감각적 욕망의 소멸로 이끄는 길이다."

(五根)을 통해 인식되는 외적 대상과의 '접촉(觸)'을 계기로 발생하며, 이것은 곧 욕망을 일으키는 원인이 된다. 이로부터 생겨나는 즐거움(kāmassāda)과 기쁨은 일시적인 쾌감으로, 더 강한 자극을 반복적으로 갈망하게 만든다.

따라서 감각적 접촉을 통한 느낌에 사로잡히게 되며, 이는 '감각적 욕망' 또는 '오욕(五欲)의 쾌락'으로 불린다. 그 결과 kāma는 탐욕의 원인과 조건이 되어 '탐욕의 연쇄작용'으로 이어진다. 이 욕망은 개인의 태도(반응 방식)에 따라 공덕(功德, 삶의 동력)이 될 수도 있고, 악덕(惡德, 괴로움의 근원)이 될 수도 있다. 그러나 그 뿌리는 여전히 '감각적 접촉에 대한 갈망'이며, 이는 윤회의 씨앗이 된다.

가) 감각적 욕망의 두 가지 구조

〈감각적 욕망을 즐기는 자 경(Kāmabhogī Sutta)〉에서는 kāma를 vatthu-kāma(감각적 쾌락·기쁨의 대상), kilesa-kāma(감각적 쾌락·기쁨을 원하는 욕망 그 자체)[64], 두 가지로 구분한다.

첫 번째, vatthu-kāma는 외적 대상들을 의미한다. 예를 들어 궁전, 침상, 옷, 음식, 무희, 장신구, 금은보화, 가축, 일가친척, 아름다운 외모 등 온갖 감각적 즐거움을 제공하는 것들이 이에 해당한다. 현대

---

64) 대림 스님 옮김, 《앙굿따라 니까야》 권6, 울산: 초기불전연구원, 2007, pp.319-327. 감각적 욕망(kāma-rāga)은 감각적 쾌락에 대한 탐욕, 제5권 〈분석경〉2(S48.10) §5의 주해 참조.

적으로 말하면, 향정신성 약물, 성행위, 고급 음식, 럭셔리 소비, SNS의 자극, 욕망을 부추기는 광고 등도 모두 포함될 수 있다.

두 번째, kilesa-kāma는 외부 대상이 아니라 그 대상을 갈망하는, 즉 감각적 기쁨을 바라는 내면의 심리적 욕망이다. 이는 생존과 무관하게 단순히 기쁨을 추구하려는 심리작용으로, 감각적 대상을 원하고, 좋아하고, 붙잡으려는 내적 경향성을 뜻한다. 이에 대해 경전은 다음과 같이 노래한다.

> "세상에 있는 아름다운 것들이 감각적 욕망이 아니라 의도에서 생긴 애욕이 바로 감각적 욕망일 뿐이네. 아름다운 것들은 세상에 그대로 머물러 있을 뿐, 지자는 여기에 대한 욕구를 길들이노라."[65)]
>
> "Na vatthukāmehi kāmo, kāma-chandoti vuccati; saṅkappa-rāgo purisassa kāmo, iti akkhaṁsu paṇḍitā."(AN. 6.63)
>
> "감각적 대상 자체가 욕망이 아니요, 그것을 탐하는 마음이 욕망일 뿐이다. 지혜로운 이들은 말한다. 사람이 가진 애욕의 의도가 바로 욕망이라고."[66)]

이 구절은 욕망의 발생이 감각적 대상 그 자체가 아니라, 그 대상에 대한 마음의 태도, 즉 의도와 애착에서 비롯됨을 잘 보여 준다.

---

65) SN. Ⅰ, p.22; AN. Ⅲ, p.411; "Na te kāmā yāni citrāni loke saṅkapparāgo purisassa kāmo tiṭṭhanti citrāni that'eva loke ath'ettha dhīrā vinayanti chandaṁ."

66) AN. Ⅲ, A6.63. p.411.

아름다운 것들은 외부에 그대로 존재하지만, 그것을 '원하고' '탐하는' 마음이 생길 때, 그것이 바로 kāma가 되는 것이다. 이처럼 대상들과 경험들은 감각적 쾌락의 토대를 제공하며, 이로 인해 재생(윤회)의 토대(upadhi)가 형성된다.

나) kāma는 탐욕의 원인이 되는가?

감각적 욕망이 곧 탐욕은 아니지만, kāma는 탐욕의 원인과 조건이 된다. 감각적 접촉에서 생긴 즐거움에 마음이 사로잡히면, 거기서 '애욕(rāga)'이 자라고, 애욕은 다시 집착(upādāna)을 낳으며, 이는 결국 괴로움(dukkha)의 근원이 된다. 붓다는 말씀하신다:

> "욕망을 조건으로 탐착이 있다고 말하였다. … 아난다여, 이것이 바로 탐착의 원인이며, 근원이자 조건이니, 그것은 다름 아닌 욕망이다."[67)]
>
> "Ananda, chando hetu taṇhāyaṁ … taṇhā niṭṭhitā chando niṭṭhito hoti."
>
> "아난다여, 욕망이 탐착의 원인이다. 만일 욕망이 사라지면 탐착도 사라진다."[68)]

---

67) DN, Ⅱ, D15, p.60;.각묵 스님 옮김, 《디가 니까야》, 권2, 울산: 초기불전연구원, 2006, pp.128-129.

68) DN, Ⅰ, D9.

따라서 kāma는 단순한 감각적 욕망을 넘어, 접촉을 통해 일어난 느낌에 집착하는 과정에서 괴로움을 낳는 근원이 된다. 인간은 기분 좋은 접촉을 탐착하고, 고통·괴로운 접촉은 회피하려 하며, 그로 인해 욕망은 더욱 강화된다.

다) kāma의 윤회적 성격

붓다는 kāma의 위험을 다음과 같이 경고한다.

"배우지 못한 보통사람은 감각적 쾌락 이외에 괴로운 느낌에서 벗어나는 길을 알지 못하기 때문이다. 그는 감각적 쾌락의 욕망을 즐거워하며 즐거운 느낌에 대한 탐욕의 경향을 잠재시킨다. … 그는 즐겁지도 괴롭지도 않은 느낌에 대한 무명의 경향을 잠재시킨다. 그가 괴로운 느낌을 느껴도 속박으로 그것을 느낀다. 그가 즐거운 느낌을 느껴도 속박으로 그것을 느낀다. 즐겁지도 괴롭지도 않은 느낌을 느껴도 속박으로 그것을 느낀다."[69]

즉, 범부(凡夫)는 감각적 쾌락 외의 해탈의 길(고통을 벗어날 길)을

---

69) SN. Ⅳ, p.209; MN. M13; "Assutavā puthujjano … kāmāramo … sukhasomanassaṁ chandaṁ janeti … bandhanena phusati." "배우지 못한 범부는 감각적 쾌락을 좋아하고 즐기며, 그것을 욕망하고, 즐거움이라는 이름의 속박에 사로잡힌다."

알지 못하기 때문에 그 쾌락에 사로잡혀 산다. 이처럼 kāma는 욕계(欲界)의 존재를 속박하는 장애(nīvaraṇa)와 속박(saṃyojana)의 요소가 되어 괴로움을 낳고 열반에 이르는 길을 가로막는다.

그러나 모든 욕망이 반드시 부정적인 것은 아니다. 범부는 kāma를 통해 삶의 활력, 동기, 열정 등을 얻기도 한다. 중요한 것은 욕망 그 자체가 아니라, '욕망의 방향과 방식'이다. 욕망이 불선한 결과로 흐를 때 그것은 괴로움으로 이어진다.

흔히 범부는 감각적 쾌락(kama)을 진정한 행복으로 착각하지만, 그것은 순간의 즐거움일 뿐 오랜 괴로움의 씨앗이 될 수 있다. 그러므로 인간은 감각적 욕망을 통제하고 인식하며, 중도와 팔정도를 실천함으로써 궁극적으로는 kāma를 소멸시키고자 노력해야 한다.

정리하자면, kāma는 단순한 욕망이 아니라 감각적 쾌락에 대한 집착과 끝없는 갈망을 의미한다. 비록 kāma 자체가 곧바로 탐욕은 아니지만, 탐욕의 직접적인 원인과 조건으로 작용하며, 인간 삶에 깊숙이 영향을 미친다.

초기불교는 kāma를 무조건 억압하라고 가르치지 않는다. 오히려 그것을 주의 깊게 관찰과 통찰의 대상으로 삼아 절제하고 다스릴 것을 강조한다. 감각적 욕망은 억눌러야 할 '악(惡)'이 아니라, 지혜롭게 다루어야 할 삶의 과제이며, 이를 올바로 인식하고 소멸시켜 초월할 때 인간은 비로소 자유와 해탈에 이를 수 있다.

(4) 찬다(chanda) – 열의, 의욕

chanda는 단순한 '욕망(desire)'이 아니다. 그것은 '하고 싶어함(kattu-kāmatā)'이라는 심리적 의지 상태, 즉 하나의 정신법을 가리킨다. chanda는 선(善)도 악(惡)도 아닌 중립적인 마음 작용으로 이해되며, 이러한 '중립성'은 chanda가 본질적으로 선법(善法)이나 불선법(不善法) 어느 쪽에도 속하지 않는다는 점에서 중요하다. 즉, chanda는 단지 어떤 것을 '하고 싶어하거나, 찾거나, 성취하고자 하는 마음'이며, 그 자체로 선·악의 성질을 결정하지 않는다.

어원적으로 chanda는 산스끄리뜨 어근 √chad 또는 √chand('to please', '기쁘게 하다', '끌다')에서 파생된 남성명사이다. '자극', '열의·열망', '의욕', '욕구 의지', '하고자 하는 바람', '의향', '서원' 등의 의미를 지닌다.[70)]

일반적으로는 '열의', 또는 넓은 의미의 '욕구'로 번역되지만, 이는 흔히 말하는 탐욕적 '욕망'과는 구분된다.

비유하자면, chanda는 마치 '궁수가 화살통에서 화살을 꺼내 목표를 향해 쏘되, 쏜 뒤에는 그 행위에 집착하지 않는 상태'와 같다.[71)] 이처럼 단지 원하기만 하는 '원함'의 마음, 무(無)집착의 열의가 바로

---

70) T. W. Rhys Davids & William Stede, The Pali Text Society's Pali-English Dictionary, London: PTS, 1986, p.274.

71) 비구 일창 담마간다 편역, 《가르침을 배우다》, 경기도: 도서출판 불방일, 2021, p.214.

chanda이다. 불교 심리학에서는 chanda를 '심소(心所, cetasika)'로 분류하며, 이는 마음의 부속 작용을 뜻한다.

가) 욕구, 욕망, 의욕과 chanda의 관계

일상에서 우리가 경험하는 욕구·욕망·의욕은 모두 chanda와 긴밀히 연결되어 있다. 욕구는 생존이나 결핍에서 비롯된 기본적 바람으로, 본래 긍정적인 내면의 심리[마음]상태이다. 욕망은 무엇인가를 행하거나 소유하고자 하는 강한 바람이며, 의욕은 결과나 성취 여부와 관계없이 단지 '하고자 하는' 의지다. 이러한 모든 심리상태의 이면에는 chanda라는 중립적 열의가 작용한다.

한자에서 욕(欲)과 욕(慾)의 구분도 이를 잘 보여 준다. 전자(欲)는 단순한 희망이나 원함, 기대를 의미하지만, 후자[慾]는 이에 집착하는 마음까지 포함한다. 경전에서는 "욕구를 조건으로 하여 느낌이 생긴다."[72]라고 하며, 또한 "생겨난 욕구에는 8가지 탐욕에 뿌리박은 마음과 함께하는 느낌이 있다."라고 설명한다.[73]

예를 들어 "bhava chando(존재를 지속하고자 하는 욕구)"[74], "kāyasmiṃ chando(몸에서의 욕구)"[75], "rūpesu chando(물질적·감각적 대상에 대

---

72) SA. Ⅲ, p.130. "chanda-paccayā pi vedayitaṁ."

73) 대림·각묵 스님 옮김, 《아비담마 길라잡이 1》, 울산:초기불전연구원, 2017, pp.129-137.

74) Therī-gāthā, ed., Ⅴ, Hermann Oidenberg. London: PTS, 1990, p.14.

75) SN. V. p.181

한 욕구)"[76], "methunasmiṃ chando[성교(性交)에서의 욕구]"[77] 등이 있다. 이처럼 chanda는 모든 행위에서 긍정 또는 부정적인 마음 상태에 중립적인 열의로 작용하며, 욕망의 시작점일 수 있으나 그 자체가 곧 탐욕은 아니다.

나) Chanda의 심리적 작용과 이중적 성격

위대한 주석가 붓다고사(Buddhaghosa) 스님은 《청정도론(Visuddhimagga)》 등에서 chanda의 특징을 다음과 같이 요약하고 있다.

> "Chanda는 '하고 싶어함(kattu-kāmatā)'의 동의어이다. 그러므로 이것은 하고 싶어하는 특징을 갖는다. 대상을 찾는 역할을 하며, 대상을 원함으로 나타난다. 바로 그 대상이 가까운 원인이다. 이 chanda는 대상을 잡는 데 있어 '마음을 뻗는 것이 마치 손을 뻗는 것과 같다'고 알아야 한다."[78]

이 정의는 chanda가 단순한 감각적 충동이나 본능적 욕구가 아니라 목표를 향해 마음의 에너지를 집중시키는 능동적이고 의식적인 심리작용임을 보여 준다. '마음의 팔(cetaso hatthappasāraṇa)'이라는 비유처럼, chanda는 특정 대상을 향해 의도적으로 마음을 뻗는 작용

---

76) SN. IV. p.195

77) Sn; Suttanipāta(1984), PTS, p.835.

78) Vism, p.466; 대림 스님 옮김, 《청정도론》 권2, 서울: 초기불전연구원, 2004, p.471.

이다. 즉 chanda는 마음이 어떤 대상이나 행위를 성취하고자 하는 방향성을 지닐 때, 그 성취의 '가까운 원인'으로 작용하며, 마음이 그 대상에 닿아 머물게 하는 힘을 제공한다.

그러나 chanda는 그 자체로 독립적인 힘을 지니는 것은 아니며, 다른 심리적 작용들과 결합할 때 그 성격이 결정된다. 이는《니까야(Nikāya)》의 정진(정진력)의 문맥에서 chanda의 기능을 다음과 같이 설명한다.

> "비구들이여, 그는 아직 일어나지 않은 사악하고 해로운 법[不善法]들을 일어나지 않게 하려고 열의를 생기게 하고 정진하고 힘을 내고 마음을 다잡고 애를 쓴다. 이미 일어난 사악하고 해로운 법들을 제거하기 위하여 … 아직 일어나지 않은 유익한 법[善法]들을 일어나게 하려고 … 이미 일어난 유익한 법들을 지속시키고 사라지지 않게 하고 증장시키고 충만하게 하고 닦아서 성취하기 위해서 열의를 생기게 하고 정진하고 힘을 내고 마음을 다잡고 애를 쓴다."[79]
>
> "아직 생겨나지 않은 착하고 건전한 상태는 생겨나도록 열의(chanda)를 일으켜 정진하고 정근하고 마음을 책려하여 노력한다."[80]

---

79) SN. Ⅴ. p.225. (S50 참조); 각묵 스님 옮김,《상윳따 니까야》권5, 울산: 초기불전연구원, 2009, pp.547-549.

80) MN. Ⅱ. p.11. "anuppannānaṃ kusalānaṃ dhammānāṃ uppādāya chandaṃ janeti vāyamati viriyam ārabhati cittaṃ paggaṇhāti padahati."

이처럼 chanda는 선법(善法)이 생겨나게 도와주거나 선법을 유지하며, 선법을 더욱 강화 및 증진시키는 등 긍정적 작용을 한다. 또한, 아직 일어나지 않았거나 이미 일어난 불선법(不善法)을 제거하는 데 관여하여 정진의 마음을 내게도 한다. 이같이 chanda가 긍정적으로 작용하면, 수행의 원동력이 되어 정진(vīriya)과 같은 선법(善法)을 돕는 요인이 된다.

반대로 그것이 감각적 욕망과 결합할 경우, 즉 해로운 마음에 작용하면 탐욕이 일어나 불선법을 강화한다. 특히 chanda가 lobha(탐욕)에 작용하면 더 강한 갈망인 rāga(탐착·애착)로 발전한다. 더 나아가 rāga에 다시 chanda가 결합하면 chanda-rāga(욕탐), 즉 taṇhā(갈애)로 심화된다.

결국 '하고 싶다'는 마음의 방향성이 어디로 향하느냐에 따라 chanda는 탐욕으로도, 수행의 동기로도 작용할 수 있다. 따라서 chanda는 본질적으로 선하거나 악한 것이 아니라, '방향성'에 따라 그 결과가 달라지는 심리 요소라 할 수 있다.

다) 합성어로 나타나는 chanda: chanda-rāga와 kāma-chanda 《니까야》에서는 chanda가 rāga나 kāma(감각적 욕망)와 결합한 합성어 형태로 자주 등장한다. 대표적인 예로 chanda-rāga와 kāma-chanda가 있다. 이러한 합성어들은 단순한 욕구를 넘어서서 탐욕으로 이행하는 과정, 특히 마음이 탐착의 방향으로 기울어지는 심리적

경계를 보여 주는 개념들이다.

① chanda-rāga[81]: 문자 그대로 '욕(chanda; 열의)'과 '애착(rāga)'의 결합으로, '욕탐(欲貪)' 혹은 '강렬한 탐욕'을 의미한다. 이는 단순한 욕구를 넘어, 오온(五蘊)과 감각적 대상에 대한 심화된 집착 상태를 나타낸다.

경전에서는 '오온의 집(oka)'과 '감각적 대상의 거처(niketa)'를 비유로 들며 욕탐의 강도를 설명한다.[82] 여기서 '집'은 항상 머무는 내면적 소유—즉 자신의 육체·정체성·의식 등 오온에 대한 내면적 집착을, '거처'는 외부의 감각 대상—가족, 재산, 명예 등—에 대한 일시적 욕망을 의미한다. 집착의 중심은 '자기 것'이라는 강한 동일시를 포함하는 오온에 더 깊이 뿌리내리는 경향이 있다.

따라서 chanda-rāga는 단순히 외부 대상에 대한 애착을 넘어, 자기 존재의 근거로 삼는 오온에 대한 강한 집착을 드러낸다. 이는 "자기 가족, 아내, 자식, 재산 등에 대한 애착처럼 오온에도 강한 욕탐을 일으킨다."는 경전 구절에서도 분명히 확인된다.

② kāma-chanda[83]: '감각적 욕망(kāma)'과 '욕구 또는 열의

---

81) 문맥에 따라 '욕망', '탐욕', '욕탐', '열렬한 욕망' 등으로 번역되며, 대부분 욕탐으로 옮겨진다.

82) 집은 항상 머무는 곳이며, 거처는 특별한 목적을 위해 일시적으로 머무는 곳을 의미한다.

83) 각묵 스님 옮김, 《상윳따 니까야》 권5, 울산: 초기불전연구원, 2009, p.373. 각주

(chanda)'의 결합어로, 문자 그대로는 '감각적 욕망에 대한 열의'이다. 이는 'kāma-rāga(감각적 욕망에 대한 탐욕)', 'kāma-taṇhā(감각적 욕망에 대한 갈애)'와도 유사한 의미를 가지며, 오욕(五欲) — 색 · 성 · 향 · 미 · 촉 — 에 대한 마음의 집착을 포함한다. 《아비담마》는 이를 보다 구조적으로 설명한다:

> "약한 탐욕(dubbala lobha)은 열의라는 뜻(chandanaṭṭha)에서 열의(욕구, chanda)이다. 이보다 더 강한 것이 물들인다는 뜻(rañjanaṭṭhna)에서 갈망(rāga)이다. 이보다 더 강한 두터운 갈망(bahalarāga)이 욕탐(chandarāga)이다."84)

이처럼 chanda는 탐욕의 첫 단계이자 갈애로 이어질 가능성을 가진 열의로서 그 마음의 방향성에 따라 선과 악을 가르는 중요한 분기점이 된다.

③ 불선한 집착으로서의 chanda: 무엇보다 중요 또는 주의해야 할 점은 chanda가 불선한 '집착(upādāna)'과 결합할 경우, 괴로움

---

244. Kāma-chanda는 내(內)적과 외(外)적으로 나눌 수 있다. "'내적인 감각적 욕망에 대한 욕구(ajjhattaṁ kāma-cchanda)'란 자신의 오온(pañca-kkhandha)에 대해서 생긴 욕탐(chanda-rāga)을 말하고, '외적인 감각적 욕망에 대한 욕구(bahiddhā kāma-cchanda)'란 남들의 오온과 [무정물 등]에 대한 욕탐"을 말한다.

84) Pm. I . p.164; 대림 · 각묵 스님 옮김, 《아비담마 길라잡이 1》, 울산: 초기불전연구원, 2017, p.241.

의 뿌리이자 윤회의 원인이 된다는 것이다.[85)] 예를 들어, chanda가 오온에 대한 집착(五取蘊, pañcaupādānakkhandha)[86)]과 결합하면 이는 곧 'lobha(탐욕)'로 발전하고, 존재 지속의 욕구인 'taṇhā(갈애)'로 이어져 윤회의 사슬을 강화한다.

따라서 수행자는 자신의 열의(chanda)가 어디로 향하고 있는지를 세밀히 살펴야 한다. 그것이 불선한 대상이나 자기중심적 집착으로 기울어졌다면 반드시 정화해야 한다. 이것이 바로 괴로움의 원인을 근본에서 제거하고 해탈의 길에 들어서는 첫걸음이 된다.

(5) 로바(lobha) - 근본 번뇌로서의 탐욕

Lobha는 불교에서 가장 핵심적인 해로운 마음 작용 가운데 하나이다. 이는 인간을 괴로움과 윤회의 세계로 이끄는 세 가지 근본 번뇌인 삼독(三毒, tri-viṣa, tri-doṣa)—탐욕(lobha), 성냄(dosa), 어리석음(moha)—중 하나로 모든 해로운(불선한) 행위의 근원이 된다. 또한 lobha는 52가지 심소(cetasika, 마음부수) 가운데 '불선 심소(akusala cetasika)'에 포함되며, 특히 '18가지 해로운 마음부수' 중 열여덟 번째에 속한다.[87)]

---

85) SN. Ⅳ. p.328. "chando hi mūlaṃ dukkhassa." 욕구야말로 괴로움의 뿌리이기 때문이다.

86) 문맥에 따라 '욕망', '탐욕', '욕탐', '열렬한 욕망' 등으로 번역되며, 대부분 욕탐으로 옮겨진다.

87) 대림·각묵 스님 옮김, 《아비담마 길라잡이 1》, 울산:초기불전연구원, 2017, p.221

어원적으로 볼 때, lobha는 빠알리어 어근 √lubh(탐하다, 갈망하다)에서 파생된 남성명사로 문자 그대로는 '음탕함, 욕망, 관능적 집착, 정욕' 등을 의미한다. 이러한 의미는 단순한 바람이나 열의를 넘어 대상을 놓지 않으려는 강한 심리적 집착을 내포한다. 주로 '탐애(貪愛)'나 '탐욕(貪欲)'으로 번역되며, 이와 유사한 개념으로는 abhijjhā(탐애), upādāna(취착) 등이 있다.[88] 이들 모두는 감각적 대상에 대해 집착과 그것을 '자신의 것'으로 삼으려는 태도를 공통적으로 지닌다. 경전에서는 다음과 같이 lobha를 정의한다.

> "이것 때문에 탐하고(lubbhanti), 혹은 이것은 그 스스로 탐하고, 혹은 단지 탐하기(lubbhanamatta) 때문에 탐욕(lobha)이라 한다."[89]

이 구절은 lobha가 단순한 욕망이 아니라, 대상을 향해 마음이 끌리고 그 대상에 붙잡혀 있는 상태를 의미함을 분명히 드러낸다. 즉, lobha는 단순한 '좋아함'이나 '욕망'의 단계를 넘어, 그 대상을 놓지 않으려는 집착의 상태이며, 일단 한 번 일어나면 그 마음은 다른 불선한 심리작용들과 함께 작동한다. 특히 lobha는 사견(邪見, diṭṭhi)

---

88) T. W. Rhys Davids & William Stede, The Pali Text Society's Pali-English Dictionary, London: PTS, 1986, p.588.

89) DhsA. pp.248-249; Vism. XIV. pp.160-161; 대림 · 각묵 스님 옮김, 《아비담마 길라잡이 1》, 울산: 초기불전연구원, 2017, p.246.

과 자만(自慢, māna)이라는 해로운 심소가 함께 일어난다.[90] 이 두 가지가 lobha와 결합할 때, 마음은 더욱 혼란스러워지고, 진리에 대한 올바른 통찰을 가로막는다.

가) lobha의 특징, 역할, 나타남 《아비담마》는 lobha의 심리적 구조를 네 가지 측면에서 설명한다. 즉, 특징(lakkhaṇa), 기능(rasa), 나타남(paccupaṭṭhāna), 가까운 원인(padaṭṭhāna)을 통해 그 본질을 규정한다.

> "탐욕은 마치 끈끈이처럼 대상을 거머쥐는 **특징**을 가진다. 마치 달구어진 냄비에 놓인 고깃덩이처럼 달라붙는 **역할**을 한다. 마치 염색하는 안료처럼 버리지 않음으로 **나타난다**. [족쇄]에 묶이게 될 법들에서 달콤함을 봄이 **가까운 원인**이다. 탐욕은 갈애의 강물이 되어 늘어나면서 마치 강물의 거센 물살이 큰 바다로 인도하듯 [중생을] 잡아 악처로 인도한다고 알아야 한다."[91]

이를 정리하면;

특징: 마치 끈끈이처럼 대상을 움켜쥐는 성질을 가진다.

---

90) 사견은 세계를 잘못 바라보는 왜곡된 견해를 뜻하며, 자만은 자신에 대한 과도한 집착이나 우월감을 의미한다.

91) DhsA. pp.248-249; Vis. XIV. pp.160-161; 각묵 스님 옮김, 《담마상가니 1》, 울산: 초기불전연구원, 2016, p.459, 각주 687 참조.

기능·역할: 고깃덩이가 달군 냄비에 달라붙듯, 대상에 강하게 달라붙는 작용을 한다.

나타남: 염색 안료처럼 물들이는 작용이 있어 마음을 물들이며 쉽게 사라지지 않는다.

가까운 원인: 대상을 '달콤하다'고 인식하는 것, 즉, 감각적 쾌락의 매력에 이끌려 탐욕이 생겨난다.

이러한 구조는 lobha가 어떻게 작동하고, 왜 그것이 고통의 원인이 되는지를 체계적으로 보여 준다. lobha는 단순한 욕망을 넘어 중생을 끝없는 생사윤회의 흐름 속으로 끌어들이는 강물과 같다. 강렬한 쾌락의 경험은 곧 강한 집착으로 이어지고, 이는 또 다른 갈애와 집착을 불러일으키며, 결국 중생을 고통의 순환에 가둔다.

나) lobha의 강도와 다양한 형태

"Lobha는 강한 열망이나 욕심에서부터 미세한 취미나 집착까지 모든 종류의 탐욕을 다 포함한다."[92] 이 탐욕은 단순히 물질적 소유에 대한 집착뿐만 아니라, 명예, 자아, 감정 등 정신적 대상에 대한 집착까지도 포괄한다. 이러한 모든 형태의 lobha는 불선한 속성을 지니며, 열 가지 해로운 법(不善法)과 긴밀히 연관된다.

---

92) 대림 스님 옮김(2006), 《맛지마 니까야》 권2, p.312; 각묵 스님 옮김, 《담마상가니 2》, 울산: 초기불전연구원, 2016, pp.281-284. 제3편 §1065에는 탐욕(lobha)의 동의어 101개의 용어 등을 나열하여 설명하고 있다.

불선법의 열 가지 범주는 다음과 같다: ㉠번뇌(āsava),[93] ㉡폭류(ogha),[94] ㉢매듭(gantha), ㉣족쇄(saṁyojana), ㉤장애(nīvaraṇa), ㉥취착(upādāna), ㉦속박(yoga), ㉧잠재 성향(anusaya), ㉨오염원(kilesa).[95]

이 열 가지 중에서도 lobha는 특히 번뇌, 폭류, 매듭과 같은 가장 원초적·근원적이고 뿌리 깊은 집착의 작용과 긴밀히 관련된다. 또한 lobha는 종종 raga(애착), chanda-raga(욕탐)와 혼용된다. 이들 각각은 탐욕의 '강도'와 '심리적 깊이'에 따라 구분된다.

> "약한 탐욕(dubbala lobha)은 열의(chanda)이며, 그보다 강한 것이 갈망(rāga)이고, 더 강한 갈망은 욕탐(chandarāga)이다."[96]
>
> "강한 감각적 욕망을 갈애(taṇhā)라 하고 상대적으로 약한 감각적 욕망을 욕망(chanda-rāga)이라 한다."[97]

즉 lobha는 대상을 향한 원함이 집착으로 심화된 상태, 곧 약한

---

93) 'āsava'는 ā(향하여)+√sru(흐르다)에서 파생된 명사로, 종기에서 흘러나오는 고름을 의미한다.

94) DhsA. p.49. "yassa saṁvijjanti taṁ vaṭṭasmiṁ yeva ohananti osīdāpentī ti oghā." 윤회의 바다에 휩쓸린 번뇌는 쉽게 벗어날 수 없기에 폭류(ogha)라 부른다.

95) 대림·각묵 스님 옮김, 《아비담마 길라잡이 2》, 울산: 초기불전연구원, 2018, pp.101-113.

96) Pm, Ⅰ, p.164; 대림·각묵 스님 옮김, 《아비담마 길라잡이 1》, 울산: 초기불전연구원, 2017, p.241, 각주 238 참조.

97) 각묵 스님 옮김, 《디가 니까야》 권2, 울산: 초기불전연구원, 2006, p.128. 각주 101.

탐욕을 뜻한다. 여기에 중립적 열의로서 단지 '원함'의 상태인 찬다(chanda)가 더해지면 이내 라가(rāga)가 일어난다. 이때 rāga는 lobha에 불선한 chanda가 결합, 강한 갈망이 된 상태이다. → 여기에 또다시 chanda가 작용하면 찬다라가(chanda-rāga, 욕탐), 즉 매우 강한 탐욕으로 발전하여 이는 곧 '딴하(taṇhā, 갈애)'로 이어진다.

이처럼 lobha는 단순한 '욕망'이 아니라, 마음이 특정한 대상에 강하게 끌리고 달라붙으며, 그 상태가 반복될수록 집착으로 굳어지는 과정을 의미한다. 다만 탐욕의 심리적 강도는 개인마다 달라 lobha, rāga, taṇhā 를 명확히 구분하기는 어렵다.

특히 주목할 점은, 탐욕의 강도와 관계없이 lobha가 작용하는 순간, 열 가지 불선법이 모두—아주 작게라도—함께 일어난다. 특히 ㉠번뇌, ㉡폭류, ㉢매듭은 lobha의 본질과 깊게 연결되어 강하게 작용한다. 여기에 chanda나 rāga가 결합하면 나머지 불선법들—㉣족쇄, ㉤장애, ㉥취착, ㉦속박, ㉧잠재 성향, ㉨오염원—이 더욱 강하게 작용하게 된다.

예를 들어, 감각적 욕망(kāmāsava)과 존재 욕망(bhavāsava)은 lobha의 대표적인 번뇌(āsava)[98]로서 업을 일으키고 윤회의 흐름을 지속시키는 근원이 된다. 폭류(ogha)는 중생을 분별없이 휩쓸며 윤회

98) SN. V. p.56. "akusalasaṅgahe tāva cattāro āsavā: kāmāsavo, bhavāsavo, diṭṭhāsavo, avijjāsavo." 불선 범주 중 네 가지 번뇌는 감각적 쾌락의 번뇌(kāmā- savo), 존재의 번뇌(bhavāsavo), 사견의 번뇌(diṭṭhāsavo), 무명의 번뇌(avijjāsavo)이다.

의 바다로 몰아넣는 기능을 하며, 매듭(gantha)[99] 중 특히 간탐의 몸의 매듭(abhijjhā kāyagantha)은 현재 삶뿐만 아니라 미래 생에서도 중생을 단단히 얽어 묶는다.

이렇듯 lobha는 감각적 쾌락에 대한 단순한 반응을 넘어, 마음이 대상을 향해 반복적으로 끌리며 점차 깊은 집착으로 굳어지는 과정을 의미한다. 탐욕의 대상은 욕망이 깃드는(rāgaṭṭhāniya) 즉 아름답게 인식되는 표상(subha-nimitta)이다. 이 표상은 '아직 일어나지 않은 감각적 욕망(kāmacchanda)은 일어나게 하고, 이미 일어난 감각적 욕망은 더욱 드세게 만들며, 불선법들을 일으킨다.'[100] 결국 일시적인 기쁨을 좇는 습관이 반복되고 강화될수록, 그 끝에는 반드시 괴로움(고통)이 따른다. 요컨대 lobha는 시간이 흐를수록 마음을 더욱 사로잡고, 업을 쌓으며, 윤회의 사슬을 더욱 단단하게 조여 오는 근본적인 번뇌라 할 수 있다.

(6) 라가(rāga) – 채색된 마음, 끌림의 속박

'라가(rāga)'는 초기불교에서 탐욕의 한 중심 개념으로 집착과

---

99) SN. V. pp.59-60. "cattāro ganthā: abhijjhā kāyagantho, vyāpādo kāyagantho, sīlabbataparāmāso kāyagantho, idaṁsaccābhiniveso kāyagantho." 네 가지 매듭: 간탐의 몸의 매듭, 악의의 몸의 매듭, 계행과 의례의식에 대한 집착의 몸의 매듭, 이것만이 진리라고 천착하는 몸의 매듭이다.

100) 대림 스님 옮김, 《앙굿따라 니까야》 권1, 울산: 초기불전연구원, 2006, p.74. 각주 23.

갈망, 애착의 뿌리로 작용하는 심리적 요소이다. 이는 단순한 욕망의 단편이 아니라, 인간의 마음을 덮고 속박하며 오염시키는 강한 경향성이다. rāga는 족쇄(saṁyojana), 장애 · 덮개(nīvaraṇa), 취착(upādāna), 속박(yoga), 잠재 성향(anusaya), 오염원(kilesa) 등 다양한 부정적 범주에 포함된다.

'rāga'는 'raj(염색하다, 빛나다)'라는 어근에서 파생된 말로, 색채 · 염색 · 광채 등의 의미를 지닌다. 어근의 뜻이 보여주듯 rāga는 "욕망으로 물든, 색에 채색된 마음"을 상징한다. 이 단어는 흔히 '탐욕', '갈망', '열망', '집착' 등으로 번역된다.[101)]

냐나뽀니까 테라(Ñāṇaponika Thera)는 rāga를 "만족하지 못하는 끊임없는 결핍의 상태"로 정의한다.[102)] 그는 욕망이 충족을 향해 나아가지만 본질적으로 결핍을 내포하기 때문에 결코 만족시킬 수 없다고 지적한다. 이러한 rāga는 kāma에서 비롯되어 chanda-kāma, lobha, chanda-lobha, rāga, chanda-rāga로 이어져 점점 더 강렬하고 집요한 형태로 발전해 간다.

---

101) T. W. Rhys Davids & William Stede, The Pali Text Society's Pali-English Dictionary, London: PTS, 1986, p.567. rāga는 일반적으로 chanda rāga(강한 욕탐)로 불리며, '갈망', '열망', '집착', '애착', '탐욕' 등의 의미를 지닌다.

102) Ñāṇaponika Thera, The Roots of Good and Evil, Kandy: BPS, 1986, p.4. "a state of lack, need and want. It is always seeking fulfilment … but its drive is inherently insatiable, and thus as long as it endures it maintains the sense of lack." 부족, 필요 및 결핍의 상태를 의미한다. 그것은 항상 성취를 추구하지만, … 그러나 그 추진력은 본질적으로 만족할 줄 모르며, 따라서 그것이 지속되는 한 결핍감은 유지된다.

가) 세 가지 영역의 탐욕

rāga는 물질적 영역인 rūpa-rāga와 비물질적 영역인 arūpa-rāga로 나눠지거나, 또는 욕계(kāma), 색계(rūpa), 무색계(arūpa)라는 삼계(三界)의 심소로 작용하여 세 가지로 나눠진다.[103)]

①감각적 탐욕(kāma-rāga): 오욕락(五欲樂)에 집착하여 감각적 쾌락을 끊임없이 추구하는 마음.

②물질적 탐욕(rūpa-rāga): 색계 존재(rūpabhava)에 대한 탐욕으로, 색계선(禪)의 단계[초선부터 제4선까지]에서 얻어지는 즐거움(sukha)과 기쁨(somanassa)에 대한 집착.[104)]

③비물질적 탐욕(arūpa-rāga): 무색계 존재(arūpabhava)에 대한 탐욕으로, 무색계선(禪)의 단계[공무변처부터 비상비비상처까지]에서 얻어지는 미묘한 즐거움(妙樂)에 대한 애착. 《아비담마》에 따르면, 이 세 가지 탐욕은 모두 '불선한 족쇄(saṁyojana)'로 분류되며[105)], 윤회를 지

---

103) SN. V. p.61; 대림·각묵 스님 옮김, 《아비담마 길라잡이 1》, 울산: 초기불전연구원, 2017, pp.196-197. 《아비담마(Abhidhamma)》에 따르면 마음에는 89가지가 있다. 이 중 81가지 마음은 세간적 마음(lokiya-citta), 8가지 마음은 출세간적 마음(lokuttara-citta)이다.

104) 대림·각묵 스님 옮김, 《아비담마 길라잡이 1》, 울산:초기불전연구원, 2017, pp.165-181, p.197. 여기서 색(色)은 물질(rūpa)을 의미하며, 물질을 아직 태우고(jhāpana) 있기 때문에 선(禪, jhāna)이라 불린다. 색계에는 15가지 마음—유익한 마음(善, 5가지), 과보의 마음(5가지), 작용만 하는 마음(5가지)—이 있다.

105) 대림·각묵 스님 옮김, 《아비담마 길라잡이 2》, 울산:초기불전연구원, 2018, pp.111-113. 족쇄(saṁyojana)는 경과 아비담마에 따라 분류하고 있다. 1. 경에 따른 분류: 열 가지 족쇄(足鎖)로는 유신견(사견, 有身見, sakkāya-diṭṭhi), 계행과 의례의식에 대한 집착[戒禁取, sīlabbata-parāmāsa], 의심[疑, vicikicchā],

속시키는 결정적인 원인으로 작용한다. 세 가지로 나눠진 것을 다시 살펴본다;

① kāmarāga: 채색된 감각의 마음

kāmarāga는 감각적 쾌락에 대한 집착으로, 다섯 가지 감각 대상(색·성·향·미·촉)에 대한 탐욕에서 비롯된다. '탐욕이 결박하기 때문에 욕망이 끊임없이 자라나듯' kāmarāga는 오욕락의 대상을 향해 마음을 '채색'하듯 물들인다. 이때 마음은 자아 인식을 왜곡하여 자신을 올바르게 보지 못하게 만든다. 마치 염료가 섞인 물에 비친 얼굴이 착색된 모습으로 보이듯, kāmarāga는 현실을 편향된 시선으로 보게 한다. 즉 무의식적으로 자기 인식을 왜곡시켜 제대로 자신을 볼 수 없게 만든다는 것이다.

특히 kāmarāga는 수행을 방해하는 근본적인 장애 중 하나로서 마음을 붙잡아 떼어낼 수 없게 만드는 '취착(upādāna)'의 주요 원인이 된다. 여기서 취착이란 '감각적 쾌락(대상)'에 대해 스스로 탐하거나, 거머쥐거나 딱 달라붙는 집착의 마음을 뜻한다.[106] 이러한 집착은 단순한 기호나 취향이 아니라, 벗어나기 어려운 강한 얽힘이다.

감각적 쾌락에 대한 갈망(kāmarāga), 적의(paṭigha), 색계에 대한 갈망(rūpa-rāga), 무색계에 대한 갈망(arūpa-rāga), 자만[慢, māna], 들뜸[掉擧, uddhacca], 무명(無明, avijjā)이다. 2. 아비담마에 따른 분류: 경에 따른 분류에서 무색계에 대한 갈망(arūpa-rāga)과 들뜸[掉擧, uddhacca]을 제외하고 대신 질투(嫉妬, issā)와 인색(吝嗇, macchariya)을 추가해서 열 가지이다.

106) SN. V. p.59. "cattāro upādānā: kāmupādānānaṁ, diṭṭhupādānānaṁ, sīlabbatupā- dānānaṁ, attavādupādānānaṁ."

이와 관련하여 《담마빠다(Dhammapada)》에서는 kāmarāga를 그물(jālaka)이나 덫에 비유한다. "그물에 걸린 새처럼…",[107] 또는 "덫에 걸린 원숭이처럼…"[108] 중생의 마음을 감각적 욕망에 얽어맨다. 이로 인해 마음의 자유로운 움직임은 방해받고, 마치 새가 하늘을 날지 못하듯 억눌리고 제한된다. 결국 kāmarāga는 곤경을 자초하고, 괴로움의 원인이 된다. 그뿐만 아니라, kāmarāga는 불교에서 말하는 네 가지 속박(四軛, cattāro yoga)[109] 중 하나인 '감각에 대한 멍에(kāmayoga)'로 분류된다. '멍에'라는 표현은 단순한 비유가 아니라, 수행자에게 실제로 작용하는 '정신적 속박(cetaso vinibandhā)'을 뜻한다. kāmayoga는 정진의 영감을 약화시키고, 마음이 법(dhamma)에 의해 성장하고 성취되는 길을 차단하는 주된 요인이다.

또한, kāmarāga는 단지 현재에 드러나는 감정만이 아니라, '잠재 성향(anusaya)'의 형태로 무의식 깊숙이 내재한다. 이는 《아비담

---

107) Dhp. 174 게송. "Andhabhūto ayaṁ loko, tanuk'ettha vipassati; Sakunto jālamutto'va, appo saggāya gacchati." ["무명에 덮인 이 세상에서는, 오직 소수만이 통찰을 갖는다; 그물에서 벗어난 새처럼, 겨우 소수만이 행복의 세계(천계 또는 닙바나)로 나아간다."]

108) Dhp. 347 게송. "Ye rāgarattānupatanti sotaṃ, sayaṃ kataṃ makkaṭakova jālaṃ;"("욕망에 탐착한 사람들은 흐름을 따라가며, 스스로 만든 덫에 걸린 원숭이와 같도다.")

109) AN. II. p.10. 네 가지 액(cattāro yoga)은 감각에 대한 멍에[kāmayoga, 욕액(欲軛)], 존재에 대한 멍에[bhavayoga, 유액(有軛)], 견해의 멍에[diṭṭhiyoga, 견액(見軛)], 무명의 멍에[avijjāayoga, 무명액(無明軛)]이다.

마》에서 말하는 '일곱 가지 잠재 성향'[110] 중 하나인 '감각적 욕망의 잠재 성향(kāmarāgānusaya)'에 해당한다. 예를 들어, 신생아는 감각적 욕망을 개념적으로 알지 못하지만, kāmarāga는 무의식적으로 잠재되어 있다. 즉 신생아가 관능에 대한 개념을 알지 못하더라도 그 근본 성향은 이미 잠재되어 있다는 것이다. 경전에서는 "즐거운 느낌(vedanā)을 조건으로 갈애(taṇhā)가 생겨난다."[111]고 말한다

이처럼 kāmarāga는 '즐거운 감각적 느낌'과 밀접히 연관되어 있으며, 그 조건이 성립할 때 무의식 속 욕망이 활성화된다. 그러나 이것이 반드시 자동적으로 발생하는 것은 아니다. 중요한 것은 그 조건이 성립할 때, 무의식 속 감각적 갈망이 되살아난다는 점이다.

이러한 감각적 갈망(kāmarāga)은 단지 현재의 즐거움·쾌락의 추구에만 머물지 않고, 미래의 고통에 대한 두려움—질병, 상실, 공포, 죽음—조차 그 뿌리를 두고 있는 근원적 갈망이다. 우리는 일상에서 감각적 자극을 통해 끊임없이 kāmarāga를 자극받으며, 그로부터 불안(두려움)과 슬픔이 비롯된다.

---

110) SN. Ⅴ. p.60; DN. Ⅲ. p.254. 일곱 가지 잠재 성향(sattaanusayā)은 kāmarāgānusayo(감각적 쾌락에 대한 갈망의 잠재 성향), bhavarāgānusayo(존재에 대한 갈망의 잠재 성향), paṭighānusayo(적의의 잠재 성향), mānānusayo(자만의 잠재 성향), diṭṭhānusayo(사견의 잠재 성향), vicikicchānusayo(의심의 잠재 성향), avijjānusayo(무명의 잠재 성향)이다.

111) SN. S12.1, S12.2. "Vedanā-paccayā taṇhā, taṇhā-paccayā upādānaṃ."(느낌을 조건으로 갈애가 생기고, 갈애를 조건으로 집착이 생긴다.).

결국 이러한 감각적 집착으로부터 벗어나 자유로운 자만이 진정한 두려움의 극복을 이룰 수 있다. 그러기 위해서는 kāmarāga의 본질을 통찰하고, 그것을 끊기 위한 지속적이고 의도적인 수행과 노력이 필수적이다.

② rūparāga: 물질 또는 색계 존재에 대한 탐욕

rūparāga는 수행자가 선정[禪]에 도달하면서 그 기쁨에 집착하게 되는 상태를 말한다.[112] 색계의 즐거움(sukha)과 기쁨(somanassa)에 대한 집착이 바로 물질적 탐욕이다. 흔히 수행자가 이런 선정의 쾌락 묘미를 체험하면 rūparāga가 잠복해 있다가 또다시 그 상태를 경험하고자 집착과 번뇌를 일으킨다. 이때는 아주 미세한 수준이라도 번뇌와 물질이 남아 있다.

③ arūparāga: 비물질 또는 무색계 존재에 대한 탐욕

arūparāga는 물질의 영역을 완전히 초월한 비물질적 대상에 대한 집착으로, 특히 무색계의 미묘한 평온함에 대한 탐욕을 말한다. 이 경우, 오직 유익한 마음과 심소(心所, 마음부수)법만이 남은 상태로, 마음은 오직 하나의 대상에 집중하여 극도로 미세한 인식 상태에 이른다.

예를 들어, '마음'이라는 한 가지 대상만을 가지고 관찰하면 공

---

112) 대림 · 각묵 스님 옮김, 《아비담마 길라잡이 1》, 울산:초기불전연구원, 2017, pp.166-169. 세간적 선(禪)의 경지는 출세간, 즉 깨달음의 경지가 아니다. 상좌부 불교에서는 일반적으로 사마타만으로는 결코 번뇌를 제거할 수 없다고 본다. 한편 《아비담마》에 따르면, 사마타와 위빠사나를 함께 닦는 것이 바람직하지만, 위빠사나는 선(禪)의 도움 없이도 수행할 수 있다고 말한다.

무변처에서 비상비비상처의 경지까지 나아갈 수 있다. 즉 arūparāga의 마음은 제5선에 해당하는 평온과 집중이라는 두 요소를 갖춘다.

이처럼 《아비담마》에서는 무색계의 rāga를 '불선(不善)'의 요소로 보지 않기도 하지만, 여전히 해탈을 방해하는 탐욕적 애착, 즉 장애물로 간주한다.

나) 오염원으로서의 rāga

rāga는 열 가지 불선 범주 가운데 열 번째인 오염원(kilesa)에 속한다. 오염원은 혹(惑), 염(染), 염오(染汚), 번뇌(煩惱), 결(結), 수면(隨眠), 잡염(雜染) 등으로 번역된다. 이는 "마음을 성가시게 하고(kilissati) 들볶으며(upatappati) 더럽히는" 작용을 하는 요소이다. 오염원은 다섯 가지 장애—감각적 쾌락, 악의, 해태·혼침, 들뜸·후회, 의심-와 관련된 마음을 쉽게 오염시킨다. 또한 육입처(六入處)—눈·귀·코·혀·몸·의식—를 통해 감각 경험을 더럽힌다. 《중부경전》의 〈옷감의 비유경(M7)〉과 〈오염원경(M128)〉은 오염된 마음을 탁한 옷감에 비유한다. 그중 rāga는 대표적인 더러움으로 묘사된다. 경전은 또한 '의심, 마음에 잡도리하지 않음(방일), 해태와 혼침, 두려움, 의기양양함, 무력증, 과도한 정진, 느슨한 정진, 갈애, 다양한 인식, 형색에 대한 지나친 명상' 등을 마음의 오염원으로 제시한다.[113] 결

113) 대림 스님 옮김, 《맛지마 니까야》 권4, 울산: 초기불전연구원, 2012, pp.336-337.

국 rāga는 수행의 장애물이자 괴로움의 원인으로 깨달음을 방해하는 가장 강력한 탐욕적 에너지라 할 수 있다.

(7) 딴하(taṇhā) – 끓어오르는 갈증, 윤회의 불씨

'taṇhā(딴하)'는 갈애(渴愛), 즉 채워지지 않는 갈망을 의미하며, 윤회의 직접적인 원인으로 작용하는 십이연기(十二緣起)[114]의 핵심 고리다. 이 용어는 산스끄리뜨어 'tṛṣṇā'에서 유래하며, 그 어근 √tṛṣ는 '목마르다'라는 뜻을 가진다. 동의어인 tasiṇā 역시 이 의미를 반영하며, '가뭄·고갈(drought), 갈증(thirst), 결핍, 허기(hunger)' 등 충족되지 않은 상태의 결핍을 나타낸다.[115] 이러한 어원은 taṇhā가 단순한 욕구가 아니라, 채워지지 않는 갈증, 끊임없이 타오르는 갈망, 불만족에서 비롯된 집착임을 보여 준다.

부처님께서는 이 갈애를 단순히 육체적인 욕망으로 보지 않으셨다. 그것은 마음 깊은 곳에서 솟구치는 강렬한 결핍감과 소유욕, 다시 말해 감각적·존재적·무존재적 집착으로 존재 전체를 이끄는 근원적 에너지이다. 빠알리 주석서에서는 'taṇhā'를 다음과 같이 정의한다.

---

114) "갈애(taṇhā)를 조건으로 취착(upādāna)이 생기고, 취착을 조건으로 존재(bhava)가, 존재를 조건으로 태어남(jāti)이 생긴다."

115) T. W. Rhys Davids & William Stede, The Pali Text Society's Pali-English Dictionary, London: PTS, 1986, The Pali Text Society's Pali-English Dictionary [PED], p.294.

"Taṇhā nāma dubbalā vā balavā vā rāgo, yo vitakkaṭṭhānabhūte ārammaṇe uppajjati."

"갈애(taṇhā)란, 생각의 대상이 되는 경계에 대해 약하거나(dubbalā) 강한(balavā) 감각적 욕망(rāga)이 일어나는 것을 말한다."[116]

이 정의에 따르면, 비교적 약한 욕망은 'chanda-rāga(욕탐)'로 구분되며, 더욱 강렬한 욕망, 즉 얽어매고 집착하는 마음은 'taṇhā(갈애)'라 불린다.

가) 갈애란 무엇인가

taṇhā는 단순히 어떤 대상을 좋아하거나 원하는 마음이 아니라, 그 대상을 향한 환희와 탐욕이 결합된 상태이며, 근본적으로는 불만에 뿌리를 두고 있다. 즉 반복적으로 충족되지 않아 계속해서 타오르는 감각적 갈망이다. 그것은 '갖고 싶다'라는 욕망을 넘어, '갖지 못함'에서 비롯되는 고통을 동반한다. 그 바탕에는 만족하지 못하는 느낌이 있으며, 충족되지 못한 상태에서 오는 불편함, 상실감, 긴장감, 심리적 결핍 등을 해소하고자 하는 강한 추구 의지가 내포되어 있다.

116) 각묵 스님 옮김, 《디가 니까야》 권2, 울산: 초기불전연구원, 2006, p.130. taṇhā를 "해로운 생각(akusala-vitakka)으로 생각을 일으킨 대상에 대해서 약한(dubbala) 감각적 욕망(rāga)이나 강한(balava) 감각적 욕망이 일어나는 것"이라고 정의한다.

예를 들어, 목이 말라 심한 갈증을 느끼는 사람은 물을 마시기 전까지는 갈증이 해소되지 않는다. 이때 그 사람의 간절한 바람은 물에 대한 갈애, 즉 물을 찾고, 마시고자 하며, 그 과정에서 절박함이 생기듯, 결핍상태에서 오는 불편함을 해소하려는 절박한 욕망이다. 이처럼 taṇhā는 단순한 욕구가 아니라 갈증을 해결하려는 필사적인 추구이며, 집착과 고통의 동력으로 작용한다. 그 대상이 물이든, 재물이든, 존재 그 자체이든 본질은 같다.

이러한 갈애는 감각적 대상에만 국한되지 않고, 명예, 정체성, 지식, 관계, 존재 등 정신적 대상으로도 확장된다. 따라서 taṇhā는 괴로움의 원인이자, 윤회를 반복하게 만드는 근본적인 심리적 기제이다.

나) 추구의 갈애와 갈애의 발현 과정

갈애는 '추구하는(esana) 갈애'와 '추구된(esita) 갈애'로 나뉜다. 이는 실제로 벌어지고 있는 갈애(samudācāra-taṇhā)의 형태이며, 전자는 "얻기 위해 구하는 상태", 후자는 "얻었음에도 집착하는 상태"를 의미한다. 특히 이미 형성된 '추구된 갈애'는 하나의 조건이 되어 다시 '윤회의 뿌리가 되는 갈애'의 조건이 된다. 이러한 두 갈애는 '느낌(vedanā)'을 조건으로 발생한다.

부처님께서는 갈애가 어떻게 발생하고 확대되는지를 다음과

같이 설명하신다:

> "Vedanā-paccayā taṇhā, taṇhā-paccayā pariyesanā, pariyesanā-paccayā lābho, lābha-paccayā vinicchayo, vinicchaya-paccayā chando, chanda-paccayā rāgo, rāga-paccayā ajjhosānaṃ …" – (MN. 38)
>
> 즉, "느낌(vedanā)을 조건으로 갈애(taṇhā)가 생기고, ⋯▸ 갈애를 조건으로 추구(pariyesanā)가 생기며, ⋯▸ 추구로 인해 획득(lābha), ⋯▸ 획득으로 인해 판단(vinicchaya), ⋯▸ 판단으로 인해 욕망(chanda), ⋯▸ 욕망으로 인해 탐욕(rāga), ⋯▸ 탐욕으로 인해 거머쥠 · 집착(ajjhosānaṃ)이 생겨난다."[117]

이 과정은 단순한 심리적 반응을 넘어서 윤회의 흐름을 형성한다. 인간은 어떤 대상에서 느낌을 경험하고, 그 느낌이 즐거운 경우 갈애가 일어나며, 이것이 추구와 획득, 분별, 욕탐과 탐착, 결국 취착(upādāna)으로 이어져 윤회를 지속시킨다.

다) 갈애의 상징들: 그물, 쇠사슬, 바다, 불, 화살 …

'갈애(taṇhā)'는 초기불교 경전에서 다양한 상징을 통해 그 집착성과 파괴성을 묘사한다. 특히 〈갈애경(Taṇhā-sutta)〉에서는 갈애를

117) MN. M38; DN. D15; 각묵 스님 옮김, 《디가 니까야》 권2, 울산: 초기불전연구원, 2006, p.125.

108가지 형태로 분류하며,[118] 이를 그물, 쇠사슬, 밧줄과 같은 구속의 이미지로 설명한다. 이는 갈애가 단순한 감정이 아니라, 존재를 옭아매는 강력한 속박임을 드러낸다.

갈애는 '내적(內的)'과 '외적(外的)'으로 나뉘며,[119] 또한 과거·현재·미래의 시간 속에 끊임없이 이어지는 삼세(三世) 윤회적인 속성을 지닌다. 이는 갈애가 언제나 반복적으로 되살아나며 존재를 얽어매고 해탈을 방해하는 근본 원인임을 드러낸다. 《담마빠다(Dhammapada)》는 갈애의 속박을 다음과 같이 묘사한다.[120]

"나무와 쇠사슬의 얽매임은 강한 것이 아니다. 오히려 마음이 재산과

---

118) AN. Ⅱ, pp.211-213; 대림 스님 옮김, 《앙굿따라 니까야》 권2, 울산: 초기불전연구원, 2006, pp.484-488. 108가지 갈애는 열여덟 가지 형태의 내적 갈애와 외적 갈애로써 과거·현재·미래와 연관되어 나타난다. [18×2(내적·외적)=36, 36×3(과거·현재·미래)=108가지]

119) 내적 갈애는 기억, 생각, 감정 등 내면의 대상에 대한 욕망이며, 외적 갈애는 감각적 대상에 대한 집착이다. 예를 들면, 내적 갈애는 '나는 있다, 나는 이렇다, 내가 될 수 있을까?' 등의 형태로 나타나며, 외적 갈애는 '나는 이것에 의해'라는 외부와의 관계에서 나타난다.

120) Dhp 344; "Na taṃ daḷhaṃ bandhanam āhu dhīrā, yadāyasaṃ dārujapuṭaṃ nikhātaṃ; Sārattarattā maṇikuṇḍalesu, puttesu dāresu ca yā apekkhā." ("현자들은 말하노니, 쇠사슬이나 나무로 만든 포승은 단단한 결박이 아니다. 오히려 사람들의 마음이 보석, 귀고리, 자식, 아내 등에 매달리는 집착이야말로 더 단단한 결박이다.")
Dhp 345; "Etaṃ daḷhaṃ bandhanam āhu dhīrā, ohārinaṃ sithilaṃ duppamuñcaṃ;" ("그러한 집착의 결박은 느슨해 보이지만 쉽게 끊을 수 없고, 한층 더 강하며 오래 가는 속박이다.")

아내, 자녀, 보석, 재물 등에 매달려 집착하여 얽매이는 것이다. 무엇보다 갈애로 인한 탐욕은 그 어떤 속박보다도 강하다." - Dhp 345 - 346

이처럼 초기 경전은 물질적 소유나 대인관계에 대한 집착이 물리적 결박보다 훨씬 더 무겁고 질긴 얽매임이라는 점을 강조한다. 이러한 애착은 마음을 단단히 묶고, 스스로 벗어날 수 없는 구속을 만든다. 경전은 이를 "부서지기 어렵고 벗어나기 힘든 밧줄"로 표현한다.

또한, 갈애는 '바다(海)'와 '불(火)'이라는 자연적 상징을 통해 그 끝없고 파괴적인 성질을 드러낸다. 바다는 아무리 많은 물이 흘러들어도 거절하지 않듯, 갈애 또한 아무리 많은 욕망을 채워도 결코 만족하는 법이 없다. 마찬가지로 불은 땔감이 있는 한 계속 타오르듯, 갈애 역시 대상이 존재하는 한 끊임없이 불타오른다. 이러한 묘사는 갈애가 본질적으로 만족이 불가능한 상태임을 드러내며, 그 끝없는 성질이 얼마나 해로운지를 생생히 보여 준다. 《상윳따 니까야(Saṃyutta Nikāya)》는 이러한 갈애의 흐름을 다음과 같이 설명한다:

"'tassa rūpamayo vega' - 그것의 흐름은 형색으로 이루어져 있다." - 〈Rūpa-saṃyutta〉

"'그것의 흐름은 형색으로 이루어져 있다(tassa rūpamayo vega).'는 것은 마치 바다가 잴 수 없이 많은(appamāṇa) 물결(ūmimaya)로 된 흐름(vega)을 가지고 있듯이, 눈이라는 바다도 그것에 흘러드는 푸른색 등으로 분류되는 대상을 통해서 헤아릴 수 없이 많은(appameyya) 형색으로 된(rūpamaya) 흐름을 가지고 있다고 알아야 한다."[121]

이는 눈이라는 감각기관을 '바다'로 비유하여, 색[形色]이라는 대상이 끊임없이 유입되며 파도처럼 끝없이 출렁이는 감각의 흐름을 만들어 낸다는 뜻이다. 눈·귀·코·혀·몸·마음이라는 여섯 감각기관은 각기 대응하는 대상(색·성·향·미·촉·법)을 통해 지속적으로 반응하고, 그로 인해 감각적 욕망의 불길이 타오른다. 이러한 감각의 흐름은 바로 갈애의 작용이자 윤회의 동력이다.

무엇보다 《숫타니파타(Suttanipāta)》는 갈애를 "마음에 박힌 화살(salla)"로 묘사하며, 괴로움의 직접적인 원인으로 규정한다.

"Sallaṃ hi taṇhā hadayassitaṃ, yaṃ dukkhasmiṃ pajānāti.Taṃ pajahitvā dukkhassa antaṃ karoti."[122]

"갈애는 마음에 박힌 화살과 같고, 그 고통을 통찰한 자는그 화살을 뽑아 버림으로써 고통의 끝을 이룬다."

---

121) SN. Ⅳ, p.157; 각묵 스님 옮김, 《상윳따 니까야》 권4, 울산: 초기불전연구원, 2009, p.349. '눈과 눈의 형색, 눈의 알음알이, 눈의 감각 접촉, 눈의 감각 접촉 조건과 느낌'에서처럼 육식(六識)의 감각도 불타오르듯 갈애로 타오르며 만족할 줄 모른다.

122) 《숫타니파타(Sn)》 제3품, 대품(大品, Mahāvagga) 제8경, 〈살라경(Salla Sutta, 화살경)〉

이 경구는, 갈애가 단순히 외부 대상에 대한 욕망이 아니라 내면 깊숙이 침투해 있는 고통의 근원임을 통찰하게 한다. 화살은 박혀 있는 동안 고통은 지속되며, 그것을 뽑아내야만 비로소 치유될 수 있다. 따라서 해탈의 길은 이 갈애의 화살을 직시하고 그것을 뽑아내는 데서 시작된다. 갈애는 단지 하나의 심리적 감정이 아니다. 그것은 윤회의 흐름을 지속시키는 핵심 원인이며, 존재의 구속을 끊어내지 못하도록 만드는 뿌리 깊은 작용이다.

초기불교는 이처럼 다양한 상징과 비유를 통해 갈애의 성질을 명확히 드러내며, 수행자가 이를 인식하고 극복하도록 안내한다. 갈애는 그물처럼 얽히고, 불처럼 타오르며, 바다처럼 채워지지 않고, 화살처럼 마음을 꿰뚫는다. 이 모든 상징은 갈애의 본질을 직관적으로 드러내며, 이를 넘어서는 길로서의 통찰과 실천을 촉구한다.

라) 세 가지 갈애의 유형

taṇhā는 다음 세 가지로 분류된다.[123)]

첫째, 감각적 욕망에 대한 갈애(kāma-taṇhā, 欲愛): 오욕(色·聲·香·味·觸)의 대상에 대한 집착과 갈망으로, 감각적 쾌락을 추구하는 욕망이다. 다만 의(意, 마음)를 제외한 눈·귀·코·혀·몸으로 경험되는 즐거움에 대한 갈망을 포함한다.

---

123) DN. Ⅲ, p.216. "Tisso taṇhā. Kāma-taṇhā, bhava-taṇhā, vibhava-taṇhā."

둘째, 존재에 대한 갈애(bhava-taṇhā, 有愛): 감각적 욕망을 즐기면서 항상 존재하고 싶어하는 욕망, 다시 태어나고자 하는 욕망, 생존이나 정체성을 지속하고자 하는 갈애이다.

셋째, 비존재에 대한 갈애(vibhava-taṇhā, 無有愛): 더 이상 존재하지 않기를 바라는 욕망으로, 단견(斷見, uccheda-diṭṭhi)에 뿌리를 두며, '죽음 이후에는 아무것도 없다'라는 생각에서 비롯된 파괴적 욕망이다. 여기에는 삶의 의미나 생존에 대한 상실감에서 비롯된 자아의식으로부터 자살하고 싶은 욕망까지 내포한다. 이 세 가지 갈애는 모두 윤회를 낳는 원인이며, 특히 kāma-taṇhā와 bhava-taṇhā는 윤회의 뿌리(근원)로서 언급된다.

taṇhā는 '두 번째 사람'으로 표현될 만큼 인간을 따라다니며, 괴로움의 불길을 지피고, 윤회의 바퀴를 굴린다. 그것은 인간 내면의 끝없는 갈증이며, 결코 외적인 무엇으로 채워지지 않는 허망한 추구이다. 이를 알아차리고 끊어내는 것이 곧 해탈의 시작이다.

이상으로 kāma, chanda, lobha, rāga, taṇhā의 중요한 개념을 살펴보았다. 이들은 형태는 다르지만, 모두 '욕망'이라는 본성을 공유하며, 고통과 윤회의 근원이 된다. 궁극적인 자유와 해탈은 이들로부터 완전히 벗어나는 데서 시작된다. 이를 표로 욕구, 욕망, 탐욕으로 다음과 같이 구분할 수 있다.

〈표 1-6〉《니까야》에서의 chanda, kāma, lobha의 구분(1)

	chanda(욕구)	kāma(욕망)	lobha(탐욕)
정의	생존 · 생활과 관련됨.	생활 · 성장하기 위함.	지나친 생활을 하기 위함.
	* '하고 싶어함'을 뜻하는 중립적인 요소. - 집착이 없는 상태로 무언가를 이루기 위한 바람 또는 서원. * 심소(心所)로 불리는 정신법. - 행위를 통해 어떤 결과를 성취하려는 마음 상태.	* 감각적 대상에 대한 욕구. 즉 쾌락을 추구하려는 본능적인 욕구.	* 지나치게 이기적이며, 무언가를 더 얻고자 갈망하는 내면 상태. * rāga는 갈망, 집착 등의 의미로 강한 욕탐으로 부르며, 끊임없이 욕망을 추구하려는 욕탐의 마음 상태. * taṇhā는 갈애로, 결핍이나 불만족에서 비롯된 지속적인 욕망이며, 윤회와 고통의 원인이다.
종류(대상)	* 중립적인 열의, 욕구, 의욕, 욕망. * 출가자: 사의지(四依止)만 인정. 재가자: 의 · 식 · 주에 따른 바른 생계만 허용. * 물질 · 비물질적 요소.	* 감각적 오욕락. * 감각적 기쁨의 대상: 물질과 경험까지 포함. * 감각적 기쁨을 위한 욕망: 행동으로 이끄는 내적 심리상태. * 물질 · 비물질적 요소.	* lobha, rāga: 탐욕. taṇhā: 갈애(욕애, 유애, 무유애) * 감각적 오욕락과 심리적 과도한 욕망. (모든 종류의 탐욕 포함) * 물질 · 비물질적 요소.
발생 원인	대상이 가까운 원인.	감각적 접촉과 느낌[受]이 원인.	애(愛), 취(取), 유(有)가 직접적 원인.

〈표 1-7〉《니까야》에서의 chanda, kāma, lobha의 구분(2)

	chanda(욕구)	kāma(욕망)	lobha(탐욕)
속성	긍정 또는 부정적 마음에 각각 중립적으로 작용하여 힘을 가해줌.	욕계에서 장애나 속박(족쇄, 결)을 일으킴.	독(毒)이며, 사견과 자만이 함께 일어남.
	* 선법이 강화되면 삶의 동력이 되거나, 불선법을 제거함. * 불선법이 강화하면 탐욕이 강해짐.	* 낙수(樂受)에 사로잡혀 괴로움의 원인이 됨. * 충족과 만족시킬 수 없다. [불만족]	* 번뇌 · 폭류 · 매듭 · 족쇄 · 장애 · 취착 · 속박 · 잠재 성향 · 오염원 등. * 충족, 만족시킬 수 없다. [불만족]
특징	* 하고 싶어하는 특징. * 대상을 찾는 역할. * 대상을 원할 때 심소에 힘을 가함으로써 나타남. * 중립적인 상태.	* 오욕락을 더욱 갈망. * 탐욕의 원인, 조건이 됨. * 각자가 느끼는 쾌락이 다르기에 다양하게 나타남. * 긍정 · 부정적 심리상태.	* 끈끈이처럼 거머쥠. * 달라붙게 하는 역할. * 탐욕은 제어 · 제거 대상. * 괴로움, 고통 호소. * 부정적 심리상태.

* 물질적 요소: 의 · 식 · 주와 관련, 재화, 재물 등 오욕을 일으키는 물질.
* 비물질적 요소: 수(느낌) · 상(생각) · 행(지어감) · 식(의식)의 마음 · 정신인 비물질.
* 욕구(chanda) ≪욕망(kāma) ≪탐욕(lobha) ≪rāga+chanda ≪강한 탐욕, taṇhā
* taṇhā: 불만에 뿌리를 둠, 윤회의 직접적인 원인, 갈애+집착=탐착 일으킴.

2. 탐욕의 씨앗은 어디에 있는가?

1) 《아함경》에서 찾은 원인

초기불교에서 탐욕의 발생은 단순한 욕망의 문제로 보지 않는다. 그것은 근본적 인식의 오류에서 비롯된 복합적 심리 과정으로 설명된다. 이 과정은 감각기관의 접촉으로부터 시작되어 감정과 집착을 거쳐 결국 괴로움에 이르는 일련의 연쇄적 흐름으로 전개된다. 《촉경(觸經)》에서는 이 모든 과정의 출발점을 '갖가지 경계(十八界)'로 설정하고, 이를 조건으로 탐욕이 자라나는 구조를 다음과 같이 설한다.

"갖가지 경계를 인연하여 갖가지 촉(觸)이 생기고, 갖가지 촉을 인연하여 갖가지 수(受, 느낌)가 생기며, 갖가지 수를 인연하여 갖가지 애(愛)가 생기느니라. 어떤 것이 갖가지 경계인가. 이른바 18경계로써 안계·색계·안식계 내지 의계(意, 정신)·법계·의식계이니, 이것을 갖가지 경계라 이름한다."[124]

---

124) 《雜阿含經》 권16, (T02, 0116a06-0116a09), "緣種種界生種種觸, 緣種種觸生種種受, 緣種種受生種種愛. 云何種種界. 謂十八界, 眼界, 色界, 眼識界, 乃至意界, 法界, 意識界, 是名種種界."

즉, 인간은 눈(眼)·귀(耳)·코(鼻)·혀(舌)·몸(身)·마음(意)의 여섯 감각기관[六根]과 이에 대응하는 여섯 대상[六境: 色·聲·香·味·觸·法], 그리고 각각의 인식 작용[六識: 안식·이식·비식·설식·신식·의식]에 따라 18가지 경계[十八界]를 구성하며, 이들 경계가 탐욕 발생의 토대를 이룬다. 이러한 여건 속에서 감각기관, 대상, 인식의 세 요소가 하나로 화합[三事和合]할 때 '촉(觸, phassa)'[125]이 발생하며, 그 결과 '느낌(受, vedanā)'이 일어난다.

경전은 이러한 과정을 더욱더 구체적으로 설명한다.

> "이른바 안계를 인연하여 눈의 촉이 생기고, 눈의 촉을 인연하여 눈의 촉에서 생기는 수가 생기며, 눈의 촉에서 생기는 수를 인연하여 눈의 촉에서 생기는 애가 생긴다. 이·비·설·신·의계를 인연하여 의촉이 생기고, 의촉을 인연하여 수가 생기며, 수를 인연하여 애가 생긴다."[126]

이처럼 경계(界) → 촉(觸, phassa) → 수(受, vedanā)[127] → 애(愛)로 이어지는 연쇄는 탐욕이 싹트는 최초의 심리적 구조를 보여 준다. 이

---

125) 근(根)의 상대가 되어 부딪치는 경(境)의 촉(phoṭṭhabba)은 한자로는 같으나 원어는 다르다.

126) 《雜阿含經》 권16, (T02, 0116a09-0116a11), "謂緣眼界生眼觸, 緣眼觸生眼觸生受, 緣眼界觸生受生眼界觸生愛. 耳, 鼻, 舌, 身, 意界緣生意觸, 緣意觸生意界觸生受, 緣意界觸生受生意界觸生愛."

127) 주로 'feeling(느낌)'이나 'sensation(감각)'으로 옮겨진다.

때 '수'는 감각적 접촉에서 발생하는 '느낌'이며, 애는 그 느낌에 대한 '애착'이다. 이 애착은 더욱 구체화되어 취(取), 즉 집착으로 발전하고, 이것이 다시 구함(求)을 일으키며, 점차 인간의 욕망과 행동을 증폭시킨다. 《대연방편경(大緣方便經)》은 이러한 애의 과정을 다음과 같이 밝힌다.

> "애는 수를 말미암고 수를 인연하여 애가 있다. 내가 말한 뜻은 여기 있다. 아난아, 마땅히 알라. 애를 인하여 구함이 있고, 구함을 인하여 이익이 있고, 이익을 인하여 씀이 있고, 씀을 인하여 욕이 있고, 욕을 인하여 집착이 있고, 집착을 인하여 질투가 있고, 질투를 인하여 지킴이 있고, 지킴을 인하여 보호가 있다. 아난아, 보호가 있음으로 말미암아 칼과 막대와 송사가 있어 무수한 악을 짓는다."[128]

이 경전의 가르침은 하나의 단순한 감각적 느낌이 어떻게 복잡한 사회적 갈등과 악행으로 발전하는지를 명확히 드러낸다. 이는 초기불교가 욕망과 사회적 폭력의 연결고리를 철저하게 통찰했다는 것을 보여 준다.

이러한 과정을 육육법(六六法)에 따라 구조화하면 다음과 같다.

---

128) 《長阿含經》 권10, (T01, 0060c17), "知愛由受, 緣受有愛, 我所說者, 義在於此. 阿難, 當知因愛有求, 因求有利, 因利有用, 因用有欲, 因欲有著, 因著有嫉, 因嫉有守, 因守有護. 阿難, 由有護故, 有刀杖, 諍訟, 作無數惡."

육육법 도식화: 18계(六根 + 六境 + 六識) (⋯▸ 경계에 의지) → 삼사화합(근·경·식의 화합) → 촉(觸)(⋯▸ 경계에 의지) → 수(受, 느낌) → 애(愛) → 취(取) → 이익 → 씀(用, 소비, 행동) → 욕(欲) → 집착 → 질투 → 지킴 → 보호(護) → 칼, 막대기, 송사 등 악(惡) 발생.

즉, 탐욕은 단순한 감각 반응으로 시작되지만, 그 느낌에 대해 무지하게 반응하여 그것에 애착할 때부터 복잡한 연쇄 반응이 일어난다. 취가 발생하면, 다시 그 느낌을 붙잡고, 자기 것으로 여기며, 그 과정에서 '오온(五蘊)'이 강화된다. 이는 색(물질)·수(느낌)·상(지각)·행(의도)·식(의식)의 다섯 요소로, 인간 존재의 기반이자, 모든 욕망의 반응 구조를 지탱하는 근간이다. 또한, 경전은 수(受) → 상(想) → 욕(欲) → 각(覺) → 열(熱) → 구(求)로 이어지는 또 다른 구조도 제시한다.

> "갖가지 경계[界]를 인연하여 갖가지 촉이 생기고, 촉을 인연하여 수가 생긴다. 수를 인연하여 상[想]이 생기고, 상을 인연하여 욕이 생기며, 욕을 인연하여 각[覺]이 생기고, 각을 인연하여 열[熱]이 생기며, 열을 인연하여 구[求]가 생긴다."[129)]

---

129) 《雜阿含經》 권16, (T02, 0116b15), "緣種種界生種種觸, 緣種種觸生種種受, 緣種種受生種種想, 緣種種想生種種欲, 緣種種欲生種種覺, 緣種種覺生種種熱, 緣種種熱生種種求."

이 과정에서 특히 낙수(樂受),[130] 즉 즐거운 느낌에 대한 집착이 가장 강력하게 취(取)를 일으킨다. 이때 '자신'과 '대상'이 동일시되며, 상(想)을 통해 더욱 구체화된 욕망(欲)이 일어나고, 그로 인해 불타는 열(熱)과 집착이 발생한다. 경전은 이러한 애(愛)의 성격을 다음과 같이 설명한다.

> "애는 느낌의 원인[因]이자 느낌의 모임[集]이며 느낌의 생김[生]이며 느낌의 접촉[觸]이다."[131]

즉, 모든 애는 '수'에 근거하며,[132] 이는 다시 구함(求)과 취(取)로 연결된다. 이때 취는 곧 '얻고자 하는 마음'으로, 여기서 탐욕과 질투가 시작된다.[133] 그 결과 이익을 구하고, 이익은 사용(씀, 用)을 통해 욕망이 확대되며, 사용은 욕(欲)을, 욕은 집착을, 집착은 질투를, 질투는 지킴을, 지킴은 보호를 일으킨다. 이러한 보호는 결국 칼과 막대기, 송사 등 사회적 갈등을 야기하여, 악(惡)을 짓게 만든다. 경전은 이러한 탐욕의 발생 구조가 윤회의 반복적 괴로움과 직결된다고

---

130) 느낌(受)의 종류에는 고(苦)수, 낙(樂)수, 불고불락(不苦不樂)수가 있다.

131) 《雜阿含經》 권12, (T02, 0082c29), "知彼愛受因, 受集, 受生, 受觸."

132) 애는 특정 대상에 대해 쾌락을 느끼며(樂受), 이로 인해 좋음(喜), 사랑(愛), 기쁨(悅), 즐거움 등을 생각하여 마음에 들면(適意), 이때 애(愛)가 생긴다.

133) 《長阿含經》 권10, (T01, 0064a23), "佛告帝釋, 貪嫉之生, 皆由愛憎, 愛憎爲因, 愛憎爲緣, 愛憎爲首."

말한다.

"욕의 경계를 인(因)하기 때문에 욕의 상이 생기고, 욕의 욕, 욕의 각, 욕의 열, 욕의 구가 생긴다. 어리석은 범부는 욕의 구를 일으킨 뒤에 신(身)·구(口)·의(意) 세 곳에서 삿됨을 일으킨다. 이 삿된 인연 때문에 현재에서 고(苦)가 있고, 애(礙)가 있고, 뇌(惱)와 열(熱)이 있으며, 몸이 무너진 뒤에는 악취(惡趣)에 태어난다. 이것을 인연으로써 욕의 상이 생긴다."[134]

범부가 윤회에서 벗어나지 못하는 이유는 결국 무명과 애착, 특히 끊임없이 생겨나는 '욕망의 상(想)' 때문이다. 이에 대해 붓다는 욕망의 속성을 이렇게 비유하셨다.

"애는 느낌에서 생겨 스스로 자라나며, 그 자라나는 모습은 니구율수(尼拘律樹, nyagrodha)와 같고, 반드시 집착이 따르니 그것은 마치 숲 덤불처럼 얽히고설켜 있다."[135]

---

134) 《雜阿含經》 권17, (T02, 0117a23), "緣欲界故, 生欲想, 欲欲, 欲覺, 欲熱, 欲求. 愚癡凡夫起欲求已, 此眾生起三處邪, 謂身, 口, 心. 如是邪因緣故, 現法苦住, 有苦, 有礙, 有惱, 有熱, 身壞命終, 生惡趣中, 是名因緣生欲想."

135) 《雜阿含經》 권49, (T02, 0361b02), "愛生自身長, 如尼拘律樹, 處處隨所著, 如榛綿叢林." / *니구율수(尼拘律樹, nyagrodha)는 흔히 반얀(banyan) 또는 파파라나무(波波羅樹)라고 불리며, '유수(柳樹)'로 번역된다. 중국의 경소에 따르면,

요컨대, 십팔계(十八界)라는 인식의 장(場)에서 촉이 발생하고, 촉에서 수가, 수에서 상이, 상에서 욕이 일어난다. 이어서 애(愛)와 애증(愛憎)이 생기고, 이것은 취(取)로 연결되며, 이후 탐욕으로 발전한다. 그 끝에는 이익과 소유, 경쟁, 질투, 지킴, 보호, 갈등, 악행이 뒤따르게 된다.[136] 이것이 곧 윤회 속 괴로움의 순환 고리이며, 탐욕의 근본 발생 구조이다.

〈표 1-8〉 탐욕 발생의 구조 - 《아함경》에 근거한 단계별 전개.

〈도식화〉-18계에서 탐욕까지의 흐름:

[18계(六根+六境+六識)] → [삼사화합(근 · 경 · 식의 화합)] → [촉(觸)] → [수(受)]: 조희(調戲), 낙수(樂受) → [상(想)]: 적의(適意) → [욕(欲)] → [각(覺)] → [열(熱) → 구(求)] → [취(取)] → [이익(利)] → [씀(用)] → [행동→탐욕] → [집착(執着)] → [질투(嫉妬)] → [지킴(持)] → [보호(護)] → [칼·막대기·송사(鬪諍)]→ 악(惡), 괴로움, → 윤회

이 나무를 직접 보지는 못했으나 전해 들은 바에 의하면 '오백 대의 수레를 덮을 정도로 거대하고, 그 열매는 깨의 사분의 일이 될 만큼 작다'라고 묘사되며 다소 과장된 이미지로 전달된다. 중국에는 이와 같은 나무가 존재하지 않지만, 버드나무가 그 형태와 유사하므로 '유수(柳樹)'라고 번역된다고 설명하고 있다. (《四分律鈔簡正記》권2, "如梵云"尼拘律陀樹," 此樹西土, 其形絕大, 能蔭五百乘車, 其子如油麻四分之一. 此間雖無其樹, 然柳樹稍積似, 故以翻之." 참조)

136) 《長阿含經》 권10. (T01, 0064b13), "但緣調為本, 因調緣調, 調為原首, 從此有想, 從想有欲, 從欲有愛憎, 從愛憎有貪嫉, 以貪嫉故, 使群生等共相傷害."

단계	작용 내용	의미 및 결과
① 18계	6근 + 6경 + 6식	인간 존재의 인식 구조
② 삼사화합	근 · 경 · 식의 결합	조건화된 접촉의 시작
③ 촉(觸)	감각기관의 접촉	인식의 발생 조건
④ 수(受)	느낌 · 감정	즐거움(樂受)에 집착 발생
⑤ 상(想)	지각 · 표상	특정 감정에 의미 부여
⑥ 욕(欲)	욕망의 시작	감정 대상에 대한 의도 발생
⑦ 각(覺)	각성 · 확신	욕망의 강화
⑧ 열(熱)	불타는 열기	소유욕, 질투심의 자양분
⑨ 구(求)	탐색 · 추구	취(取)로 발전, 집착 발생
⑩ 취(取)	집착	대상에 대한 동일시
⑪ 이익 → 씀	얻음 → 사용	경쟁과 충돌의 시작
⑫ 탐욕(貪欲)	집착 강화	탐심 · 애증 심화
⑬ 질투 · 지킴	경쟁 · 보호심리	타인 배제 및 차별 강화
⑭ 보호(護)	나의 것 방어	분쟁 · 폭력 · 고통 유발

2) 《니까야》에서 찾은 원인

초기불교 경전인 《디가 니까야(Dīgha Nikāya)》의 〈세기경(Aggañña Sutta)〉에서는 갈애(渴愛, taṇhā)의 최초 발생 원인을 상징적이면서도 흥미로운 우화를 통해 설명한다.[137] 이 경전은 세계(세상)가 처음 형성될 당시의 상황을 이렇게 묘사한다. 그때의 인간은 순

137) DN. Ⅲ, pp.85-90; 각묵 스님 옮김, 《디가 니까야》 권3, 울산: 초기불전연구원, 2006, pp.164-169.

수하고 빛나는 존재였으며, 대지에 널려 있던 '달콤한 땅(sappaṭihāriya-paṭhavī-rasa)'을 먹으며 살았다. 그러나 이 맛있는 땅의 맛에 탐닉하게 되자, 처음으로 마음속에 갈애가 일어났다.

> "'Paṭhavi-rasaṃ khāditvā, taṇhā lobho uppajji, lobhā taṇhā, taṇhāya māno, mānāya māyā."
>
> "땅의 단맛을 맛본 뒤로 탐욕이 일어났고, 탐욕으로 인해 갈애가 생겼으며, 갈애로 인해 아만이, 아만으로 인해 기만이 생겨났다." (DN. 27)

이후, 달콤한 땅은 점차 사라지고 대신 쌀과 곡식이 생겨났지만, 인간은 그마저도 갈애로 인해 점점 고갈시켜 버렸다. 이처럼 갈애는 대상에 대한 반복된 즐거움과 집착에서 비롯되며, 그것이 점차 소유욕과 경계 설정, 분쟁의 씨앗으로 발전한 것이다.

이러한 이야기 구조는 매우 상징적이다. 인간 내면의 욕망과 탐욕이 어떻게 세상의 물질적 구조와 사회적 체계를 형성하는지를 드러내며, 궁극적으로 갈애의 근원은 '즐거운 느낌'에 반응하는 마음의 작용에서 비롯됨을 암시한다. 이때 중요한 역할을 하는 것이 바로 육수(六受), 즉 여섯 가지 느낌이다.

육수란 눈·귀·코·혀·몸·마음이라는 여섯 감각기관[六根], 각각의 대상[六境], 그리고 인식 작용[六識]이 상호작용하여 생기는 심리적 감각 반응이다. 이 감각의 접촉에서 일어나는 '느낌(受, vedanā)'은 괴로움(苦)·즐거움(樂)·괴롭거나 즐겁지 않음(不苦不樂)의 세 가지로 나타나며, 이 가운데 '좋거나 즐거운 느낌(樂受)'은 특히 갈애와 탐욕의 씨앗이 된다. 《상윳따 니까야》에서는 이를 다음과 같이 밝힌다.

> "Katamā ca, bhikkhave, dukkhasamudayo ariyasaccaṃ? Yāyaṃ taṇhā ponobhavikā nandirāgasahagatā tatratatrābhinandinī···."
> "수행승들이여, 괴로움의 발생이라는 거룩한 진리는 무엇인가? 그것은 다시 태어남을 가져오고, 즐거움과 애착을 동반하며, 여기저기 집착하는 갈애이다." (SN. S56.11)

이때 갈애는 세 가지로 구분된다. 감각적 쾌락에 대한 갈애(kāma-taṇhā), 존재에 대한 갈애(bhava-taṇhā), 비존재에 대한 갈애(vibhava-taṇhā)이다. 중생은 육근(六根)을 통해 '사랑스럽고 즐거운 대상'을 접할 때마다 그것에 갈애를 일으키며, 그것이 쌓이고 점점 깊어지면 탐욕이 발생한다. 특히 탐욕은 좋은 대상을 더 소유하려는 마음이며, 이러한 소유욕은 결국 고통과 괴로움이라는 결과를 낳는다. 그래서 "갈애에서 슬픔이 생기고, 갈애에서 두려움이 생긴다."라고 말한다.[138] 이러한 작용을 정리하면 다음과 같은 구조로 설명할 수 있다:

---

138) DhpA. Ⅲ, p.286. "taṇhāya jāyatī soko taṇhāya jāyatī bhayaṃ."

[육근(根)+육경(境)+육식(識)] → 촉(觸) → 수(受) → 낙수(樂受) → 애(愛) → 갈애(渴愛) → 추구(Pariyesana) → 얻음(Lābha) → 판별(Viññatti) → 욕망(Chanda) → 탐착(Upādāna) → 거머쥠(Gahaṇa) → 인색(Macchariya) → 수호 및 분쟁 → 악행 및 고통

이처럼 즐거운 느낌에 반응하여 발생한 애착이 갈애로 발전하고, 다시 그것이 탐욕과 집착을 불러온다. 이는 결국 사람 사이의 분쟁, 무기, 말다툼, 비방, 거짓말, 고통 등 해로운 결과로 이어진다. 〈짐의 경(Bhāra Sutta)〉에서는 이를 상징적으로 풀어낸다.

"Pañc'upādānakkhandhā bhāro … bhārahāro puggalo … taṇhā bhāranikkhepo. Bhārassā nibbanam"
"다섯 가지 집착의 무더기는 짐이며, 이 짐을 지는 자는 사람이고, 갈애는 이 짐을 지고 다니게 하는 것이다. 갈애를 내려놓는 것이 해탈이다."
(SN. S22.22)

즉, 물질·느낌·지각·형성·의식이라는 다섯 가지 오온(五蘊)에 대한 집착은 무거운 짐이며, 인간은 이를 짊어지고 윤회의 괴로움을 반복한다. 이 짐을 내려놓는 길은 곧 갈애를 뿌리째 제거하고 해탈에 이르는 수행이다. 더 나아가 《디가 니까야》 〈대연기경(Mahānidāna Sutta)〉에서는 갈애의 조건적 전개를 더욱더 상세하게 설명한다.

"갈애를 조건으로 추구(pariyesanā)가 생기고, 추구를 조건으로 얻음(lābha)이, 얻음을 조건으로 판단(vinicchaya)이, 판단을 조건으로 욕망(chanda)이, 욕망을 조건으로 탐착(pariḷāha)이, 탐착을 조건으로 소유(pariggaha)가, 소유를 조건으로 인색(macchariya)이, 인색을 조건으로 수호(ārakkha)가, 수호를 조건으로 무기 들기, 싸움, 이간질, 거짓말, 자아의식('나는 있다'라는 아만)이 생겨나니, 이같이 온갖 괴로움의 무더기가 일어난다."[139] (DN. D15)

탐욕은 이렇게 단계적으로 쌓이며, 처음에는 단순한 '즐거움의 느낌'이었지만, 이 느낌에 대한 갈애가 누적되면서 점점 더 복잡하고 해로운 마음으로 발전한다. 이 모든 흐름의 출발점은 '감각적 즐거움'에 대한 집착과 무지이며, 이것이 탐욕의 실체이다. 《아비담마》에서는 이러한 탐욕이 바탕이 되는 마음 상태를 탐욕에 뿌리박은 마음(lobhamūla-cittāni) 여덟 가지로 분석한다.[140]

---

139) "Taṇhāpaccayā pariyesanā, pariyesanāpaccayā lābho, lābho paccayā vinicchayo, vinicchayapaccayā chando, chandapaccayā pariḷāho, pariḷāhapaccayā pariggaho, pariggahapaccayā macchariyaṃ, macchariyapaccayā ārakkho, ārakkhapaccayā daṇḍādānasatthādānapisunāvāco musāvāco 'ahaṃ asmīti mānānusayo, evametassa kevalassa dukkhakkhandhassa samudayo hotī.'"(DN. D15)

140) 아누룻다, 김종수 옮김, 《아비담마 종합해설》, 서울: 불광출판사, 2019, pp.80-84. "1. 기쁨이 함께하고(somanassasahagata), 사견과 결합하고(diṭṭhigatasampa-yutta), 자극받지 않은 마음 즉 '형성 없는 마음(asaṅkhārika)' 하나. 2. 기쁨이 함께하고, 사견과 결합하고, 자극받은 마음 즉 '형성 있는 마음(saṅkhārika)' 하나. 3. 기쁨이 함께하고, 사견과 결합하지 않고

이 여덟 가지 탐욕의 마음은 느낌(vedanā), 사견(diṭṭhi), 자극(saṅkhārika)의 세 요소에 따라 구분되며, 모두 탐욕의 다양한 심리상태를 반영한다. 다시 말해 마음은 행위의 씨앗(시작)이자 결과(끝)이며, 탐욕은 먼저 마음에서 일어난다.

〈표 1-9〉 탐욕에 뿌리박은 마음(lobhamūla-cittāni) 여덟 가지

	원인	느낌	사견과의 결합	자극 여부
1	탐욕	기쁨(somanassa)	결합	없음
2	〃	〃	결합	있음
3	〃	〃	결합하지 않음	없음
4	〃	〃	결합하지 않음	있음
5	〃	평온(upekkhā)	결합	없음
6	〃	〃	결합	있음
7	〃	〃	결합하지 않음	없음
8	〃	〃	결합하지 않음	있음

"Cittena niyati loko, cittena parikissati, cittassa ekadhammassa, sabbeva vasam anvaguṃ.",

(diṭṭhigatavippayutta), 자극받지 않은 마음 즉 '형성 없는 마음' 하나. 4. 기쁨이 함께하고, 사견과 결합하지 않고, 자극받은 마음 즉 '형성 있는 마음' 하나. 5. 평온이 함께하고(upekkhāsahagata), 사견과 결합하고(diṭṭhigatasampa-yutta), 자극받지 않은 마음 즉 '형성 없는 마음' 하나. 6. 평온이 함께하고, 사견과 결합하고, 자극받은 마음 즉 '형성 있는 마음' 하나. 7. 평온이 함께하고, 사견과 결합하지 않고, 자극받지 않은 마음 즉 '형성 없는 마음' 하나. 8. 평온이 함께하고, 사견과 결합하지 않고, 자극받은 마음 즉 '형성 있는 마음' 하나."

"Cittassa ekadhammassa, sabbeva vasam anvaguṃ."

"세상은 마음에 의해 이끌리며, 마음에 의해 움직이고, 하나의 마음 작용에 의해 모두가 그 지배를 받는다.", "모든 존재는 마음 법 하나에 지배된다."(SN. S1.1)

"Manopubbaṅgamā dhammā, manoseṭṭhā manomayā…"

"마음이 모든 법의 선구자이며, 마음이 으뜸이고 마음으로 만들어진다." (Dhp.1)

따라서 탐욕을 제어하기 위해서는 무엇보다 마음을 먼저 통찰하고 훈련해야 한다. 《법구경(Dhammapada)》은 다음과 같이 경고한다.

"Asārakaṁva purāṇaṁ, veḷudārakaṁ evaṁrūpaṁ; Bhinnaṁ hanti dummedhaṁ, jivhā sārambhikaṁnaraṁ. Asārakaṁva purāṇaṁ, veḷudārakaṁ evaṁrūpaṁ; Nābhisam-bhoti medhāvī, saṅkappamhi ṭhito muni."

"엉성하게 지어진 집에 비가 스며들듯, 수행이 부족한(안 된) 마음에는 탐욕이 스며든다. 잘 다듬어진 집에 비가 스며들지 않듯, 수행이 잘 된 마음에는 탐욕이 스며들지 않는다." (Dhp.13, 14)

탐욕은 자연스레 사라지지 않는다. 오직 알아차림(sati)과 통찰(vipassanā)을 통해 마음을 다스리고, 갈애와 집착의 흐름을 차단함으로써 비로소 윤회의 고통에서 벗어날 수 있다. 그렇지 않으면 중생은 계속 감각적 쾌락과 존재에 대한 집착에 얽매여 탐·진·치 삼독(三毒)에 물들고, 끝없는 윤회의 바다를 떠돌게 된다.

〈표 1-10〉 탐욕 발생의 구조-《니까야》에 근거한 단계별 전개[141]

감각적 조건[十八界: 6근·6경·6식] → 삼사화합[根·境·識의 만남] →

촉(觸, phassa: 접촉) → 수(受, vedanā: 느낌) → 상(想, saññā: 인식/표상)

- 고(苦), 낙(樂), 불고불락(捨)

→ 애(愛, piya: 좋아함) → 갈애(taṇhā: 갈망, 渴愛) → 추구(pariyesanā)

- 감각적 쾌락에 대한 갈애(kāma-taṇhā)
- 존재에 대한 갈애(bhava-taṇhā)
- 비존재에 대한 갈애(vibhava-taṇhā)

→ 얻음(lābha) → 판별(viññatti: 분별/판단) → 욕망(chanda: 하고자 함) → 탐착(upādāna: 집착) → 거머쥠(gahaṇa: 소유 집착) → 인색(macchariya: 인색함) → 수호(pariggaha: 지킴) → 분쟁과 고통 → 윤회(사무량고)와 괴로움(dukkha)의 지속

- 말다툼
- 무기 사용
- 비방·거짓말
- 탐·진·치의 증가

141) 근거 경전: DN. D27, SN. S56.11, SN. S22.22, AN. A10.62.

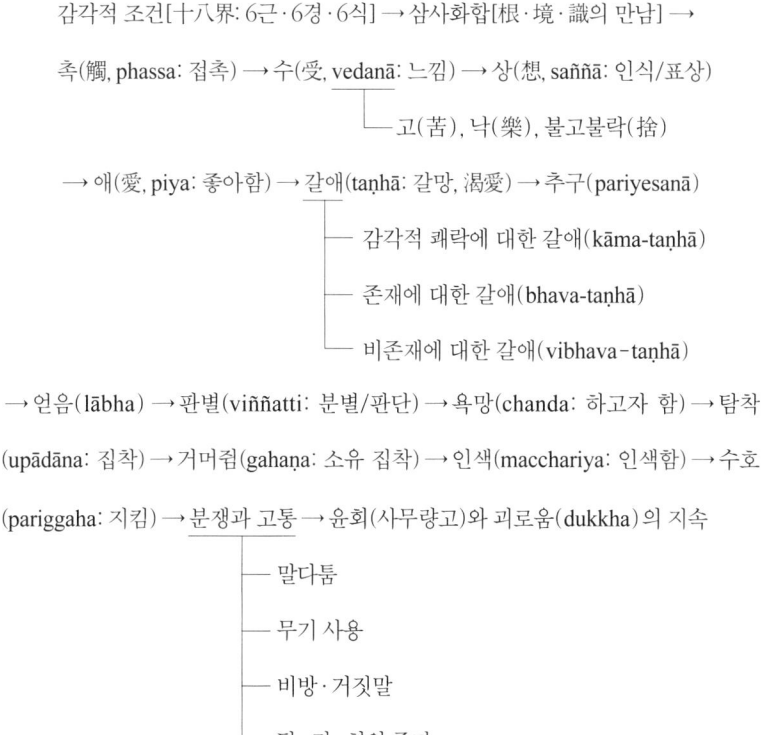

3. 탐욕이 만드는 괴로움

1) 《아함경》의 가르침

초기불교에서 탐욕은 단순한 감정적 욕망이나 의욕의 표현을 넘어선다. 그것은 마음을 오염시키고 괴로움의 원인이 되는 불선(不善)한 심리작용, 즉 악(惡)한 마음작용이다. 《아함경》을 비롯한 초기 경전에서는 탐욕을 '더러움, 번뇌, 장애, 덮개, 부딪힘, 해침, 불만족' 등의 속성을 지닌 해로운 정신작용으로 규정한다. 이는 단지 내면의 번뇌로만 그치지 않고, 삶 전체를 혼탁하게 만들어 중생을 삶과 죽음의 윤회 사슬에 묶는 주요한 원인이 된다. 이러한 심각한 탐욕의 문제를 다음 다섯 가지 측면에서 살펴볼 수 있다.

첫째, 탐욕은 마음을 얽매고 결박하는 힘을 지닌다 《아함경》에서는 탐욕을 결(結),[142] 박(縛),[143] 액(扼)[144]의 성질로 설명한다. 이는 곧 마음을 얽히게 하고 단단히 묶어, 진리의 길로 나아가는 것을 막는 억제력으로 작용한다. 감각기관을 통해 들어오는 대상은 사랑스

---

142) 《長阿含經》 권8. (T01, 0051b06) 탐욕은 5하결에 속한다. "謂五下結, 身見結, 戒盜結, 疑結, 貪欲結, 瞋恚結."

143) 《長阿含經》 권8. (T01, 0050b27) 탐욕은 4박에 속한다. "謂四縛, 貪欲身縛, 瞋恚身縛, 戒盜身縛, 我見身縛."

144) 《長阿含經》 권8. (T01, 0051a13) 탐욕은 4액에 속한다. "謂四扼, 欲扼, 有扼, 見扼, 無明扼."

럽고 즐길 만한 것으로 보이지만, 그것은 곧 마음을 사로잡는 올가미가 된다.

> "눈은 색을 보고, 귀는 소리를 듣고, 코는 냄새를 맡고, 혀는 맛을 즐기며, 몸은 촉감을 느낀다. 이 모든 것은 매우 사랑스럽고 즐길 만하다. 이에 나는 현성법 가운데에서 드러내게 하고, 얽매이게 하며, 쇠사슬처럼 묶는 것이라 한다."[145)]

이처럼 탐욕은 감각적 대상에 대한 애착과 쾌락의 집착으로부터 비롯된다. 그 결과, 중생은 그 감각적 즐거움에 매여 본래의 자유로움과 스스로의 깨달음(自覺)을 잃게 된다. 감옥처럼 마음을 옭아매는 탐욕의 결박은 단단하고 깊어서 일단 한 번 얽히면 벗어나기가 매우 어렵다. 경전에서는 이렇게 강조한다.

> "밧줄이나 쇠사슬, 수갑과 쇠고랑은 진정한 결박이 아니다. 탐욕에 물든 더러운 마음으로 재물이나 보배, 아내와 자식을 생각하는 것이야말로 진정한 결박이다. 이 결박은 매우 깊고 단단하여 늦추더라도 가히 벗어나기 어렵다."[146)]

---

145)《長阿含經》권16, (T01, 0105c26), "眼見色, 甚可愛樂, 耳聲, 鼻香, 舌味, 身觸, 甚可愛樂. 於我賢聖法中, 為著, 為縛, 為是拘鎖."

146)《雜阿含經》권46, (T02, 0338b21), "非繩鏁杻械, 名曰堅固縛, 染污心顧念, 錢財

탐욕은 보석, 재물, 사람, 지위 등 감각적(물질)이든 비감각적(비물질)이든 상관없이 모든 대상에 대한 애착에서 생겨난다. 불선한 마음을 강화시켜 중생을 점점 더 속박 속으로 끌어당긴다. 결국 그것은 '오욕(五欲)'에 대한 갈애를 증폭시키며, 집착이 자라날수록 쇠사슬에 결박되듯 벗어날 수 없게 만든다.

둘째, 탐욕은 의식을 덮어 진리[法]를 보지 못하게 한다.

탐욕은 마음을 덮고 어둡게 만든다. 〈식경(識經)〉에서는 탐욕을 '오개(五蓋)'[147] 가운데 하나로 설명하며, 의식을 혼탁하게 하고 법(法)으로부터 멀어지게 하는 장애물이라 말한다. 그것은 끊임없이 대상과 접촉하면서 마음의 틈을 파고들고, 자라나고 더욱 커지게(增長) 해서 정신을 어지럽히는 덮개가 된다.

비유하자면, "몸이 밥을 먹고 유지되듯, 탐욕의 덮개도 그에 상응하는 밥을 먹고 자란다. 그 밥은 바로 감각적 접촉이다. 접촉하는 순간 바른 생각을 하지 않으면, 즉시 일어나지 않은 탐욕은 생겨나고 이미 일어난 탐욕은 더욱 커지게 한다."[148]

寶妻子, 是縛長且固, 雖緩難可脫."

147) 《長阿含經》 권9, (T01, 0053c05), "云何五滅法, 謂五蓋, 貪欲蓋, 瞋恚蓋, 眠睡蓋, 掉戲蓋, 疑蓋." 덮개(蓋)는 퇴법(退法)과 멸법(滅法)에 해당한다.

148) 《雜阿含經》 권27, (T02, 0192a26), "譬如身依食而立, 非不食. 如是五蓋依於食而立, 非不食. 貪欲蓋以何為食, 謂觸相, 於彼不正思惟, 未起貪欲令起, 已起貪欲能令增廣."

탐욕은 눈앞의 감각적 대상이나 비존재적 대상에 마음을 빼앗긴 상태에서 바른 관찰 없이 무분별하게 반응할 때 발생한다. 이 같은 탐욕이라는 덮개는 특히 선정에 들어가거나 지혜를 키우는 데 있어 장애가 되고, 결국 수행을 방해하여 진리로부터 멀어지게 만든다. 마음이 탐욕으로 가득 차면, 마치 맑은 물이 혼탁해지듯 맑은 통찰의 빛도 사라진다.

셋째, 탐욕은 불(火)처럼 태우고 바다(海)처럼 삼키며 독(毒)처럼 죽게 한다.

경전은 탐욕의 파괴력을 '불', '바다', '독'이라는 강렬한 비유로 드러낸다. 《아함경》에서 부처님은 다음과 같이 설한다.

> "일체가 불타고 있다. 어떻게 일체가 불타고 있는가? 눈과 색, 느낌 즉 괴로움, 즐거움, 혹은 괴롭지도 않고 즐겁지도 않은 느낌과 의식이 모두 불타고 있다. … 그것은 탐욕의 불, 성냄의 불, 어리석음의 불로 불타고 있다. 그리고 태어남, 늙음, 병, 죽음, 근심, 슬픔, 번민, 괴로움의 불로 불타고 있다."[149)]

149) 《雜阿含經》 권8, (T02, 0050b26), "一切燒然. 云何一切燒然, 謂眼燒然, 若色, 眼識, 眼觸, 眼觸因緣生受, 若苦, 若樂, 不苦不樂, 彼亦燒然. 如是耳, 鼻, 舌, 身, 意燒然, 若法, 意識, 意觸, 意觸因緣生受, 若苦, 若樂, 不苦不樂, 彼亦燒然, 以何燒然, 貪火燒然, 恚火燒然, 癡火燒然, 生, 老, 病, 死, 憂, 悲, 惱, 苦火燒然."

감각을 통해 접하는 모든 것은 탐욕의 불로 타오른다. 그 불길은 단순한 감각적 쾌락의 차원을 넘어 마음을 태우고 삶 전체를 고통으로 몰아넣는다. 또한, 부처님은 감각적 욕망에 따른 행위를 '바다'에 비유하신다.

> "이른바 눈이 색을 분별한 뒤 사랑하고 생각하며 깊이 드러내어 탐하고 즐거워한다. 이로 인해 신(身) · 구(口) · 의(意)의 업이 생기므로 이를 바다라고 부른다. … 이처럼 탐욕, 성냄, 어리석음, 늙음, 병, 죽음도 마찬가지로 이와 같다."[150)]

눈이 색을 탐하고, 귀가 소리를 즐기며, 신 · 구 · 의의 행위가 탐욕을 낳는다는 점에서 탐욕은 '업(業)의 바다'를 만들어 중생을 빠져나오기 어려운 속박 속에 가둔다. 더불어 탐욕은 독처럼 온몸에 퍼져 정신과 육체를 병들게 하며, 마침내 죽음으로 이끈다. 이처럼 탐욕에 사로잡힌 삶은 오욕락(五欲樂)에 집착 · 탐착한 삶은 끝없는 불길 속에서 타오르며, 그 불은 생 · 노 · 병 · 사의 괴로움으로 다시 중생을 불태워 윤회의 바다에서 벗어날 길을 잃게 한다.

---

150) 《雜阿含經》 권8, (T02, 0050b26-c03), "云何聖所說海. 謂眼識色已, 愛念, 深著, 貪樂身, 口, 意業, 是名為海. … 耳識聲, 鼻識香, 舌識味, 身識觸. 此世, 他世絞結纏鏁, 亦復如是. … 如身, 口, 意業, 如是貪, 恚, 癡, 老, 病, 死, 亦如是說."

넷째, 탐욕은 도살처(屠殺處), 자(刺), 병(病), 옹(癰)과 같은 육체적·심리적 고통을 초래한다.

〈유경〉에서는 오욕에 대한 집착을 '도살처'에 비유한다. 이 비유는 매우 강렬하며, 탐욕이 중생에게 얼마나 깊은 상처와 고통 즉 파괴성과 나쁜 일(害惡)을 가하는지를 단적으로 드러낸다.

> "몸은 무덤과 같고, 지혜는 칼과 같으며, 살조각은 아끼고 미워하는 것과 같다. … 오욕은 도살처와 같으니, 지혜의 칼로 그것(오욕락)을 끊어야 한다."[151]

이 구절은 감각적 욕망에 빠진 삶이 스스로를 해치는 파멸의 길임을 명확히 지적한다.

탐욕은 마치 무덤처럼 생명을 갉아먹고, 독버섯처럼 몸(육체)과 마음(정신)을 병들게 한다. 자극과 집착이 반복될수록 고통은 점점 더 깊고 강해져 끝내 존재 전체를 삼키는 괴로움으로 이어진다. 경전에서는 "애는 병(病)이 되고, 종기(癰)가 되며, 가시(刺)가 된다."[152]고 설하면서 탐욕이 초래하는 고통의 실상을 직설적으로 경고한다.

예컨대 '종기'는 한번 생기면 쉽게 낫지 않으며, 감염과 발열, 오

151) 《雜阿含經》 권38, (T02, 0282a22-b22), "屠殺者, 謂五欲功德 …."
152) 《雜阿含經》 권43, (T02, 0312a15), "愛故為病, 愛故為癰, 愛故為刺."

한, 심한 경우 패혈증에 이르러 생명을 위협하기도 한다. 이처럼 탐욕 또한 한번 생기면 쉽게 사라지지 않으며, 끊임없이 고통을 재생산하고 삶 전체를 뒤흔든다. 결국 이 고통은 단지 현세적 고통에 그치지 않고, 윤회의 고리를 형성하는 결정적 요인이 된다. 즉, 탐욕은 일시적 쾌락을 가장한 독으로 존재를 병들게 하고 윤회의 사슬에 묶이게 하는 치명적 독소이다.

다섯째, 탐욕은 '나'와 '내 것'이라는 잘못된 상(想)을 강화하여 고통을 증장시킨다.

〈촉경〉에서는 중생이 세간의 물질에 대해 항상성, 안정성, 영속성, 자기 소유성 등을 투사하면서 잘못된 인식, 즉 왜곡된 상(想)을 일으키며, 그것이 애욕을 더욱 증장시킨다고 말한다. 중생은 그것들을 단순한 대상이 아닌 '나', '내 것', '내 삶의 기반' 등으로 착각하여 강하게 집착하고 그것을 유지하거나 보호, 지키려 애쓴다.

> "사문과 바라문들이 세간에서 생각하는 밝고 단정한 물질에 대해 '항상하다, 한결같다, 안온하다, 병이 없다,' '나' 혹은 '내 것'이라고 생각하면, 거기서 애가 자라고, 애가 자라면 괴로움도 자란다. … 그리하여 중생은 결국 생·노·병·사와 근심·슬픔·괴로움에서 벗어나지 못한다."[153)]

---

153) 《雜阿含經》 권12, (T02, 0082b14), "婆羅門於世間所念諦正之色, 作常想, 恒想,

이러한 집착은 '구함[求] - 이익[得] - 사용[用] - 소유[欲] - 질투[嫉] - 지킴[守] - 보호[護]'의 과정을 거쳐, 마침내 '칼과 막대, 소송[諍訟事]'이라는 폭력적 행위로 이어진다.[154] 결국 중생은 자신이 소유한 것을 지키기 위해 거짓말과 도둑질, 폭력 등 나쁜 행동[惡行]을 저지르고, 그 결과 현세와 내세 모두에서 괴로운 과보(果報)를 받는다.

> "탐욕에 물든 마음은 자기를 해치고, 남을 해치며, 둘 다 함께 해친다. 현세에 형벌을 받거나 후세에 형벌을 받기도 하며, 현세와 후세에 다 형벌을 받기도 한다. 그 마음은 항상 근심과 괴로움으로 가득 차 있다."[155]

지금까지 《아함경》에서 드러난 탐욕의 문제를 살펴보았듯이, 탐욕은 결박[縛], 혼탁[濁], 불길[炎], 병(病), 괴로움[苦] 등을 일으키는 철저히 부정적이며 해로운 정신작용으로 인식된다. 탐욕은 단순한 감정이나 욕망이 아니라, 괴로움의 원천이자 윤회의 고리를 더욱 단단히 조이는 뿌리이다. 그러나 초기불교는 단순한 억제나 부정만으

安隱想, 無病想, 我想, 我所想而見, 則於此色愛增長. 愛增長已, … 則不解脫生, 老, 病, 死, 憂, 悲, 惱, 苦, 我說彼不解脫苦."

154) 《長阿含經》 권10, (T01, 0060c17), "當知因愛有求, 因求有利, 因利有用, 因用有欲, 因欲有著, 因著有嫉, 因嫉有守, 因守有護. 阿難, 由有護故, 有刀杖, 諍訟, 作無數惡."

155) 《雜阿含經》 권35, (T02, 0251b29), "染著貪欲映障心故. 或自害. 或復害他. 或復俱害. 現法得罪, 後世得罪, 現法後世二俱得罪. 彼心常懷憂, 苦受覺."

로 탐욕이 사라지지 않음을 말한다

탐욕[慾, 慾望, 貪, 貪著, 渴愛 …]을 제거하거나 넘어서는 길은 수행과 정진을 통해 올바른 열의로서의 '욕(欲)'[156]을 일으키듯, '욕'을 방편 삼을 것을 강조한다.

> "무상하고 왕성한 불은 반드시 끊어야 한다. 그 무상한 불을 끊기 위해서는 이미 생긴 악과 불선법은 마땅히 끊고, 욕(欲)의 정근(精勤)을 일으켜 거두어 잡는 마음을 더욱 자라게 해야 한다."[157]

2) 《니까야》의 가르침

욕망은 중생이 세상을 살아가며 즐거움과 기쁨, 행복을 누리게 하는 원천이다. 그러나 그 욕망이 지나치면 곧 탐욕으로 변하여 집착과 의욕, 목표를 일으킨다. 이때 그 성취에 실패하게 되면 바로 좌절감, 상실감, 무기력감, 분노 등 부정적인 감정 즉 심리적 고통을 불러일으킨다. 《니까야(Nikāya)》에서는 이러한 욕망과 탐욕을 상징하

---

156) 탐욕이라는 불선법을 없애기 위해서는 일체의 공덕을 쌓고, 수행에 힘쓰게 하는 욕(欲)이 필요하다. 이 욕은 탐욕처럼 보일 수 있으나, 이는 탐욕과는 다른 열의나 정진이라는 정신법이다. 다시 말해, 열의와 정진인 욕으로 공덕을 쌓고 수행에 힘씀으로써 불선한 탐욕을 제거해야 한다는 의미이다.

157) 《雜阿含經》 권7, (T02, 0046c12-c13), "無常盛火應盡斷. 為斷無常火故, 已生惡不善法當斷, 起欲, 精勤, 攝心令增長."

는 여러 용어가 등장한다. 주요 개념으로는 'kāma(감각적 욕망, 欲樂)', 'lobha(탐, 貪慾)', 'rāga(집착·애착, 愛着)', 'taṇhā(갈애, 渴愛)', 'chanda(欲)' 등이 있다. 이 가운데 'chanda'는 중립적인 열의로 작용하기 때문에 탐욕의 문제에서는 제외된다. 그 외 용어들은 모두 인간의 심리적·윤리적·사회적 문제의 뿌리(근원)로 작용한다.

(1) 까마(kāma)

kāma는 '감각적 욕망' 혹은 '감각적 쾌락'으로 번역되듯, 눈·귀·코·혀·몸을 통해 인식되는 감각 대상에 대한 집착을 의미한다. 특히 감각적 접촉(phassa)을 통해 생겨난 느낌(vedanā)이 탐욕의 발생 조건이 되므로, kāma는 괴로움의 핵심 원인으로 반복해서 언급된다. 《상윳따 니까야》의 〈화살의 경(Sallasutta)〉에서는 '배우지 못한 범부(凡夫)'와 '잘 배운 성자(聖者)'가 느낌을 받아들이는 방식의 차이를 통해 kāma의 문제를 다음과 같이 설명한다.

> "범부는 즐거운 느낌에 접촉하면 그 속에서 환락(기쁨과 즐거움)을 찾는다. 왜냐하면 그는 고통에서 벗어나는 길을 알지 못하고, 오직 감각적 쾌락만을 통해 그것을 피하려 하기 때문이다. 그래서 즐거운 느낌에 탐착하고, 괴로운 느낌에도 속박된다. 이 때문에 태어남, 늙음, 죽음, 슬픔, 비탄, 고통, 근심, 절망에 속박된 자, 괴로움에 속박된 자가 된다. 반면, 성자는 감각적 쾌락을 즐거워하지 않고, 느낌에 속박되지 않으며, 감각

적 접촉을 통한 고통에서 벗어난다. 이 때문에 모든 속박을 여읜다."[158]

즉, 범부는 느낌을 통해 감각적 쾌락을 추구하고, 그것에 집착 및 속박됨으로써 '태어남, 늙음, 죽음, 슬픔, 비탄, 고통, 근심, 절망' 등으로 이어지는 괴로움의 굴레에 빠진다. 반면 성자는 집착 및 속박의 느낌 자체와 여읜 느낌마저 알아차리고, 그 느낌에 속박되지 않으므로 괴로움에서 벗어날 수 있다.

〈괴로움의 다발에 대한 큰 경(Mahādukkhakkhandha Sutta)〉에서는 kāma의 위험을 '재물에 대한 탐욕'을 통해 구체적으로 설명한다. 인간은 생존과 욕망 충족을 위해 다양한 일을 하며 재물을 추구하지만, 실제로는 만족하기 어렵고, 획득한 재물을 지키고 유지하는 과정에서도 괴로움을 겪는다. 슬픔, 분노, 실의, 우울, 비탄, 통곡, 질투 등의 감정에 사로잡힌다. 경전은 이 과정을 다음과 같이 요약한다.

"감각적 욕망의 위험은 이것이다. 열심히 일했으나 재물을 얻지 못하면 슬퍼하고 우울해하고 비탄하며 가슴치고 통곡하며 괴로워한다. 재물을 얻었더라도 그것을 잃을까 빼앗길까 두려워하고, 실제로 잃었을 때는 더욱 슬퍼하고 우울해하고 비탄하며 가슴치고 통곡한다."[159]

---

158) SN. Ⅳ, p.209; 전재성 옮김, 《상윳따 니까야》 권4, 서울: 한국빠알리성전협회, 2007, pp.695-697.

159) MN. Ⅰ, P.85; 전재성 옮김, 《맛지마 니까야》 전집, 서울: 한국빠알리성전협회,

감각적 쾌락에 대한 집착은 단지 개인의 괴로움에 머무르지 않는다. 그것은 사회적 갈등과 범죄, 심지어 죽음까지 초래한다. 특히 자신과 타인을 해치고 지혜를 가리며, 열반으로부터 멀어지게 한다. 〈마하둑카칸다 숫따(Mahādukkhakkhandha Sutta)〉와 〈드웨다위따까 숫따(Dvedhāvitakka Sutta, 두 갈래 사유의 경)〉는 이러한 kāma의 결과를 경고한다.

> "감각적 쾌락의 욕망은 나를 해치고, 남을 해치고, 모두를 해치는 사유를 일으킨다. 이것은 지혜를 억누르고, 고통을 낳으며, 열반으로부터 멀어지게 한다."[160)]
>
> "감각적 욕망을 원인으로 하여 왕이 왕들과 싸우고, 귀족이 귀족들과 싸우고, 사제가 사제와 싸우고, 주인이 주인과 싸우고, 어머니가 아들과 싸우고, 아들이 어머니와 싸우고, 아버지가 아들과 싸우고, 아들이 아버지와 싸우고, 형제가 형제와 싸우고, 형제가 자매와 싸우고, 자매가 형제와 싸우고, 동료와 동료가 싸운다. 그때 그들은 싸우고 다투고 논쟁

2009, p.217.

160) MN. Ⅰ, p.114; 전재성 옮김, 《맛지마 니까야》 전집, 서울: 한국빠알리성전협회, 2009, p.268. "Tassa mayhaṃ bhikkhave evaṃ appamattassa ātāpino pahitattassa viharato uppajjati kamavitakko, so evaṃ pajānāmi : Uppanno kho me ayaṃ kāmavitakko, so ca kho attabyābādhāya pi saṃvattati, parabyābādhāya pi saṃvattati, ubhayabyābādhāya pi saṃvattati, paññānirodhiko vighātapakkhiko anibbānasaṃvattaniko."

하며 서로 두 손으로 치고 흙덩이를 던지고 몽둥이로 때리고 칼로 찌른다. 결국 죽음에 이르거나 죽을 것 같은 고통을 맛보게 한다. … 가택을 침범하고, 약탈을 일삼고, 도둑질하고, 매복했다 습격하고, 남의 부인을 폭행한다. 그러면 왕은 그들을 붙잡아 여러 가지의 형벌을 가한다."[161]

이처럼 kāma는 가족 간, 사회 간, 국가 간의 분쟁과 범죄, 전쟁을 유발하는 직접적 원인으로 묘사된다. 또한, 불선한 결과를 반복하여 윤회를 지속시키는 요인으로 작용한다. 〈아라가두빠마 숫따(Alagaddūpama Sutta)〉에서는 kāma의 위험성을 여러 비유를 통해 강조한다. 경전은 '해골, 고깃덩어리, 건초 횃불, 숯불 구덩이, 꿈, 빌린 재물, 과일나무, 칼과 도마, 창끝, 뱀머리' 등 열 가지로 비유하며, 감각적 쾌락이 겉보기에는 매혹적이지만 실상은 위험하고 해로운 것임을 경고한다.[162]

예를 들어, '뱀머리' 비유에서는 '뱀을 보고는 뱀의 몸통이나 꼬리를 잡으면 되돌아와 그의 손이나 팔, 다른 사지를 물어 죽거나 죽을 정도의 심한 고통에 시달리게 된다'고 한다. 이처럼 뱀을 잘못 잡

---

161) MN. Ⅰ, p.85; 전재성 옮김, 《맛지마 니까야》 전집, 서울: 한국빠알리성전협회, 2009, pp.217-218.

162) MN. Ⅰ, p.130; AN, Ⅲ, p.97; "aṭṭhikaṅkalūpamā(해골 · 뼈다귀의 비유), maṁsapesūpamā, tiṇukkūpamā, aṅgārakāsūpamā, supinakūpamā, yācitakūpamā, rukkhaphalūpamā, asisūnūpamā, sattisūlūpamā, sappasi-rūpamā." 그중 칼과 도마는 도살장을, 창끝은 관통을, 뱀머리는 위험을 의미한다.

은 자가 물려 죽음에 이르듯 감각적 쾌락을 잘못 다루면 심각한 결과를 초래할 수 있음을 경고한다.

'고깃덩어리' 비유에서는 "가령 독수리나 까마귀, 매 한 마리가 고깃덩어리를 물고 나른다면 이때 다른 새들이 그들을 뒤쫓아 가면서 부리로 쪼고 방해하며 그것을 빼앗으려 한다."라고 하였다. 즉 먹이를 가진 새가 다른 새들로부터 공격을 받듯이, kāma에 집착할 수록 끝없는 경쟁과 갈등이 따르고, 극심한 고통에 시달리게 됨을 의미한다.

'건초 횃불' 비유에서는 "한 사람이 바람을 향해 건초(마른 풀) 횃불을 들고 가는데, 그 사람이 건초 횃불을 놓지 않으면 바람으로 인해 불꽃이 그의 손과 팔, 다른 신체 부위를 태운다."라고 하였다. 이처럼 불이 신체를 태우듯이 감각적 욕망은 결국 자신을 태우는 불이 된다. 결국 kāma의 문제는 무엇보다 '쾌락은 적고, 근심과 걱정, 위험 등은 많다'는 데 있다.

이처럼 탐욕의 원인과 조건이 되는 kāma는 끊임없는 감각적 쾌락에 대한 갈구로 인해 흔히 싸움이나 폭력, 침범, 약탈, 폭행 등을 비롯해 경쟁, 슬픔, 비탄, 근심, 절망, 속박, 고통, 죽음 등 다양한 육체적·심리적·윤리적·사회적 문제를 일으킨다.

(2) 로바(lobha), 라가(rāga)

lobha는 일반적으로 '탐', rāga는 '애착' 혹은 '사랑'으로 번역된다. 두 용어는 감각적 쾌락에 대한 집착과 내면적 열망을 뜻하며, 비록 강도나 성질에서 약간의 차이는 있지만, 실제로는 중생의 탐욕을 형성하고 유지하는 핵심적인 작용을 함께 나타낸다.

《앙굿따라 니까야(Aṅguttara Nikāya)》에서는 다음과 같이 경고한다.

"rāga에 물들고, rāga에 사로잡히며, 그것에 얼이 빠진 자는 자신 또는 타인, 모두를 해칠 생각을 하게 되고, 육체적 · 정신적 고통을 경험한다."[163)]

탐욕은 단순한 감정의 문제가 아니라 도덕적 분별력의 붕괴이자 비윤리적 행위의 출발점이 된다. 그것은 '번뇌, 폭류, 매듭, 족쇄, 장애, 취착, 속박, 잠재 성향, 오염원' 등 열 가지의 불선(不善)한 법적 속성을 갖는데 이는 다음과 같다.[164)]

1. 번뇌(āsava)와 폭류(ogha): 탐욕은 생 · 사 윤회의 흐름을 따라 흘러가는 강물처럼 끊임없이 생겨나며 중생을 괴로움 속에 머물게 한다. 즉 윤회의 바다에 묶여 벗어날 기약이 없게 만드는 것이다.[165)]

2. 매듭(gantha)과 족쇄(saṁyojana): 탐욕은 현재와 미래의 육체 ·

---

163) AN. Ⅰ. A54, p.157; 대림 스님 옮김, 《앙굿따라 니까야》, 울산: 초기불전연구원, 2006, p.401.

164) 각묵 스님 옮김, 《담마상가니 2》, 울산: 초기불전연구원, 2016, p.106; 대림 · 각묵 스님 옮김, 《아비담마 길라잡이 2》, 울산: 초기불전연구원, 2018, pp.101-113.

165) DhsA. p.49. "yassa saṁvijjanti taṁ vaṭṭasmiṁ yeva ohananti osīdāpentī ti oghā."

정신적인 몸을 얽어매어 빠져나오지 못하게 해 고통과 죽음, 악처로까지 이끈다.[166] 즉 탐욕이 사람의 의식과 존재를 구속하여 해탈의 길을 방해한다는 것이다.

3. 취착(upādāna)과 장애(nīvaraṇa): 탐욕은 대상을 붙잡고 내려놓지 못하게 하며, 수행을 방해하고 다툼을 일으켜 스스로를 탐욕의 굴레에 가둬 고통을 증대시킨다.[167]

《아비담마타 상가하(Abhidhammattha-saṅgaha)》에서는 '원숭이 덫의 비유'를 통해 탐욕의 '구속' 이외 다양한 속성(문제)을 잘 보여 준다.

> "원숭이를 잡을 때, 큰 나무 안에 원숭이가 좋아하는 음식을 두고 음식 주변에 송진 등을 발라둔다. 그러면 원숭이는 좋아하는 음식을 먹기 위해 손을 넣게 되고, 음식을 잡고 꺼내려는 순간 손은 달라붙게 된다. 원숭이는 달라붙은 손을 떼기 위해 발을 이용하여 떼려고 하지만, 오히려 더 달라붙어 결국 입까지 넣어 꼼짝없이 붙잡히게 된다."[168]

이처럼 원숭이가 좋아하는 음식을 얻기 위해 손을 넣듯, 탐하는

---

166) SN. V. pp.59-60. 매듭 관련; SN. Ⅲ. p.234. 족쇄 관련

167) AN. Ⅰ. p.66. 특히 서로 다른 견해에 대한 탐욕(diṭṭhirāga)적인 집착으로 생겨난 탐욕은 범부(凡夫)뿐만 아니라 수행자들까지도 다투게 한다.

168) Abhidhammattha-saṅgaha. 6f; 《雜阿含經》 권24, (T02, 0173b21-), 〈원후(猿猴)경〉.

마음 때문에 점점 더 깊이 덫에 걸려든다. 중생 또한 탐욕을 내려놓지 못하면 사견과 자만에 사로잡혀 결국 해탈로부터 아득히 멀어진다.[169]

또한, 탐욕은 의식의 작용을 덮어버림으로써 '기억력 저하, 지각력 손상, 망상 증대' 등 다양한 정신적 장애를 일으킨다. 이는 〈뽀딸리야 숫따(Potaliya Sutta)〉의 '과일나무의 비유'에서도 잘 드러난다.

> "숲에 잘 익은 과일나무 한 그루가 있었고, 그 나무의 과일은 잘 익었지만 땅 위로는 떨어지지 않았다. 잘 익은 과일을 얻기 위해서는 나무에 올라가는 방법뿐이었다. 이때 한 사람이 나무에 올라가서 원하는 만큼 먹고 또한 주머니까지 가득 채웠다. 하지만, 과일나무에 올라가지 못하는 한 사람이 있었다. 이 사람은 '나는 나무에 올라가지 못하니 도끼를 가져와 나무의 밑부분(뿌리)을 잘라야겠다.'라고 생각했다. 그 사람은 바로 나무 위에 사람이 있는데도 불구하고 도끼로 찍어 나무를 넘어뜨렸다. 나무는 쓰러졌고, 나무 위의 사람은 떨어져 손과 팔, 다른 신체 부위가 부서지거나 죽을 정도의 고통에 시달렸다."[170]

---

169) 대림·각묵 스님 옮김, 《아비담마 길라잡이 1》, 울산: 초기불전연구원, 2017, p.246. 탐욕의 한 조(lobha-tika)는 사견(diṭṭhi)과 자만(māna)이다.

170) MN. I, p.365(M54, Potaliyasutta); 전재성 옮김, 《맛지마 니까야》 전집, 서울: 한국빠알리성전협회, 2009, p.631.

이처럼 탐욕은 의식을 덮는 장애로서 의식을 흐리게 하여 타인에게까지 피해를 주고, 치열한 경쟁과 갈등을 유발한다. 더욱이 과일나무를 자르듯 개인적·사회적 관계를 파괴하며, '감각적 쾌락의 탐욕(kāmarāga)'이 마음에 자리잡으면 이내 기억력 저하와 정신적 혼란을 초래한다.[171]

탐욕은 '번뇌'와 잡도리(ayoniso-manasikāra)'를 일으키는데, 이때 마음은 다음과 같은 잘못된 인식을 갖게 된다. "무상한 것(anicca)에 대해서는 항상하다[常]고, 괴로움(dukkha)에 대해서는 즐겁다[樂]고, 자아가 없는 것(anatta)에 대해서는 자아[我]라고, 부정한 것(asubha)에 대해서는 깨끗하다[淨, subha]고 짓게 한다."[172] 이러한 왜곡된 마음은 연쇄적으로 또 다른 감각적 욕망을 일으켜 탐욕을 더욱 강하게 만들며, 탐욕이 많거나 깊어질수록 정신은 쇠약해져 건망증이나 지각력을 왜곡(viparītasaññā)시켜 진정한 행복이 아닌 것에 행복을 부여하게 만든다.

탐욕으로 인한 고통은 어떠한 고통과도 비교될 수 없을 만큼 강한 '수난의 불(aṅgāra-kaṣṇa)'로 표현된다.[173] 이는 자신을 스스로 태우

---

171) SN. V. p.121

172) 각묵 스님 옮김, 《상윳따 니까야》 권5, 울산: 초기불전연구원, 2009, p.291. 각주 168.

173) Dhp. 202; SA. Ⅱ. p.112.

듯, 그리고 마치 '그물에 걸린 거미처럼' 자기가 만든 욕망의 덫에 스스로 갇혀 범죄나 정신적 손상, 자살, 살인 등 자신과 타인 모두에게 해를 끼치는 비극을 낳는다.

(3) 딴하(taṇhā)

'taṇhā(渴愛, 갈애)'는 단순한 '욕망'이나 '원함'을 넘어, 끝없이 갈구하고 붙잡으려는 근본적인 심리적 작용이다. "갈애에서 슬픔이 생기고, 갈애에서 두려움이 생겨난다."[174]라는 말처럼 taṇhā는 인간의 탐욕을 일으키는 가장 뿌리 깊은 원인이다. 이는 십이연기 가운데 '느낌(vedanā)' 다음에 오는 단계로서 괴로움[175]의 직접적인 원인으로 작용한다. 이런 taṇhā를 괴로움의 직접적인 근원, 즉 고통을 끊임없이 발생시키는 심리적 기제라고 본다. 《디가 니까야(Dīgha Nikāya)》의 〈마하니다나 숫따(Mahānidāna Sutta, 대인연경)〉에서는 taṇhā가 어떻게 연쇄적으로 괴로움을 유발하는지를 다음과 같이 밝히고 있다.

> "느낌(vedanā)을 조건으로 갈애가, 갈애를 조건으로 추구가, 추구를 조건으로 얻음이, 얻음을 조건으로 판별이, 판별을 조건으로 욕망이, 욕망을 조건으로 탐착이, 탐착을 조건으로 거머쥠이, 거머쥠을 조건으로 인

---

174) DhpA.Ⅲ, 286, "taṇhāya jāyatī soko taṇhāya jāyatī bhayaṃ."

175) 괴로움은 마음의 오염원(kilesa)으로 아픔, 번뇌, 불안, 불만, 불행, 불편, 괴로움 등 다양한 의미를 포함한다.

색이, 인색을 조건으로 수호가, 수호를 원인으로 하여 몽둥이를 들고 무기를 들고 싸우고 말다툼하고 분쟁하고 상호 비방하고 중상모략하고 거짓말하는 수많은 사악하고 해로운 법들이 생겨난다."[176]

이 구절은 taṇhā가 단순히 개인의 내면적 욕망에 머무르지 않고, 구체적인 행동과 사회적 갈등, 심지어 폭력과 범죄로까지 이어지는 고통의 고리를 형성함을 보여 준다. 또한, 〈딴하 숫따(Taṇhā Sutta, 갈애의 경)〉에서는 갈애의 본성을 더욱 인상 깊게 묘사한다.

"갈애는 세상을 이끌고, 갈애에 의해 세상이 끌려다닌다. 갈애가 모든 것을 꿰뚫는 화살이며, 욕망의 연기가 세상을 휘감는다."[177]

이처럼 taṇhā는 단순한 욕망이나 감정이 아니라, 세상을 지배하는 힘이다. 그것은 중생의 의식과 삶 전체를 관통하며, 집착하고 소유하려는 욕망, 분별하고 판단하려는 욕망, 그리고 지닌 것을 지키려는 욕망까지 자극하여 새로운 고통을 생산한다. 이러한 작용은 수행

---

176) DN. D15.9; 각묵 스님 옮김, 《디가 니까야》 권2, 울산: 초기불전연구원, 2006, pp.125-126.

177) SN. Ⅰ, pp.39-40; kenassu nīyati loko, kenassu parikassati, kissassa ekadhammassa, sabbeva vasam anvagū ti. taṇhāya nīyati loko, taṇhāya parikassati, taṇhāya ekadhammassa, sabbeva vasam anvagū ti. maccunābbhāhato loko, jarāya parivārito, taṇhāsallena otiṇṇo, icchādhūpāyito sadā ti.

자의 해탈을 방해하고, 윤회의 흐름을 지속시키는 중심축이 된다.

taṇhā는 "두 번째 사람(taṇhādutiyo puriso)"[178]으로 불릴 만큼, 중생이 갈애에 묶여 끊임없이 탐욕을 일으키고 묶이고 구속되길 반복하며 고통 속을 헤매는 모습을 드러낸다. 갈애는 욕망을 유발하고, 욕망이 채워지지 않으면 '슬픔, 불안, 두려움'을 일으킨다. 욕망이 채워졌더라도 '유지'에 대한 집착과 인색함으로 또 다른 괴로움의 씨앗이 된다.

이와 같은 심리적 작용은 '기생 시리마 여인'의 일화에서도 확인할 수 있다. 한 젊은 수행자는 여인 시리마의 아름다운 외모에 사로잡혀 성에 대한 집착과 상사병으로 고통받는 이야기는,[179] taṇhā가 심리적 고통을 현실의 고통으로 끌어내는 구체적 사례라 할 수 있다.

궁극적으로 갈애는 개인의 심신을 병들게 하고, 인간관계를 왜곡시키며, 사회적 갈등과 악행을 유발하는 고통의 원천이다.[180] 그 영향력은 육체적 · 정신적, 개인적 · 사회적, 현세적 · 윤회적 차원에 이르기까지 실로 광범위하다. 붓다는 이러한 깊은 집착을 다음과 같이 경계하셨다.

---

178) It. p.201. 이는 갈애가 항상 곁에 붙어 있어 '나'와 함께 움직이는 또 하나의 자아와도 같은 존재임을 뜻한다.

179) 거해 스님 편역, 《법구경 1》, 서울: 도서출판 샘이깊은물, 2003, pp.428-430.

180) 예를 들면, 갈애로 인해 더욱 탐욕스러워지고, 악의(惡意)를 품게 되며, 마음을 탈선시킨다. 마음이 탈선한 중생은 살생하거나, 주지 않은 것을 빼앗고, 음행을 범하며, 거짓말, 이간질, 욕설, 쓸데없는 말 등 나쁜 행위로 계행(戒行)도 탈선시킨다.

"갈애를 배우자로 삼는 사람은 오랜 세월 윤회하며, 끝없이 생사의 바다를 건너지 못하도다."[181]

따라서 taṇhā는 단순한 욕망이 아니다. 그것은 실에 꿰어진 구슬처럼 얽히며, 베 짜는 실타래처럼 헝클어지는 등 고통의 사슬을 조여오는 근원적인 힘이며, 해탈로 향하는 길에 놓인 가장 치명적인 장애물이다. 이 갈애가 줄어들지 않는 한 괴로움은 계속될 수밖에 없다.

초기불교의 《니까야》 경전은 탐욕의 문제를 kāma, lobha, rāga, taṇhā 등 다양한 용어를 통해 다층적으로 분석한다. 이들 각각은 욕망의 성질과 구조, 발생 조건, 심리 작용, 사회적 결과에 이르기까지 다양하게 탐욕의 문제를 드러낸다.

경전은 이를 다양한 비유와 실제 사례를 통해 구체화함으로써 탐욕이 중생의 삶을 어떻게 괴로움에 빠뜨리는지를 심층적으로 조명한다. 무엇보다 탐욕은 단순한 개인의 문제를 넘어 공동체 전체를 병들게 하는 윤리적·심리적·사회적 독소의 역할과 작용을 한다. 초기불교는 탐욕의 본질을 정확히 인식하고, 그 작용과 결과를 통찰함으로써 해탈의 길을 제시하고자 한다.

---

181) SN. S.144(740); A.4.9; It.9. "taṇhādutiyo puriso, dīghamaddhāna saṁsaraṁ itthabhāvaññathābhāvaṁ, saṁsāraṁ nātivattati."

제3절
불교와 현대 심리학의 만남

앞서 제1절에서 살펴본 바와 같이, 심리학에서 말하는 탐욕(greed)은 단순한 욕구나 욕망과는 명확히 구분된다. 욕구와 욕망이 생존을 위한 자연스러운 반응이라면, 탐욕은 그 삶에 필요한 수준을 넘어서는 과도한 갈망이다. 이는 결코 만족을 모르는 내면의 강렬한 충동이며, 자아중심적이고 이기적인 성향을 동반한다. 또한 탐욕은 개인의 기질, 성향, 문화적 환경이나 경제적 조건 등에 따라 더욱 증폭되며, 결국 삶의 균형을 무너뜨린다.

심리학에서는 탐욕이 절제의 상실과 무가치한 행위, 그리고 불선한 행동을 초래한다고 본다. 이는 개인을 나태하게 만들고 사회적 유대·결속력을 약화시켜 이기적으로 만들어 공동체적 관계에서 이탈하게 만든다. 더 나아가 탐욕의 대상은 단순한 재물을 비롯한 물질적 요소에 국한되지 않는다. 성공, 권력, 지위, 관계, 시간 등과 같은 비물질적 자원까지 포함하며, 이러한 모든 대상에 대한 끝없는 갈망은 결국 삶의 전반을 병들게 만든다.

한편, 제2절에서 다룬 초기불교, 특히 《아함경(阿含經)》과 《니까야(Nikāya)》에서는 탐욕을 보다 근본적인 존재론적 문제로 바라본다. 초기불교에 따르면 탐욕은 애(愛), 취(取), 유(有)라는 고리를 통해 끊임없이 반복되는 윤회의 직접적인 원인으로 작용한다. 최초의 식욕이 생존을 위한 자연스러운 반응이었다면, 이후 음식에 대한 애가 생겨났고 여기에 더 많은 것을 '가지려는 마음'이 생겨나면서 탐욕이 시작된 것이다.

《아함경》은 탐욕을 "생존과 무관한 지나친 욕망"으로 정의하며, 그 결과 인간은 끊임없이 더 많은 것을 추구하게 된다고 본다. 이때 "과도한 욕망에 마음이 더해져 탐착이 생긴다."라고 하며, 이 욕심은 끝내 '절대 채워지지 않는 결핍감'만을 남긴다. 이렇게 한번 생긴 욕망이나 탐욕은 사라지지 않고, 오히려 집착과 질투, 보호하려는 심리를 통해 더욱 강화된다. 초기불교는 이러한 탐욕을 "악(惡)하고 불선(不善)한 행위의 근원"으로 간주하고, 반드시 제어하거나 뿌리 뽑아야 할 대상으로 본다.

《니까야》에서는 탐욕을 설명하는 다양한 빠알리(pāli) 용어들이 등장한다. 대표적으로 'kāma(감각적 욕망), chanda(열의·의욕), lobha(탐욕), rāga(욕탐), taṇhā(갈애)' 등이 있다. 이 가운데 lobha와 rāga는 대표적인 탐욕을 뜻하는 개념으로 감각적 쾌락을 더 많이 얻고자 하는 강한 욕심을 의미한다. 특히 이들이 일어날 때는 사견과 자만이 함께 나타나며, 스스로 탐하고 또 단지 탐하기 때문에 더 거머쥐며 달라붙게 만든다. 일반적으로 lobha는 보편적인 탐욕을, rāga는 더욱 더 강렬하고 확장된 형태의 욕망·탐욕을 지칭하지만, 이들 양자를 명확히 구분하기란 어려움이 있다. 이들은 때로 taṇhā(갈애)와 동일시되며, 만족을 모르는 내적 갈망(욕탐, 탐애, 취착 등)으로 이어진다.

탐욕의 대상은 감각적 쾌락을 불러일으키는 물질적인 것에 국한 되지 않는다. 수(受, 느낌)·상(想, 인식)·행(行, 작의)·식(識, 의식) 등 비물질적인(정신적) 요소까지 포함된다. 이는 초기불교가 탐욕을 바라보는 범위가 얼마나 포괄적인지를 보여 준다. 탐욕은 결코 충족되지 않으며, 결국 '고통의 원인'이 되고 만다.

1. 탐욕에 대한 공통된 시선

현대 심리학과 초기불교는 탐욕에 대해 여러 측면에서 공통된 시각을 보인다.

첫째, 양측 모두 탐욕을 "대상에 대한 과도한 갈망"으로 정의한다. 이는 모든 대상을 취하려는 형태로 나타나며, 기본적인 욕구를 넘어서면 해로운 결과를 초래한다고 본다.

둘째, 생존을 위한 욕구는 인정하되, 이를 넘어선 욕망이나 탐욕은 부정적인 정신 작용(정신법)으로 간주한다.

셋째, 탐욕은 물질적 대상뿐만 아니라 성공, 명예, 권력, 시간 등 다양한 비물질적 자원에까지 확장된다.

넷째, 탐욕은 "갈망, 불만족, 비난, 이기심, 도덕적 타락, 비합리성" 등 다양한 불선한 속성을 지니며, 심리학과 초기불교 모두 이러한 속성에 주목한다. 특히 초기불교는 탐욕 자체를 불선법으로 규정하므로, 심리학에서 말하는 탐욕의 부정적 속성까지 포함한다. 이를 다음과 같이 정리할 수 있다.

1. 항상 '더 많이, 지나치게' 갖고 싶어 하며, 더 많은 경험이나 소유하지 못한 것에도 불만을 품는다.
2. 쾌락에 쉽게 물들며, 결코 만족하지 않는다.
3. 현재 가진 것에 가치를 두지 않고, 늘 더 많은 것을 원한다.
4. 자신이 가치를 두는 것과 새로운 것에 더 많은 자극을 받는다. (희소성과 새로운 자극에 민감하다.)
5. 현재에 만족하지 못하고 감사할 줄 모른다.
6. 가진 것을 지키기 위해 과도하게 애쓴다.
7. 베풀거나 나누는 것을 꺼리고 인색하다.
8. 비합리적이고 비도덕적인 행동을 한다.
9. 삶의 만족도를 떨어뜨린다.
10. 타인에 관한 관심이 부족하다.
11. 번뇌가 많아지고, 의식을 덮어 흐려지고 행복과 멀어진다.

다섯째, 탐욕은 개인의 정신적·육체적 문제를 넘어 사회적 악(惡)으로 이어진다. 초기불교에서는 이러한 문제들을 "애착으로 인한 괴로움"으로 설명하며, 심리학에서 사용되는 하인첼만(Heintzelman)의 탐욕 척도(HGS©)에서도 비슷한 양상이 나타난다.[182]

이 척도에 따르면 탐욕은 "무엇이든 한다.", "결과를 생각하지 않고 구한다.", "속인다.", "상처를 준다.", "거짓말을 한다.", "타인을 이용하거나 조종한다.", "해를 끼친다.", "나쁜 일을 할 수 있다."라는 등의 비합리적이고 부도덕한 반사회적 행동을 수반한다.

이러한 행동들은 탐욕이 단순한 심리적 현상을 넘어 도덕적·사회적 문제로 확장된다는 점을 보여 준다. 실제로 탐욕은 '삶에 대한 불만족, 자존감 저하, 외로움, 우울, 불안, 스트레스' 등의 정신적 문제와 '섭식장애, 폭력, 폭언, 갈취, 자살' 등의 육체적 문제로 이어진다. 더 나아가 탐욕은 이기심과 개인주의, 무관심, 인색함, 부도덕한 행위로 발전하여 사회 또는 인류 전체에 악영향을 미친다.

2. 불교와 심리학의 다른 지점

심리학과 초기불교는 탐욕을 바라보는 공통점에도 불구하고,

---

182) Glenn W. Lambie, Jaimie Stickl Haugen, "Heintzelman Greed Scale©(HGS©) Theoretical Framework and Item Development", University of Central Florida, College of Community Innovation and Education, 2019, pp.9-10.

접근하는 방식에서는 다음과 같은 차이를 보인다.

첫째, 심리학은 탐욕이 문제를 일으킬 때만 이를 부정적으로 본다. 즉, "탐욕이 죄가 되는 것은 그것이 문제를 일으킬 때뿐"이라는 입장이다. 반면, 초기불교는 "탐욕은 그 자체로도 티끌이 아니라 더러운 먼지"라 하여, 탐욕 자체를 해로운 법[不善法]으로 규정하고 철저히 제거해야 한다고 본다.

둘째, 심리학은 욕구의 충족 여부에 따라 상위 욕구로 나아가게 하는 동력으로 본다. 즉 욕구 충족이 더 높은 욕구로 나아가게 하는 동기로 보지만, 초기불교는 기본 욕구 외의 욕망은 절제가 필요하다고 본다. 특히 초기불교에서는 성(sex)을 탐욕으로 규정한다. 그러므로 출가자는 사의지(四依止: 옷, 발우, 좌와구, 약)만을 지니며, 성욕을 철저히 금하고[不淫)], 재가자는 의 · 식 · 주를 기본으로 삼되, 바른 생계와 생활, 불사음(不邪婬)을 원칙으로 삼아 실천할 것을 강조한다.

셋째, 초기불교는 심리학이 다루는 탐욕의 부정적 속성을 모두 포괄하면서도 더욱더 구체적이고 풍부한 상징으로 이를 표현한다. 탐욕은 "재앙, 더러움, 번뇌, 장애, 부딪침, 해침, 족쇄" 등으로 비유되며,[183] "그물 · 아교 · 연뿌리 · 씌우개"처럼 중생을 얽매는 상징으로 나타난다.

---

183) 근심과 걱정은 재앙으로, 오물 · 냄새 · 때 등은 더러움으로, 답답함 · 근심 · 슬픔 등은 번뇌로, 그물 · 아교 · 샘물 · 연뿌리 · 문지기 · 씌우개 등은 장애와 덮개로 표현된다.

넷째, 초기불교는 탐욕이 중생을 욕계에 묶어 놓으며, 열반을 방해하는 장애이자 속박이라고 본다. 또한, 탐욕은 근심, 걱정, 분노, 시기, 거만, 중상모략, 폭력 등 온갖 불선 행위의 근원이 된다.

다섯째, 심리학은 탐욕의 발생 원인을 주로 개인의 기질이나 성향 같은 내재적 요인에서 찾는다. 반면 초기불교는 탐욕이 감각적 대상과 그것에 대한 애(愛)·취(取)·유(有)라는 집착적 관계 속에서 발생한다고 본다. 감각적 쾌락은 결국 갈애(taṇhā)로 발전하며, 이는 다시 세 가지 형태로 구분된다.

- 욕애(kāma-taṇhā): 감각적 쾌락에 대한 갈애
- 유애(bhava-taṇhā)·색애(色愛): 존재에 대한 갈애
- 무유애(vibhava-taṇhā)·무색애(無色愛): 비존재에 대한 갈애

이처럼 초기불교는 탐욕의 발생에서부터 소멸까지를 철저히 체계적으로 분석하며, 단순한 심리적 접근을 넘어 해탈을 방해하는 근본적 장애로 인식한다. 따라서 탐욕은 단순히 문제 행동의 원인이 아니라, 괴로움의 근원이자 윤회의 굴레에서 벗어나기 위해 반드시 제거해야 할 번뇌이다.

〈표 1-11〉 심리학과 초기불교의 탐욕 비교

항목	현대 심리학	초기불교
정의	생존을 초과한 과도한 갈망. 결핍감과 자기중심성을 수반함.	만족을 모르는 애착. 괴로움과 윤회의 근본 원인.
성격	불만족, 이기심, 인색함, 비합리성 등 부정적 성향 동반.	번뇌이자 족쇄로서, 악한 행위의 근원.
대상 범위	물질뿐 아니라 성공, 권력, 지위, 관계 등 비물질적 대상 포함.	감각 대상, 오온(五蘊), 존재 자체인 물질, 비물질 모두 포괄.
긍정적 요소 인정 여부	기본 욕구 충족은 동기 유발로 긍정적으로 평가.	생존에 필요한 욕구 외에는 절제가 필요.
문제 발생 시점	문제를 일으킬 때만 부정적으로 간주함.	탐욕 자체를 불선한 법으로 간주하여 반드시 제거해야 함.
탐욕의 발생 원인	개인 기질, 성향, 환경 등의 내재적 요인.	감각 대상에 대한 애(愛) · 취(取) · 유(有)에서 발생.
탐욕의 결과	우울, 불안, 스트레스, 관계 갈등, 비도덕적 · 반사회적 행동 등	육체 및 정신적 괴로움, 윤회 지속, 열반 방해, 해탈 장애 등
극복 방법	자기 통제, 윤리교육, 사회적 환경 개선 등	탐욕에 대한 철저한 관찰, 절제, 수행적 실천

Ⅱ.

탐욕이 만들어 내는 세상

제1절
재물탐욕의
정체

1. 심리학이 설명하는 재물탐욕

1) 무엇을 탐하는가

심리학에서는 인간의 욕망을 본격적으로 이해하기에 앞서, 기본적인 욕구의 충족을 전제로 삼는다. 인간의 본능적인 욕구는 크게 정신적(비물질적) 욕구와 재화나 물질에 대한 욕구로 구분되며, 시대적 흐름과 사회적 맥락에 따라 그 형태가 다양하게 변화해 왔다. 인간이 재물을 추구하는 근본적인 이유는 단순히 생존을 위한 식욕·수면욕·성욕 등의 충족에 그치지 않고, 정신적인 안정감과 만족을 얻기 위함이다. 그러나 그 이유는 이에 머물지 않는다.

인간은 태어나는 순간부터 노화(老), 질병(病), 죽음(死)이라는 불가피한 삶의 고통 속에 놓이며, 이러한 근원적인 괴로움에서 벗어나려는 노력이 인간 삶의 중요한 동기가 되어 왔다. 정신적이고 물질적인 욕구가 충족될 때 비로소 행복을 느낀다는 사실은, 인간의 욕망이 단순한 쾌락 추구를 넘어선 의미를 지닌다는 점을 시사한다. 이는 "그것은 나에게 있다.", "나는 그것을 가지고 있다."라는 존재와 소유의 문제로도 이어진다. 곧, 인간의 욕망은 단지 생리적 충족을 넘어서 존재의 증명과 정체성의 확인과도 깊게 맞닿아 있는 것이다.

미국의 심리학자 '에드 디너(Ed Diener)'는 "욕망충족 이론(desire fulfillment theory)"에서, 단순히 욕망이 존재한다는 사실만으로 행복이나 불행이 결정되지 않는다고 주장했다. 그는 "욕망이 충족되었는가의 여부, 그리고 그것이 주관적 안녕(subjective well-being)에 어떤 영향을 미치는 것인가"에 따라 삶의 질이 달라진다고 보았다.[184)]

또한 쾌락을 경험하는 정서적·인지적 측면을 구분하며, 쾌락은 단순한 기쁨에서 절망에 이르기까지 폭넓은 감정의 영역에서 나타날 수 있다고 설명했다. 그러나 그는 "재물이나 대상에 대한 탐욕은 명확히 구분하거나 수치화하기 어렵다."라는 점도 지적한다.

현대인에게 재물욕은 그저 외부 환경의 영향에 그치지 않고, 인간 내면의 근본적 성향으로 자리 잡고 있다. 시드니 대학교의 불교·인도철학 연구자인 '타마라 디트리히(Tamara Ditrich)'는, "현대의 끝

---

184) Diener, E., "Subjective well-being", Psychological Bulletin, 193(3), 1984, pp.542-575.

없는 경제 성장과 소비 확대는 오히려 사람들의 재물에 대한 탐욕을 촉진하는 환경이 되었다."라고 진단한다. 즉 재물에 대한 탐욕은 단순히 결과물이 아니라, 현대 사회 구조 자체가 그것을 정당화하고 재생산하는 기제로 기능하고 있다.

심리학계에서는 이러한 재물에 대한 욕망이 인간의 심리적·사회적 작용과 어떤 관계를 맺는지를 규명하기 위한 다양한 연구가 이루어져 왔다. 일부 연구에서는 "가치 있는 대상은 물질이든 비물질이든 상관없이, 개인이 원하고 만족을 느낄 수 있다면 그것이 곧 재물이다."라고 정의하기도 한다. 이를 바탕으로, 우리는 재물욕과 재물탐욕을 다음과 같이 구분할 수 있다.

재물욕이란, 물질적 혹은 비물질적 대상이 감각적 쾌락이나 심리적 만족을 제공할 때, 그것을 획득하거나 누리고자 하는 욕구 또는 욕망을 의미한다. 이는 자연스럽고 일반적인 인간의 욕망이다.

반면, 재물탐욕은 이러한 욕망이 삶에 꼭 필요한 수준을 넘어서, 어떤 대가를 치르거나 무슨 수를 써서라도 반드시 획득하고야 말겠다는 집착적이고 과도한 욕망을 말한다. 심리학자 '세운첸스(Seuntjens)'는 이에 대해 다음과 같이 말한다.

"탐욕은 재물의 유지와 획득을 모두 포함하지만, 그중에서도 특히 '획득'이 핵심이다."

그는 재물탐욕을 "삶에 필요한 물질, 권력, 자원, 관심 등을 필요 이상으로 지나치게 소유하려는 이기적이고 과도한 욕망"으로 정의했다. 그는 이러한 탐욕이 '현재 상태에 대한 불만족'과 '더 많이 가지려는 갈망'을 전제로 한다고 분석하며, 이를 '기질적 탐욕(dispositional greed)'이라 명명하고, 실제로 측정하려는 시도도 진행했다.

이와 비슷한 견해는 심리학자 '하인첼만(Heintzelman)'의 탐욕 척도 연구에서도 확인된다. 그는 탐욕을 "돈, 고급 물건, 부에 대한 강렬한 갈망과 끝없는 불만족, 그리고 대가를 개의치 않는 지나친 소유욕"으로 정의했다. 탐욕은 결국 자신이 원하는 것을 얻기 위해 스스로를 희생하거나 타인을 희생시키는 것조차 받아들일 수 있는 비이성적 열망으로 발전할 수 있다.

대부분의 심리학자들은 이처럼 "탐욕은 기본적으로 '더 많이 가지려는 욕망' 속에, '현재보다 더 얻고자 하는 강렬한 갈망'이 포함되어 있다."라는 점에 동의한다. 특히 기질적 탐욕은 물질적 대상뿐만 아니라 인정, 명예, 권력 등 비물질적 요소에 관해서도 적용된다. 이 탐욕은 자주 질투, 시기심, 충동성, 통제력 부족, 삶의 목표와 만족도 저하 등 다양한 심리적 문제와 깊은 관련을 맺는다.

'램비(Lambie)'와 '하우겐(Haugen)'은 '기질적 탐욕 척도(DGS)'를 통해 탐욕이 다양한 심리 문제를 예측할 수 있는 요소임을 밝혀냈다. 그들은 "기질적 탐욕은 삶을 극대화하려는 태도, 물질주의, 이기심 등과 강한 상관관계를 가지며, 사람마다 탐욕의 수준에는 뚜렷한 개인차가 존재한다."라고 보았다.

한국에서도 이를 반영한 K-DGS(한국판 기질적 탐욕 척도) 연구가 진행되었는데, 그 결과 "소유욕과 불만족이 물질주의적 가치관을 강화시키고, 결국에는 그 가치관이 행동으로 나타난다."고 분석한다. 재물탐욕이 강한 사람일수록 현재 자신의 상태에 만족하지 못하고, 타인과 끊임없이 비교하며 시기하고 질투하며, 때로는 어떠한 희생도 감수하면서 더 많이 가지려는 성향을 보인다. 이처럼 심리학적으로 정리된 재물탐욕은 다음과 같이 정의할 수 있다.

재물탐욕은 재화와 부, 권력, 성공 등 물질이나 비물질적 대상에 대한 감각적 쾌락과 심리적 만족의 추구에서 출발한다. 그러나 이러한 욕망이 개인의 기질적 성향과 결합할 때, 필요 이상으로 획득하고 유지하려는 이기적이고 과도한 욕망으로 변질된다. 이러한 탐욕은 개인의 가치관과 세계관, 그리고 사회적 판단과 행동 양식에 지대한 영향을 끼친다.

2) 그 대상의 심리적 의미

사람마다 탐욕을 정의하는 방식과 그 경계는 다르다. 마찬가지로 재물탐욕의 대상 역시 개인에 따라 다양하게 나타나며, 하나로 규정하기 어렵다. 현대 사회에서 성공의 기준은 종종 물질주의(materialism)로 설명되는데, 리친스(Richins)와 도슨(Dawson)은 이를 다음과 같이 정의한다. "물질주의는 개인이 물질적 재화와 소유물의 획득에 가치를 두며, 이를 통해 기쁨과 만족, 행복을 얻을 수 있다는 믿음을 포함한다." 즉, 부(富)에 대한 욕망은 단순한 소유를 넘어, 행복과 지위, 성취를 위한 수단으로 작용한다.

물질은 인간의 생존과 삶의 질을 유지하는 데 필수적인 요소이며, 의식주의 해결을 넘어서 현대인들에게는 사회적 지위와 성공을 상징하는 수단으로 여겨진다. 심리학에서는 돈, 경제적 가치, 권력 같은 유물론적 요소가 재물탐욕의 주요 대상으로 간주된다. 그러나 재물탐욕은 개인의 성향이나 환경적 조건에 따라 물질적이거나 비물질적인 대상 모두에 대한 과도한 집착으로 나타날 수 있다.

하인첼만(Heintzelman)이 고안한 탐욕 척도(HGS)는 재물탐욕의 구체적 대상을 보여 준다. 그중, 물질적 항목에 대한 예시는 다음과 같다.

1. "나는 물질적인 것에 대한 강한 욕망이 있다."
2. "나는 고가의 물건을 소유할 때 기쁨을 느낀다."
3. "내가 살 수 있는 정도를 넘어서는 가격의 물건을 원한다."
4. "내가 많이 노력하는 것 중 하나는 돈을 더 버는 것이다."
5. "내가 바라는 단 하나는 더 많은 부를 가지는 것이다."
6. "비싼 물건을 많이 가지는 것이 내게는 중요하다."
7. "나의 좌우명은 '비싼 것이 좋은 것이다'라는 것이다."

8. "나는 삶에서 엄청난 부를 축적하는 데 중점을 둔다."
9. "나는 더 많은 물질을 소유하기를 갈망한다."
10. "재산이 '너무 많다'라는 표현은 있을 수 없다."
11. "부자가 될 수 있다면 무슨 일이든 하겠다."[185]

이 11가지 항목은 크게 '물질적인 것'(1번), '고가의 물건'(2, 3번), '비싼 재화'(6, 7번), '더 많은 돈과 부'(4, 5, 8~11번)로 분류된다. 이들 모두는 재물탐욕의 대상이 되는 물질적 요소를 보여주며, 탐욕은 특히 가격이 높거나 희소성 있는 재화나 부의 가치를 지닌 것에 대한 지나친 소유 욕망으로 드러난다.

그러나 재물탐욕의 대상은 단지 물질적 요소에만 한정되지 않고, 비물질적 요소에서도 나타난다. 이는 탐욕을 측정하는 일부 척도에 비물질적 항목이 포함되어 있다는 점에서도 확인된다.

1. "나는 타인의 사랑을 갈망한다."
2. "나는 타인을 더 잘 통제 및 조종하고 싶다."
3. "내가 하는 모든 일들을 더 잘하고 싶다."
4. "나는 인기를 얻고 싶다."

---

185) Lambie, G. W., & Stickl Haugen, J., "Heintzelman Greed Scale (HGS): Theoretical Framework and Item Development", Haugen University of Central Florida, College of Community Innovation and Education, 2019, p.8.

5. “나는 권력을 갈구한다.”

6. “나를 발전시키기 위해 끊임없이 노력한다.”

7. “나는 종종 타인의 인정을 갈망한다.”

8. “나는 나의 인기(평판)를 높이는 데 노력한다.”

9. “나는 주변 사람들보다 내 일(직업)에서 더 유능해지고 싶다.”

10. “내가 하는 모든 일에서 성공하기를 갈망한다.”

11. “타인들이 나를 좋아하는 것은 매우 중요하다.”

12. “나를 더 나은 사람으로 향상하려고 모든 노력을 다한다.”

이 12가지 항목들은 사랑, 지위, 권력, 인정·명예, 인기, 성공, 자기 계발, 노력 등의 비물질적 가치를 포함하며, 이들 역시 재물탐욕의 대상이 될 수 있다. 결국, 탐욕은 단순히 '소유하려는 욕망'이 아니라, '더 나아지고 싶다', '인정받고 싶다', '성공하고 싶다'라는 강한 심리적 의욕과 갈망으로도 표현된다.

특히 리친스와 도슨이 개발한 물질적 가치 척도(Material Values Scale, MVS)는 물질주의적 가치관을 세 가지 영역으로 나누어 설명한다. 첫째, '성공' 영역에서는 “값비싼 집, 자동차, 옷을 소유한 사람들을 존경한다.”, “물질적 소유를 얻거나 풍족해지는 것이 인생에서 중요한 성취 중 하나다.”, “내가 소유한 것은 내 성공을 보여 준다.” 등의 항목을 통해, 성공이 곧 물질적 소유와 연결됨을 보여 준다.

둘째, '소유 중심성'에서는 “쇼핑은 나에게 많은 기쁨을 준다.”,

"사치를 좋아하는 호화로운 삶을 추구한다."와 같이 소유 자체에 가치를 두는 태도를 측정한다.

셋째, '행복' 항목에서는 "내가 가지고 있지 않은 물건을 소유하면 삶이 더 나아질 것 같다.", "더 비싼 물건을 가질 수 있다면 더 행복할 것 같다."라는 식으로 물질이 행복과 직결된다고 여기는 태도가 드러난다.

이처럼 재물탐욕은 단순히 많은 물건을 소유하려는 욕망이 아니라, 그것을 통해 성공, 행복, 자아실현 등을 추구하는 심리적 구조와 밀접하게 관련된다.

리친스와 연구진은 이후 해당 척도의 정신적·심리적 차원을 보완하기 위해 '획득 욕구 척도(ADS), 열망 지수(AI), 소비자 물질주의 척도(CMS), 생활 만족도 척도(SWLS)' 등을 함께 활용했다. 이를 통해 소유와 소비, 성공과 행복, 가치, 정체성 등 다양한 요소가 재물탐욕과 어떤 관계를 맺는지를 다층적으로 보여 주었다.

세운첸스(Seuntjens)와 하인첼만(Heintzelman) 역시 '기질적 탐욕 척도(Dispositional Greed Scale, DGS)'를 통해, 재물탐욕의 대상을 "삶에 필요한 재물, 권력, 자원, 관심 대상 등에 대한 과도한 욕망과 결핍감"으로 구체화하며, 탐욕을 단순한 소유 욕망이 아닌 '심리적 허기'로 해석하였다.

결론적으로 재물탐욕의 대상은 매우 포괄적이며, 단순한 '물건, 물질'만을 의미하지 않는다.

좁게는 돈, 귀금속, 고가의 재화, 부동산, 명품, 주식, 자동차 등 실물·물질적 재화와 경제적 자산을 의미한다. 넓게는 권력, 성공, 지위, 성별, 인간관계, 체험, 시간, 기질(성향), 기회, 욕망, 기억, 사랑, 행복 등 개인이 가치 있다고 여기는 모든 심리적 대상 즉 비물질적 요소까지 포함된다.

사람들은 재화를 통해 자신의 삶을 장식하고, 타인에게 인정받으며, 존재 가치를 증명하려 한다. 이러한 재물은 과시나 자기표현의 수단일 뿐 아니라, 자기 성장과 정체성 형성, 만족감의 매개체로 작용한다. 결국 인간이 '가치있다'고 느끼는 모든 대상은 탐욕의 대상이 될 수 있으며, 그것이 지나치게 강화되거나 집착적으로 나타날 때 '재물탐욕'이라는 형태로 드러난다.

2. 초기불교가 설명하는 재물탐욕

1) 무엇을 탐하는가

초기불교에서 재물탐욕이란 재물이라는 외적 대상을 향해 탐욕이라는 해로운 심리적 성향이 결합된 마음의 상태를 의미한다. 이때의 탐욕은 단순한 소유 욕구를 넘어, 더 많이 얻고자 하는 강한 갈망으로 나타나며, 그 마음속에는 잘못된 견해[사견, diṭṭhi]와 교만한 마음[자만, māna]이 함께 작동한다. 즉, 재물탐욕은 물질적 대상을 통해 쾌락과 기쁨을 얻고자 하는 욕망이 과도하게 일어나, 불선한 마음 상태로 이어지는 것이다.

〈세기경(Aggañña Sutta)〉[186]에 나오는 표현들 — "한꺼번에 취하고 남보다 더 많이 먼저 저축했다.", "자기의 몫은 잘 챙기고 다른 이의 몫까지 더 가져왔다.", "주지 않았는데도 가져갔다.", "도둑질했다." — 은 재물탐욕의 작동 방식을 잘 보여 준다. 이는 중생이 가진 재물에 대한 욕망이 단순한 생존을 넘어서는 수준으로 확대되며, 다른 사람의 재물을 침해하거나 공동체적 조화를 해치는 방향으로 흘러간다는 점을 드러낸다.

재물에 대한 욕망은 그 대상을 막론하고, 내부의 탐욕과 결합할 때 더 강해진다. 중생은 생존을 위한 의식주에 대한 기본적인 욕구를 가지지만, "제아무리 큰 궁전에 살아도 자는 곳은 한두 평 남짓한 침상뿐이며, 제아무리 많은 재물과 재산과 음식이 있어도 한 끼 먹는 것은 일정 분량의 밥과 반찬이다. 그 이상을 먹으면 병이 들 뿐이다."[187]라는 말처럼, 그 한계를 넘어 탐할 때 그것은 곧 탐욕이 된다.

중생은 때때로 재물로 인해 병들고 고통을 겪으면서도 여전히 그것을 얻고자 끊임없이 추구한다. 이들은 '자신이 좋아하고 원하

---

186) DN.Ⅲ, D27; 《長阿含經》 권6, 〈世紀經〉(T01, 0037b27-0038b10)

187) DN.Ⅱ, D17. 〈마하수닷사나 숫따(Mahāsudassana Sutta)〉

는 것', '명성', '긴 수명', '죽은 뒤 천상 세계에 태어나는 것' 등을 얻기 위해 재물을 원하고, 이를 더 많이 확보하고자 한다. 재물은 "불, 물, 왕, 도둑, 적, 상속인" 등의 재난으로부터 자신을 보호하는 수단이 되기도 하지만, 동시에 그 자체가 욕망의 원천이 되어 갈애와 집착을 유발하기도 한다.

재물에 대한 마음가짐은 중생의 내면 상태에 따라 달라진다. 기본적인 생존 결핍에서 비롯되는 '욕구'는 긍정적이고 중립적인 심리상태이다. 이때 열의(欲, chanda)는 의욕이나 동기로 작용하며, 선한 마음에도, 해로운 마음에도 함께 일어날 수 있는 중립적인 정신법이다. 그러나 열의가 탐욕과 결합할 때, 욕망은 탐욕으로 전환되고, 더 강한 집착으로 발전한다. 《아비담마》에서는 이를 다음과 같이 설명한다. "약한 탐욕은 열의(chanda)이며, 이보다 더 강한 것은 갈망(rāga), 그보다 더 강한 두터운 갈망은 욕탐(chandarāga)"이라고 하여, 열의가 점점 강해질수록 재물에 대한 집착 또한 강해져 깊어짐을 드러낸다.

이처럼 재물을 탐하는 마음은 두 가지로 구분할 수 있다. 하나는 기쁨과 즐거움을 느끼는 재물욕이고, 다른 하나는 필요 이상으로 소유하고자 하는 재물탐욕이다. 후자의 탐욕은 단순한 소유를 넘어 집착과 갈애의 마음으로 발전한다. 《숫타니파타》의 〈다니야 숫따(Dhaniya Sutta)〉에서는 이러한 탐착의 위험성을 다음과 같이 설한다.

"자식이 있는 이는 자식으로 인해 슬퍼하고, 소를 가진 이는 소 때문에 슬퍼한다. 집착의 대상으로 인해 사람에게 슬픔이 있으니, 집착이 없는 사람에게는 슬픔도 없다."[188]

다니야는 수많은 소와 송아지를 통해 부(富)와 안정을 누렸으나, 악마 빠삐만의 유혹으로 더 많은 재산을 원하게 되면서 탐욕의 마음을 일으켰다. 이에 대해 붓다는 재물에 대한 집착은 기쁨을 주는 동시에 괴로움의 원인이 된다고 분명히 가르친다. 따라서 중생이 추구해야 할 것은 물질적 재물이 아니라, 집착이 없는 상태에서의 진정한 기쁨과 평안이다.

그러나 중생은 여전히 "재물을 통해 감각적 만족과 기쁨, 행복을 얻고자 하며, 이를 더 많이 가지려는 욕망"을 버리지 못한다. 반면, 수행자인 출가자에게 있어 재물은 경계해야 할 대상이며, 특히 소유욕이나 탐착은 제거해야 할 번뇌로 간주된다. 다만 예외적으로, 사무량심(四無量心, 자애·연민·희열·평정)과 같은 '정신적 재물'에 대해서는 '욕(欲, 열의)'을 일으키는 것이 권장된다. 왜냐하면 이러한 정신적 재산은 수행의 발전과 유익한 법의 증장(增長)을 돕기 때문이다.

"어떤 몸의 행위를 받들어 행할 때 그에게 '해로운 법[不善法]'들이 줄

---

188) 전재성 옮김, 《숫타니파타》, 서울: 한국빠알리성전협회, 2004, pp.67-71.

어들고, '유익한 법[善法]'들이 증장하면, 그런 것은 받들어 행해야 한다."[189]

이처럼 사무량심과 같은 정신적 재물은 오히려 출가자의 수행에 필요한 '열의'를 북돋우며, 이를 통해 정신적 성숙과 해탈을 지향하게 한다.

초기불교에서 재물은 생존과 감각적 만족, 행복과 밀접하게 연관되어 있으며, 재가자에게는 삶에 필요한 수단일 수 있다. 그러나 그에 대한 태도 여하에 따라, 재물은 해탈을 방해하는 집착의 원인이 되기도 하고 수행의 계기가 되기도 한다. 세간의 물질적 재물은 수행의 장애가 되기에 탐욕의 근원을 철저히 제거하는 것이 이상적이다.

결론적으로, 초기불교에서 재물탐욕은 감각적·쾌락적 기쁨을 주는 대상을 필요 이상으로 얻고자 하는 불선한 마음이다. 이는 사견과 자만과 결합하며, 물질적 대상에 대한 집착으로 인해 중생을 고통과 번뇌로 이끈다. 따라서 재물은 단순히 소유의 대상이 아니라, 수행자와 중생의 마음 상태에 따라 해탈을 방해하거나, 혹은 수행의 계기를 마련하는 양면적 의미를 지닌다.

---

189) MN.Ⅱ, M61. 〈암발랏티까-라훌라와다 숫따(Ambalaṭṭhikā-Rāhulovāda Sutta)〉

2) 그 대상의 불교적 의미

초기불교에서 재물탐욕의 대상은 감각적 욕망의 조건 속에서 이해할 수 있다. 구체적으로 재물(āmisa)은 단순히 물질적인 소유만을 의미하지 않으며, 생존에 필요한 자연물부터 시작해 감각적 쾌락과 관련된 모든 물질적·비물질적 대상을 포괄한다.

불교 경전인 《장아함경》 〈소연경〉과 《디가니까야》 〈세기경(Aggañña Sutta)〉[190]에서는 세계의 시작과 중생의 출현을 설명하면서 재물 개념의 기원을 언급한다. 이들 경전에 따르면, 태초의 중생은 "생각을 먹고 살았다." 이후, "땅맛(단샘)"이라는 자연물을 섭취하게 되었는데, 이처럼 생각[念]과 땅맛은 초기 중생에게 있어 가장 원초적인 재물이었다. 그러나 땅맛(단샘)이 마르자 중생은 '지비(地肥), 멥쌀, 쌀, 땅, 전지(田地), 벼' 등 자연에서 얻은 농작물을 먹기 시작했

---

190) DN.Ⅲ, D27; 《長阿含經》 권6, 〈世紀經〉(T01, 0037b27-0038b10). "今當為汝說四姓本緣. … 其後此水變成大地, 光音諸天福盡命終, 來生此間 雖來生此, 猶以念食. … 爾時, 眾生但食地味, 久住世間. … 是時甘泉自然枯涸, 其後此地生自然地肥, 色味具足, 香潔可食, 是時眾生復取食之, 久住世間. … 時, 彼眾生食自然粳米, 隨取隨生, 無可窮盡. 時, 彼眾生有懈惰者, 默自念言. … 即尋併取, 於後等侶喚共取米. 其人答曰, 我已併取, 以供一日, 汝欲取者, 自可隨意. 彼人復自念言, 此人黠慧, 能先儲積, 我今亦欲積粮, 以供三日. 其人即儲三日餘粮. … 由是粳米荒穢, 轉生糠檜, 刈已不生, 今當如何. 復自相謂言, 當共分地, 別立幖幟. 即尋分地., 別立幖幟. 婆悉吒, 猶此因緣, 始有田地名生. 彼時眾生別封田地, 各立疆畔, 漸生盜心, 竊他禾稼."

다. 이 변화는 중생의 감각적 욕망이 단순한 생존의 차원을 넘어 점차 쾌락의 대상으로 확장되었음을 보여 준다.

"이 사람은 영리해서 남보다 먼저 쌀을 저축했다. 나도 이제 3일 분의 쌀을 저축해야지."라는 장면은 재물을 '한꺼번에 취하고 소유하려는 마음'이 어떻게 생겨나는지를 잘 보여 준다. 이러한 독점적 태도는 결국 "전지를 사유화하고 벼를 훔치는 행위(도둑질)"로 이어지며, 공동의 자원을 개인의 소유물로 여기는 인식 전환이 중생의 탐욕과 사회적 분열을 초래함을 시사한다.

초기의 재물은 자연물과 농작물, 즉 생존과 직결된 식량이었으나, 시간이 지나며 인간의 감각기관을 만족시키는 쾌락적 요소로 확장되었다. 이는 오욕(五欲) — 눈으로 보는 형색(形色), 귀로 듣는 소리, 코로 맡는 냄새, 혀로 맛보는 맛, 몸으로 느끼는 감촉 — 에 대한 감각적 쾌락이 곧 재물탐욕의 조건이 됨을 보여 준다.

이후 재물의 개념은 더욱 확장된다. "소보다 귀한 것 없고, … 곡식보다 나은 것이 없다."[191]라는 구절에서 볼 수 있듯이, 농업 중심의 사회에서는 곡식과 가축뿐만 아니라 사람까지 재물로 간주되었다. 또한 "여기 좋은 가문의 아들은 기술로써 생계를 유지한다. 즉 셈하기, 계산, 회계, 농사, 장사, 목축, 궁술, 왕의 시종, 그 외의 다른 기술로써 생계를 유지한다."라는 구절은 생계를 위한 모든 활동과 기

---

191) 《雜阿含經》 권36, (T02, 0263b15-19), "財無貴於牛, … 財無過於穀."

술 역시 재물의 범주에 포함됨을 보여 준다.

재물은 단순한 소유물이 아니라 중생의 "열정적인 노력으로 얻었고(viriyena sampannaṃ), 팔의 힘으로 모았고(balena sampannaṃ), 땀으로 획득했으며(ositena), 법답고 법에 따라서 얻은(dhammena agamena)" 성취의 결과물이다.[192)]

따라서 재물은 물질적인 측면뿐 아니라 정신적 측면까지 포괄하며, "몸과 마음을 돌보는" 데에 필요한 수단으로 시대, 장소, 사회, 관계, 환경에 따라 그 의미와 기능이 달라진다.

부처님은 재가자의 재물 사용에 대해 다음과 같이 가르친다.

> "소유하는 행복(Atthisukhaṃ), 재물을 누리는 행복(bhogasuk-haṃ), 빚 없는 행복(anaṇasukhaṃ), 비난받을 일이 없는 행복(anavajjasuk-haṃ)."[193)]

이처럼 재물은 재가자에게 있어 감각적 즐거움과 행복을 누리게 하는 모든 물질적·정신적 대상이며, 재산적 가치가 있는 이익을 포함한다.

반면, 출가자의 경우 재물에 대한 관점과 사용은 엄격히 제한된

---

192) AN.Ⅲ, A4.6. 〈재산경(Dhana Sutta)〉; 《增壹阿含經》 권38.

193) AN. Ⅱ, pp.69-70.

다. 출가자는 생산, 판매, 소유의 자유가 없으며,[194] 율장에 따라 필요한 자원은 재가자의 시주를 통해서만 얻는다. 비록 현실적으로 세간에 존재하지만, 출세간을 지향하는 출가자에게 재물은 수행을 위한 최소한의 수단으로 간주된다.

율장에 따르면 출가자의 재물은 필수 생활 도구 — "옷(cīvara), 걸식발우(piṇḍapāta), 좌와구(senāsana), 병자 약(gilānapaccaya-bhesajja)" — 에 한정된다.[195]

또한 수행 공간인 정원, 정원의 땅, 승원, 의자, 침상, 식기, 호미, 대나무 등도 포함되지만, 이는 개인의 사유가 아닌 공동체적 필요로서 존재한다. 출가자의 진정한 재물은 '법재물[法財]'이다.

> "재물에는 돈재물[錢財]과 법재물[法財] 두 가지가 있다. 돈재물은 세상사람을 따라 구하였고, 법재물은 사리불과 목건련을 따라 구하였다. 여래는 이미 세상재물과 법재물에서 떠났다."[196]

---

194) MD. Ⅱ, p.180; AN.Ⅲ, p.5.

195) Vin. Ⅲ, p.132; 전재성 옮김, 《마하박가-율장대품》 1권 서울: 한국빠알리성전협회, 2014, pp.185-186. "별도로 얻을 수 있는 것으로는 아마옷, 면옷, 비단옷, 모직옷, 삼베옷, 모시옷"인 분소의가 있다. 나무밑 처소[수하좌, 樹下坐]와 더불어 "정사, 평부옥, 전루, 누옥, 동굴"이 있고, 진기약 외 "버터기름, 꿀, 당밀"이 기초생활수단에 포함된다.

196) 《雜阿含經》 권24, (T02, 0177a18), "有二種財, 錢財及法財, 錢財者從世人求, 法財者從舍利弗, 大目犍連求, 如來已離施財及法財."

법재물이란 자비(慈), 연민(悲), 함께 기뻐함(喜), 평정(捨)이라는 사무량심(四無量心)을 뜻하며, 이는 출가자의 마음을 풍요롭게 하고 수행을 돕는 정신적 재산이다.

"여기 비구는 자애(慈)가 함께한 마음으로 한 방향을 가득 채우며 머문다. … 모든 세상을 광대하고 무량하게, 원한 없고 고통 없는 자애의 마음으로 가득 채우며 머문다. 연민[悲]이 함께한 마음으로 … 같이 기뻐함[喜]이 함께한 마음으로 … 평온함[捨]이 함께한 마음으로 한 방향을 가득 채우면서 머문다."197)

이와 같은 사무량심은 출가자에게 있어서 기쁨과 만족을 주는 궁극의 재물이다. 이러한 재물은 '많이 가질수록 열의(欲, chanda)를 일으키며', 정신적 성장과 출가수행을 더욱 깊이 있게 만든다. 한편, 물질의 본질에 대해 초기불교는 다음과 같이 설명한다.

"변형된다고 해서 물질이라 한다. 차가움에 의해서, 더움에 의해서, 배고픔과 목마름에 의해서, 파리나 모기, 바람, 햇빛, 파충류 등에 의해서 변형된다."198)

---

197) DN. Ⅲ, p.78.

198) 각묵 스님 옮김, 《상윳따 니까야》 권3, 울산: 초기불전연구원, 2009, pp.274-275.

즉, 물질은 단순한 형상을 넘어서 중생의 고통과 결핍의 조건이 된다. 물질은 "중생의 진행이나 시야[視界]를 막고 방해하여 성가시게 하거나 괴로움을 주는" 요소로 간주되며, 탐욕의 직접적인 대상이 된다.

물질은 독립적으로 존재하지 않고, "업, 마음, 온도, 음식"이라는 네 가지 조건에서 생성되며, 번뇌와 함께 작용한다.[199] 《아비담마》에서는 물질을 오취온(五取蘊) - 집착의 대상이 되는 다섯 무더기 가운데 하나로 규정하고, 감각적 갈애의 대상으로서 욕계(세간적, lokiya)에 속한다고 설명한다.[200]

결국 초기불교에서 재물탐욕의 대상은 감각적 쾌락을 주는 모든 물질과 정신적 존재에 이른다. 그것은 자연물에서 시작하여 감각의 대상, 생계와 기술, 인간관계, 정신적 만족, 수행의 도구, 법의 성취까지 폭넓게 확장된다. 따라서 재물은 재가자와 출가자 각각의 삶과 수행 방향에 따라 서로 다른 의미와 기능을 지니며, 중생의 생존과 쾌락, 만족을 조건 짓는 동시에 탐욕, 소유, 분쟁, 고통을 일으키는

Nd1.5; "ruppati, kuppati, ghaṭṭiyati, pīlīyati, bhijjati.", 산스끄리뜨어에 나타나는 rūpa(色)는 원래 '방해, 성가심'을 의미한다. 따라서 'ruppati(변형된다)'는 것은 혼란스럽거나 부딪히고 억압되며 부서지는 의미이다.

199) 대림 · 각묵 스님 옮김, 《아비담마 길라잡이 2》, 울산: 초기불전연구원, 2018, p.71.

200) 대림 · 각묵 스님 옮김, 《아비담마 길라잡이 2》, 울산: 초기불전연구원, 2018, pp.70-78. 물질에 대한 구체적 열거 및 설명 참고.

원인이 된다. 궁극적으로는 출세간을 향한 수행의 장애물로 작용하기도 한다.

3. 재물탐욕에 대한 두 시선의 비교

인간은 재물을 통해 생존을 유지하고, 만족과 행복을 추구하며, 나아가 삶의 의미를 발견하려 한다. 그러나 그 욕망이 지나쳐 '탐욕'으로 변질될 때, 재물은 오히려 고통과 괴로움의 근원이 된다. 이러한 '재물탐욕'은 현대 심리학과 초기불교 모두에서 중요한 주제로 다뤄진다. 다만 두 분야는 이를 바라보는 관점과 해결 방식에서 뚜렷한 차이를 보인다.

1) 재물 개념의 비교

현대 심리학은 인간의 욕망을 주로 과학적·심리학적 관점에서 분석하며, 욕망 충족에 영향을 미치는 다양한 요소—지능, 동기, 성격, 행동, 정신 등—를 탐구한다. 이러한 분석을 토대로 볼 때 현대 심리학에서 다루는 재물은 단순한 물질적 대상에 국한되지 않고, 인간 삶 전반에 영향을 미치는 다양한 가치의 총체로 확장된다.

현대 심리학에서 정의하는 재물은 다음과 같이 분류할 수 있다.

• 물질적 재물(Material Possessions): 건물, 주택, 자동차, 부동산, 예술품, 주식 등 소유 가능한 실체적 대상.
• 금전적 재물(Financial Wealth): 돈이나 금·은·귀금속 등 재산의 가치를 나타내는 자산.
• 사회적 지위(Social Status): 권력, 직위, 특권 등 자아 개념과 사회적 평가에 영향을 주는 무형의 자산.
• 체험과 기억(Experiences and Memories): 개인에게 의미와 가치, 만족을 부여할 수 있는 특별한 경험이나 기억.
• 시간과 에너지(Time and Energy): 개인이 활용할 수 있는 자원으로 관리 방식에 따라 삶의 질을 결정짓는 요소.
• 지식과 교육(Knowledge and Education): 능력 개발과 성장의 기반이 되는 비물질적 자산.
• 기타: 개인이 원하거나 가치 있다고 여기며 만족을 얻는 모든 대상.

즉, 현대 심리학은 재물을 단순한 금전이나 물질로 한정하지 않고 사회적 지위·명예·경험·기억·시간·에너지·지식 등 비물질적 가치까지 포함하는 포괄적 개념으로 본다. 인간은 이러한 다양한 재물들을 통해 자기 가치를 실현하고, 자아정체성을 확립하며, 심리적 안정과 만족을 추구한다. 예컨대, 단순히 생계를 위한 부동산이 아니라, '투자가치'를 지닌 고급 전원주택이나 건물은 심리적 자기만족의 상징으로 작용한다. 이처럼 현대 심리학은 재물을 생존의 수단을 넘어서 성공, 행복, 자기실현의 매개로 이해하며, 그로 인한 욕망이 지나칠 경우, 병적 수준의 탐욕으로 변할 수 있음을 경고한다.

반면 초기불교의 관점은 이와는 확연히 다르다. 초기불교는 재물을 크게 출가자와 재가자의 삶의 위치에 따라 구분한다.

◎ 출가자의 재물은 다음과 같다:

1. 물질적 재물: 수행에 꼭 필요한 최소한의 생존 수단인 사의지(四依止, 옷 · 발우 · 좌와구 · 약)만을 허용한다.
2. 비물질적 재물: 자(慈) · 비(悲) · 희(喜) · 사(捨)의 사무량심(四無量心)과 같은 공덕을 정신적 재산으로 본다.
3. 심리적 · 도덕적 상태: 선법(善法)과 불선법(不善法), 사견이나 자만 등 내면의 상태를 재물로 간주하며, 그 증감이 해탈의 가능성에 직접적인 영향을 미친다고 본다.

◎ 재가자의 재물은 더욱더 포괄적이다. 현대 심리학에서 정의한 모든 유형의 재물(물질, 금전, 지위, 경험, 시간, 지식 등)을 포함하며, 현실적 생계유지와 경제적 안정에 중점을 둔다. 그러나 불교적 이상에서는 이들 또한 집착의 원인이 될 수 있음을 경계하며, 물질적 풍요보다 정신적 공덕의 축적을 이상적인 삶의 방향으로 제시한다.

따라서 출가자에게 허용된 재물은 극히 제한적이다. 오직 옷, 발우, 좌와구(앉는 자리), 약—즉 사의지(四依止)만을 물질적 재물로 인정하며, 그 외의 소유는 수행의 장애로 간주한다. 더불어 초기불교는 비물질적 재물에도 깊은 의미를 부여한다. 사무량심(四無量心)은 출가자에게 있어 최고의 정신적 재산이며, 수행을 통해 증장되어야 할 공덕으로 간주된다. 이러한 정신적 재물은 단순히 행복을 주는 차원을 넘어, "윤회를 끊고 해탈에 이르는 실질적 길"로 평가된다. 불교에서는 "선법(善法)의 증장은 곧 괴로움의 소멸이며, 무명과 탐욕의 소멸"이라고 강조한다.

결국 현대 심리학은 재물을 개인의 삶의 질, 자아실현, 성공의 수단으로 이해하는 반면, 초기불교는 재물을 수행의 장애(방해물)이자 윤회의 원인으로 보되, 필요한 최소한의 물질만을 인정하고 공덕이라는 비물질적 가치를 더 중요하게 여긴다.

2) 재물탐욕 개념의 비교

현대 심리학과 초기불교 모두 재물탐욕이 인간 심리에 미치는 영향을 중요한 주제로 다루지만, 그 접근 방식에는 본질적인 차이가 존재한다. 현대 심리학은 일상생활 속에서 나타나는 정상적인 욕구 충족은 문제 삼지 않는다. 오히려 '병적' 수준으로 발전하여

'과도한 집착'이나 '기능장애'를 유발하는 경우에 한해 이를 '문제적 재물탐욕'으로 규정한다. 로널드 코머(Ronald Comer)는 《이상심리학》에서 이상 행동의 기준을 "일탈(deviance), 괴로움(distress), 기능장애(dysfunction), 위험(danger)"의 네 가지로 제시하며, 이를 통해 지나친 재물욕이 '이상 탐욕'으로 분류 및 규제되어야 함을 밝힌다.

이에 반해 초기불교는 탐욕 자체를 철저히 부정한다. 단지 '지나친 탐욕'만을 경계하는 것이 아니라, **그 어떤 형태의 탐욕이든 괴로움의 씨앗으로 간주**한다. "갈애(taṇhā)에서 슬픔이 생기고, 갈애에서 두려움이 생겨난다."(《법구경》)라는 가르침처럼, 초기불교는 탐욕을 윤회의 뿌리(근원)이자 모든 번뇌와 고통의 근원으로 규정한다. 출가자는 모든 탐욕으로부터 벗어나는 수행을 실천해야 하며 재가자 또한 생존을 위한 최소한의 의·식·주를 제외한 재물에 대한 집착을 경계해야 한다.

두 입장은 공통적으로, 인간의 욕망이 삶의 변화에 따라 다양하게 나타나며, 그 범위와 내용, 즉 시대와 환경, 개인의 심리적 특성에 따라 다양하게 나타난다는 점을 인정한다. 또한 재물탐욕은 개인의 성격·환경·심리적 요인 등에 따라 다르게 발현되기에, 이를 명확히 구분하거나 정형화하기 어렵다는 한계도 공유한다. 그러나 차이점은 명확하다. 현대 심리학은 사회적 기능 유지와 개인의 심리적 안정을 기준으로 탐욕의 정도를 평가하고 그 균형을 조절하려 한다. 반면 초기불교는 탐욕을 그 자체로 해로운 법[不善法]으로 간주하며, '완전한 제거[滅]'를 수행의 궁극적 목표로 삼는다.

특히 초기불교는 재물탐욕이 사견(diṭṭhi)과 자만(māna)을 불러 일으켜 인간을 더욱 불선한 행위로 이끈다고 본다. 더불어 "감각적 욕망은 불의의 불길이고, 그것을 따르는 자는 반드시 타오르는 괴로움에 빠지게 된다."(《상윳따 니까야》)라고 경고하듯, 탐욕은 결국 인간을 끝없는 욕망과 괴로움의 순환 속에 머물게 한다. 따라서 출가자에게는 오직 법에 대한 열의(chanda)만이 허용되며, 수행과 자비, 무소유의 실천을 통해 해탈을 지향하도록 한다.

비교의 핵심 차이점은 다음과 같다:

항목	현대 심리학	초기불교
재물탐욕의 기준	병리적 수준(기능장애, 이상행동)에서 규제	탐욕 자체를 해로운 마음 작용으로 간주[모든 형태의 탐욕]
허용 가능한 욕망	생존과 사회적 욕망까지 일부 수용	출가자는 철저한 무소유, 재가자는 생존 한정
탐욕에 대한 태도	조절·관리 대상 심리적 건강, 적응.	해탈과 번뇌 소멸
정신적 재물	상대적으로 비중 적음	사무량심과 선법은 최고의 재물로 간주
삶의 목적과 연결	자기실현과 성공 중심	탐욕의 근본적 소멸 해탈과 윤회에서의 해방 중심

결론적으로, 현대 심리학은 재물을 인간 심리의 일부로서 긍정적 가치와 문제적 요소를 동시에 지닌 존재로 인식하며, 병리적 상황

에 한해 재물탐욕을 규제한다. 반면 초기불교는 재물탐욕을 생사의 윤회를 낳는 근본적인 번뇌·괴로움으로 인식하며, 그것의 철저한 제거를 수행의 핵심으로 삼는다. 이처럼 두 관점은 모두 재물과 탐욕을 깊이 있는 통찰로 조명하지만, 그 처방은 정반대의 길을 제시한다. 하나는 '조절'과 '관리'의 길이고, 다른 하나는 '초월'과 '소멸'의 길이다. 이 차이는 곧 각 사상이 지향하는 인간관과 삶의 궁극적 목적의 차이에서 비롯된다.

제2절 재물탐욕이 남기는 상처

1. 심리적 · 물질적 문제들

1) 물질주의와 불평등

물질주의와 재물에 대한 욕망은 현대 사회에서 인간의 행동에 깊은 영향을 미치고 있다. 심리학에서는 부(富)에 대한 욕망을 물질주의와 연관 지어, 삶의 만족과 행복이 물질적 소유물에 달려 있다고 본다. 이러한 자본주의 세계관은 행복과 성공을 경제적·물질적 가치로 환산하거나 매개로 보며, 사람들은 이를 성취하기 위한 수단으로서 행동을 물질적 재물을 축적하려는 방향으로 이끈다.

그러나 실제로 재물의 증가는 반드시 삶의 만족이나 행복으로 이어지지 않는다. 그런데도 현대 사회는 '돈이면 다 된다'라는 사고방식을 강화하고 있으며, 사람들은 재물 획득에 더 깊이 집착하게 된다. 이는 결국 지나친 재물탐욕으로 이어지고, 물질의 획득보다는 소비를 통해 자기 가치를 드러내려는 경향이 더욱 두드러지게 나타난다.

최근 한국에서 성인과 청소년을 대상으로 진행된 정직지수 설문조사에 따르면,[201] 물질적 가치에 대한 집착이 도덕적 기준을 약화시키고 있다는 결과가 드러났다. 조사에 따르면 "10억이 생긴다면 1년 정도 감옥에 가도 괜찮다."라는 문항에 전체 응답자의 35.5%가 동의했으며, 특히 29세 이하의 경우 52.8%가 동의했다. 또한 '탈세'나 '돈 계산 오류'로 이득을 봐도 괜찮다는 문항에서도 젊은 층일수록 긍정 응답 비율이 높았다. 이는 특히 청년층에서 재물·재화와 경제적 가치를 절대적인 기준으로 여기는 경향이 강하다는 사실을 보여 준다.

현대의 청년 세대는 '연애, 결혼, 출산, 집, 경력'을 포기하는 오포세대, 나아가 삶의 여러 가치를 포기하는 N포세대로 불리며, 중산층 붕괴, 경제력의 양극화, 부와 특권의 세습, 사회 불공정 등의 문제

---

201) 흥사단 투명사회운동본부, 《2019년 대한민국 성인(직장인) 및 청소년 정직지수 조사 결과보고서》; 1000명(남성: 565명, 여성: 435명, 범위: 19세~50세)을 대상으로 물질주의와 관련된 설문이 진행되었다. "10억을 위해 감옥에 가도 괜찮다." → 전체 35.5%, 29세 이하 52.8% 동의 / "이익을 위해 탈세해도 괜찮다." → 29세 이하 17.4% 동의 / "돈 계산 실수는 그냥 넘어간다." → 29세 이하 33.3% 동의. 이는 결과적으로 젊은 층일수록 재물 중심 가치관에 더 강하게 반응하며, 도덕성보다 경제적 이득을 우선시하는 경향이 높다.

속에서 미래에 대한 불안과 가치관 혼란을 겪고 있다. 이들은 실업, 학자금 대출, 주거비 상승, 부채 등 경제적 부담이 가중된 현실 속에서 재물 중심의 가치관을 강화시키고 있으며, 재테크나 자산관리에 집착하는 경향이 강해지고 있다. 하지만 동시에 이들은 자신의 꿈과 삶의 목표를 포기하게 되는 역설적 상황에 놓여 있다.

재물탐욕의 문제는 단순히 부나 재물 그 자체에 있는 것이 아니라, 그것을 둘러싼 사회적 태도와 기대에 내재해 있다. 특히 자본주의 체제하에서 물질적 풍요와 성공이 강조됨에 따라, 사람들은 부의 추구와 재물 축적에 쉽게 만족하지 못하고 더 많은 것을 소유하려는 욕망을 키운다. 이러한 재물탐욕은 다양한 형태의 사회적 병리로 이어지며, 주로 '도박, 투기, 쇼핑 중독, 경제범죄, 대인관계 갈등 등' 다양한 형태의 물질적 사회문제들을 낳는다.

(1) 도박 장애(Gambling Disorder)

도박(賭博)[202]은 재물탐욕의 가장 대표적인 문제로, 재물에 대한 욕망이 게임이나 우연의 결과에 베팅하는 행위로 연결되면서 개

202) 도박은 일반적으로 재화나 재물을 걸고 내기를 하는 행위를 말하는데, 타인을 교묘히 속여 돈을 따는 노름을 의미한다. 또한, 여가(餘暇)의 맥락에서 그 결과가 불확실한 게임에 우연히 자신에게 가치 있는 것을 더 큰 가치가 있는 것으로 교환될 것이라고 기대하며 끼어들어 내기를 거는 행위로도 정의된다. 그 외 요행수로 자신에게 유리한 결과를 기대하면서 재화를 걸고 따는 행위도 도박에 포함된다.

인의 삶을 파괴한다.

도박의 형태는 매우 다양하다. 스포츠 경기[경마, 경륜, 경정, 토토, 프로토 등], 동물경기[경견, 투견, 투계, 소싸움 등], 카지노, 웹보드게임[인터넷을 통해 보드, 카드, 바둑, 고스톱, 포커, 장기 등], 로또, 복권, 주식, 코인, 가상화폐 등이 그 예다. 단시간에 대박을 꿈꾸며 큰 이익을 얻으려는 '대박 심리'와 감각적 쾌락에 대한 집착이 도박의 주된 동기다. 하지만 이러한 기대는 대부분 손실로 귀결되며, 도박은 현실적으로 이익보다는 손해와 중독으로 이어지기 쉽다.

한 사례로, 가상화폐 투자에 빠졌던 32세 A씨는 50만 원을 투자해 이틀 만에 500만 원을 벌며 코인 투자에 몰입했다. 하지만, 6년간 총 2억 5천만 원의 손실을 보았고 현재는 빚 독촉에 시달리고 있다. 또 다른 사례에서는 카지노 문제 이용자들이 월평균 591만 원을 도박에 지출하며 일반 이용자보다 10배 이상 많은 돈을 잃고 있는 것으로 나타났다. 도박에 빠진 사람들은 대박을 꿈꾸며 '재물만이 삶의 목적'이라는 왜곡된 신념을 가지며, 결국 경제적 파탄과 정신적 고통, 심지어 자살 위험까지 이른다.

도박에 빠진 사람들은 중독으로 이어지는데, 도박 중독은 단순한 습관이 아니라 심리적 의존 상태로, 물질 사용 장애와 유사한 특성을 가진다. 이들은 대부분 물질을 중시하고, 재물의 소유나 획득만이 행복의 조건이라고 믿으며, 소비(지출)가 많고 저축이 적다. 손실을 만회하기 위해 더 큰 베팅에 집착하는 것도 특징이다. '인색-낭비

척도(Tight-wads Spend-thrifts Scale)'나 '도박 장애 진단 기준(DSM-5)' 등 진단 기준에 따르면, 도박 장애는 감각적 쾌락과 재물 획득 욕구를 중심으로 한 행동 패턴이 두드러진다. 이들은 종종 재물을 많이, 자주 지출하고 덜 저축하며, 빚을 갚거나 스트레스 해소나 심리적인 어려움을 회피하기 위해 도박을 반복적으로 행한다. 직업적·사회적 기능 저하, 경제적 파산, 대인관계 갈등, 건강 악화, 법적 처벌 등 전반적인 삶의 붕괴로 이어진다.

최근에는 청소년층에서도 도박 문제가 심화하고 있다. 온라인 도박의 확산으로 인해 불안, 짜증, 금단증상 등 정신질환과 유사한 증상을 보이며, 자제력이 약해질수록 몰입의 정도는 심해진다. 한국의 도박중독 유병률은 6.1%로, 미국(1.5%), 프랑스(1.3%), 호주(2.4%), 영국(2.5%) 등 서구 국가보다 2~3배나 높다. 청소년뿐만 아니라 성인에게서도 도박은 폭력, 사기, 횡령, 절도, 세금 포탈 등 각종 범죄와 연관되며, 심각한 사회문제로 대두되고 있다.

문제성 도박은 '불합리한 인지(대박 기대, 미신적 믿음 등), 통제력 상실, 관계 파괴, 경제적 파탄, 과도한 정서 반응, 거짓말, 몰입·집착, 흥분, 금단증상' 등의 요소를 동반한다. 이는 도박 장소(전문도박장, 장외발매소 등)나 특정 장소뿐 아니라, 현실로부터의 도피와도 긴밀히 연결된다. 특히 도박은 재물탐욕과 결합하여 일시적 쾌락을 넘어서, 육체적 고통과 정신적 파괴를 초래하는 중대한 사회 병리 현상으로 작용한다.

요약하자면, 재물탐욕은 단순히 개인의 욕심 문제가 아니라 사회 전반의 구조적 요인, 심리적 왜곡, 도덕적 기준의 약화, 그리고 실질적 고통으로 이어지는 복합적 문제다. 그중에서도 도박은 재물에 대한 탐욕이 어떻게 한 개인의 삶과 사회 전체를 위협하는지를 단적으로 보여 주는 사례라 할 수 있다.

(2) 투기(speculation): 불로소득을 향한 위험한 욕망

도박(gambling), 투자(investment), 투기(speculation) 등은 단순히 자산을 축적하려는 목적을 넘어, 보다 빠르고 많은 부를 얻고자 하는 인간의 욕망이 반영된 행위이다. 재물을 소유하고자 하는 욕망은 본래 인간의 생존 본능과 결합된 자연스러운 심리이다. 그러나 현대 자본주의 사회에서는 이러한 욕망이 종종 통제되지 않은 탐욕으로 확장되어 경제적 안정성과 윤리성 모두를 위협한다.

투기는 투자보다 짧은 기간 내에 자본이득을 얻고자 하는 특징을 지닌다. 투자와 달리 투기는 단기적인 수익에 집중하며, 도박보다는 덜 위험해 보일 수 있으나 여전히 상당한 고위험(risk)을 내포한다. 이러한 행위는 종종 금융시장의 시세 변동을 이용하여 수익을 창출하는 방식으로 이루어진다. 표면적으로는 시장의 유동성을 높이거나 자산의 효율적 분배를 도와 경제적 기능을 수행한다고 긍정적으로 평가되기도 한다. 하지만, 실제 현장에서는 투기와 투자를 명확히 구분하기 어려우며, 투기에는 이기심과 비윤리적 행위가 종종 내포되어 있어 심리적·사회적 문제를 유발한다.

투기의 대표적인 형태[203)]로는 부동산 시장을 통한 자산 축적이 있다. 1990년대 이후, 한국 사회에서 부동산은 돈벌이(재테크) 수단으로 주목받으며 단순한 자산 보유 수단을 넘어 재테크와 투기의 핵심 수단으로 자리 잡았다. 특히 서울 강남지역을 중심으로 부동산 가격이 급격히 상승하면서, 이를 통해 중산층으로 도약하거나 큰 부를 축적한 사례들이 사회 전반에 확산되었다.

한 직장인은 다음과 같이 회상한다.

> "지금은 보면, 80~90년대 젊은 사람들은 좋았겠다는 생각이 들어요. 조금만 부동산에 관심 가졌으면 돈 벌었겠다 싶어서. 우리 엄마, 아빠는 당연히 안 그랬지만. 그땐 집만 사면 무조건 오르던 시절이잖아요. 사면 오르고, 사면 오르고. 그래서 그냥 막 대출받고 했던 사람들은 다 잘 살고, 우리 부장님도 10년 전에 강남에 무슨 아파트 7억 주고 샀는데 지금 15억에 내놨대요. 그런 식으로 은근히 자기 부를 자랑하고, 그 아파트만 15억이잖아요? 그리고 제주도와 시골에도 집이 있고, 수원에도 60평짜리 아파트가 있대요."[204)]

---

203) 투기의 형태에는 카지노, 경마, 경륜, 경정 등 스포츠 배팅과 복권, 도박, 가상화폐, 주식, 금융, 부동산 등이 있다.

204) 최시현, 〈주택장(housing field)의 정치경제학: 도시중산층의 젠더화된 투기아비투스〉, 《공간과 사회》 31(3), 2021, pp.28-29.

이처럼 여러 채의 부동산을 보유하고 있는 부장의 사례는, 단순한 투자라기보다 투기적 성격이 짙은 부동산 거래를 보여 준다. 이러한 부의 과시와 성공담은 주변 사람들에게도 부동산 투기를 통한 부 축적의 가능성을 각인시켜, 무리한 대출과 자산 매입을 부추긴다. 특히 강남지역 부동산은 중산층 진입을 가능하게 하는 '사다리'로 인식되며, 투기의 합리화와 계급 재생산의 도구로 기능해 왔다.

문제는 이러한 투기심리가 시장의 과열을 유발하고, 주택 가격을 비정상적으로 끌어올려 거품을 형성한다는 점이다. 한 여성의 말에서 그 현실을 생생히 엿볼 수 있다.

> "내가 이사 올 때 집을 사려고 보니, 옆집 분이 10억 8천인 집을 아무 이유 없이 그냥 15억에 내놨더라고요. 말도 안 되는 가격이잖아요. 그런데 지금은 15억이 돼 있어요. 내가 아는 언니도 집을 13억에 내놨다가 16억에 팔았어요. 그래서 내가 '미친 거야, 언니가 집값 다 올렸어' 하면서 막 신경질을 냈죠. 황당한 건 그런 걸 볼수록 '나도 집을 사야겠다'라는 생각이 든다는 거예요. 근데 저 같은 사람이 주변에 너무 많아요. 매물만 나오길 기다리는 사람이요."[205]

이처럼 부동산 투기로 인한 가격 상승은 개인의 이익에만 국한

205) 최시현, 〈주택장(housing field)의 정치경제학: 도시중산층의 젠더화된 투기아비투스〉, 《공간과 사회》 31(3), 2021, p.30.

되지 않고, 시장 전반의 가격 왜곡과 자산 거품을 초래한다. 즉, 정당한 사유 없이 집값을 올려 매물로 내놓고, 그 가격이 실제 거래로 이어지는 과정은 자산의 실질 가치를 왜곡시킨다. 이처럼 실수요가 아닌 탐욕이 가격을 결정하게 되면서, 부동산은 더 이상 '거주 공간'이 아닌 '투기의 대상'으로 전락한다. 이러한 투기는 단기적으로는 부의 축적을 이끄는 듯하지만, 장기적으로는 부동산 시장의 불안정성과 사회적 양극화를 심화시킨다. 그럼에도 사람들은 여전히 불로소득에 대한 기대와 이기적인 동기로 투기를 반복하고 있다.

특히 젊은 세대들은 안정된 노동소득만으로는 계층 상승이 어렵다는 현실을 직시하면서, 부동산이나 금융상품에 대한 투기를 '합리적 선택'으로 인식하고 있다. 이들은 임대사업자 등록을 통해 불로소득을 추구하거나, 주식 · 채권 · 외환시장 등에서 투기를 통해 자산을 불리려는 경향을 보인다. 이러한 행위는 일시적 자산 증식으로 이어질 수 있으나, 근본적으로는 부의 불평등과 사회적 불안을 확대시킨다.

과도한 투기는 금융 및 부동산 시장의 불안정성을 높이고, 때로는 국가 경제에 심각한 충격을 주어 금융 위기의 실마리가 되기도 한다. 도박과 투기라는 이름의 탐욕은 결국 실패와 붕괴로 이어질 수 있으며, 이는 개인의 삶뿐 아니라 공동체 전체에도 심각한 손실을 안겨 준다.

따라서 투기는 단순한 자산 증식의 수단을 넘어, 심리학적으로는 통제되지 않은 물질적 욕망의 표출이며, 사회적으로는 경제 불균형과 계급 고착화를 심화시키는 요인으로 작용한다. 탐욕에 기반한 투기는 결국 개인의 정신적 피폐와 사회적 갈등을 초래하는 심각한 문제로 인식되어야 한다.

(3) 쇼핑 중독(Shopping Addiction)

소비는 물질적 생산의 마지막 단계이자, 자본이 상품의 형태로 전환되어 다시 개인의 손으로 들어오는 과정이다. 과거에는 소비를 경제적 관점에서만 이해했으나, 캐나다의 인류학자 매크래켄(McCracken)은 소비를 단순한 경제 행위가 아닌 문화적 현상으로 보았다. 그는 소비를 "문화와 소비재를 재생산하고, 표상하고, 조작하기 위한 핵심 도구"로 정의하며, 소비가 사회·문화·경제적 실천을 주도하고 자본주의를 정당화하는 방식으로 기능해 왔다고 설명한다. 이러한 관점은 현대 사회에서 소비 그 자체보다 소비주의라는 태도가 더 중요한 문제로 부상했음을 보여 준다.

소비가 개인의 만족과 사회적 가치를 구현하는 활동이라면, 소비주의(consumerism)는 소비 그 자체를 삶의 중심에 두는 사고방식이다. 이는 곧 소비에 과도하게 몰두하는 생활양식으로 물질적 풍요와 소유를 끊임없이 추구하는 태도와 직결된다. 이처럼 소비는 단순한 경제 행위를 넘어서 사회적 지위와 개인의 정체성을 드러내는 문화적 행위로 작용한다. 현대 소비주의는 과소비, 과시적 소비, 사치적 소비를 초래하며, 이는 단순한 소비 성향을 넘어선 하나의 사회적·심리적 현상으로 확장된다.

물질적 재물탐욕은 바로 이러한 소비주의의 흐름 속에서 강화된다. 사람들은 여유 자원을 어떻게 사용할지 선택할 수 있지만, 대부분은 '소비'를 통해 해소하려 한다. 특히 현대 소비주의 사회에서는 "사치품이 필수품처럼 여겨지고, 이미 소유하고 있는 것으로는 만족하지 않으며, 모든 제품이 광고를 통해 팔려 나가는 사회"가 일상이 되었다.

오늘날 소비는 백화점과 쇼핑몰뿐 아니라 인터넷쇼핑, TV홈쇼핑, 모바일 결제 등 다양한 채널을 통해 빠르고 손쉽게 이루어진다. 신용카드 발급, 간편결제 시스템의 확산은 소비의 충동성을 더욱 자극하며, 사람들로 하여금 단기적 쾌락이나 감정 전환을 위해 소비에 몰두하도록 만든다. 그 결과, 점점 더 많은 사람이 쇼핑 중독(shopping addiction)에 빠지고 있다. 특히 소비주의 성향이 강한 사람일수록 물질에 집착하며, 과도한 소비를 반복함으로써 쇼핑 중독의 위험에 노출된다.

쇼핑 중독은 반복적이고 만성적인 소비 행태를 특징으로 한다. 구매한 물건의 포장을 뜯지도 않고 방치하거나, 이미 구매한 같은 물건을 가지고 있음에도 다시 구매를 반복하는 행위가 대표적이다. 감정 반응형, 충동형, 광적인 형, 자제 상실형 등으로 나뉘며, 이는 감정의 불안정성과 강한 충동성을 반영한다. "사놓고 뜯어보지도 않은 물건들이 많다.", "쇼핑한 물건을 숨긴 적이 있다.", "반품 비율이 50%를 넘는다." 등의 진술은 전형적인 쇼핑중독자의 특징을 보여 준다.

쇼핑 중독은 단순한 과소비가 아니라, '충동 조절 장애'의 일종인 행위중독이다. 쇼핑중독자는 일반 소비자보다 시기심과 탐욕이 강하고, 감각적 쾌락을 추구하며, 관용성이 낮고 자존감이 낮은 경우가 많다. 쇼핑을 '현실 도피의 수단'이나 감정 기복과 스트레스 해소 등 '감정 조절의 도구'로 인식하며, 상징적이고 환상적인 만족을 추구한다. 쇼핑 중독의 주요 특징은 다음과 같다.

- 의존성: 쇼핑하지 않으면 잠을 못 자거나 불안해 일상생활이 어렵다.
- 내성: 점점 더 큰 금액, 더 잦은 쇼핑이 필요하다.
- 금단 증상: 쇼핑하지 않으면 불안, 우울, 긴장, 스트레스 등의 감정 변화가 발생한다.

이처럼 쇼핑하지 않으면 불안하거나 집중이 안 되고, 쇼핑 횟수나 금액에 만족하지 못해 더 많은 소비로 이어진다. 이는 의존성과 내성, 금단증상이라는 중독의 전형적 메커니즘(증상)을 보여 준다.

이러한 소비 습관은 단지 개인적 문제에 그치지 않는다. 소비주의는 계급적 속성과도 밀접하게 연결되어 있다. 예컨대, 공장 사장과 노동자의 관계처럼 사회·경제적 자본의 차이는 소비 성향에도 직접적인 영향을 미치며, 개인은 소비를 통해 자신의 계급적 정체성과 취향을 드러낸다. 이는 여가, 문화, 라이프 스타일 전반에서 타인과의 구별을 만들어 낸다. 소비주의와 계급 중심의 정체성이 결합할 때, 사람들은 소비를 통해 '계급 상승'을 꿈꾸기도 하며, 소비를 계급 상승의 수단으로 인식하게 만든다. 그 결과 과시적 소비와 과소비가 더욱 강화된다.

물질주의적 성향이 강한 사람일수록 소유에 집착하고, 정신적 삶의 만족도는 오히려 낮아지는 경향이 있다. 이들은 대량 생산 체제에 순응하며, 광고와 유행에 쉽게 영향을 받는다. 이러한 개인들은 자본주의 사회의 '유지자나 공로자'로 평가되기도 하지만, 동시에 끊임없이 새것을 좇는 '문화적 얼간이(cultural dupe)' 혹은 '유혹받는 멍청이'로 비판되기도 한다. 이는 물질주의와 소비주의의 폐해가 개인의 삶뿐 아니라 문화 전반에도 악영향을 미친다는 사실을 드러낸다.

실제로 한국에서는 쇼핑 중독이 점차 증가하고 있다. 전체 인구의 6%가 쇼핑 중독자로, 37%가 위험군으로 분류된다. 특히 빠른 경제성장과 더불어 20~30대 젊은 여성층, 이들의 사회 진출로 인한 경제력 향상은 쇼핑 중독으로 강하게 이끌었다. 또한 코로나19 이후 온라인 쇼핑이 폭발적으로 증가하면서, 2019년 134조 원, 2021년 약 200조 원이던 온라인 쇼핑 거래액은 2024년에는 242조 897억 원에 이르렀다. 이처럼 '안방 쇼핑'은 새로운 소비 트렌드로 완전히 잡으며 중독 현상을 더욱 심화시켰다.

결국 쇼핑 중독은 단순히 '쇼핑을 좋아하는 수준'을 넘어서 삶의 균형을 무너뜨리는 중대한 사회심리적 문제이다. 쇼핑중독자는 탐욕과 충동에 휘둘리며 통제력을 상실하고, 그 결과 재정 파탄, 인간관계의 악화, 심리적 고통을 겪는다. 우울, 불안, 스트레스, 낮은 자존감 등 다양한 심리적 문제가 동반되며, 결국 인간의 내면을 잠식하여 소비로 해소되지 않는 공허함만을 남긴다. 무엇보다 과도한 소비와 물질에 대한 집착은 삶의 만족도를 떨어뜨리고, 개인과 사회 전반에 심각한 부작용을 초래한다.

(4) 경제범죄

인간은 본질적으로 이익을 추구하는 존재다. 이러한 성향은 단지 개인의 심리적 차원에 국한되지 않고, 경제학에서도 중요한 이론적 전제로 받아들여지고 있다. '합리적 선택이론(Rational Choice Theory)'은 인간이 행동을 결정할 때 이익과 손해를 계산한 뒤, 가장 큰 이익을 얻을 수 있는 방향으로 선택한다고 설명한다. 여기서 말하는 이익은 금전적이거나 물질적 가치에 한정되지 않으며, 규범, 신념, 이타적 동기 등 비물질적 가치 역시 고려 대상이 된다. 이러한 원리는 범죄행위에도 예외 없이 적용된다.

범죄자 또한 범죄를 저지르기 전, 기대이익과 기대비용을 비교하여 행동을 결정한다. 즉, 금전적 이득이나 심리적 보상 등에서 얻는 기대이익이 체포 가능성이나 처벌 수위와 같은 기대비용보다 크다고 판단될 때, 범죄를 선택하는 것이다. 범죄 경제학의 창시자인 게리 베커(Gary Becker) 교수는 이러한 관점을 자신의 경험을 바탕으로 설명한 바 있다. 그는 컬럼비아대학교에서 강의하던 시절의 한 에피소드를 이렇게 회상한다.

> "그가 컬럼비아대에 재임하던 시절, 하루는 강의 시간에 늦어 급하게 주차할 곳을 찾다가 길옆에 불법주차를 하기로 결심했다. 이 결정에 이르기까지 강의시간 준수, 불법주차 단속에 걸릴 가능성, 벌금의 크기 등에 생각이 미치자, 그의 불법 행위의 결정이 경제 논리에서 비롯된 것임을 깨닫게 된 것이죠."

즉, 베커 교수는 불법주차 단속에 걸릴 가능성, 벌금의 크기 등보다 강의 지각으로 인한 손해가 더 크다고 판단했기 때문에 불법주차를 택한 것이다. 이처럼 사람들은 기대비용보다 기대이익이 클 때, 즉 합리적 계산을 통해 자신에게 유리한 방향으로 행동하며, 때로는 그 결과가 법을 어기는 선택으로 이어진다. 흔히 우리가 비도덕적이라고 여기는 행동조차도 경제적 계산에 기반해 결정된다는 사실을 보여 주는 사례다.

이처럼 경제적 이득을 극대화하려는 심리는 다양한 형태의 범죄로 이어진다. 특히 물질적 탐욕이 강해질수록 불법적 수단을 통해서라도 이를 얻고자 하는 경향은 더욱 커지며, 이는 곧 경제범죄로 이어진다. 실제로 경제범죄는 개인의 재산 피해를 넘어 사회 전체의 신뢰와 경제 질서를 해치는 심각한 문제로 대두되고 있다.

유엔마약범죄사무국(UNODC)에 따르면, 한국은 경제협력개발기구(OECD) 34개 회원국 중 강력범죄 발생률이 높은 국가에 속한다.

〈표 2-1〉 경제협력개발기구(OECD) 주요 국가별 범죄 건수

경제협력개발기구(OECD) 주요 국가별 인구 10만 명당 범죄 건수

(단위: 건) 2009년 기준 통계. 자료: 유엔마약범죄사무국(UNODC)

	살인	강간	폭력	절도	강도
호주	1.2	91.0	328.6	2,186.1	17.5
캐나다	1.8	1.4	169.3	1,707.3	96.4
프랑스	1.1	16.2	309.7	1,206.7	180.6
독일	0.9	8.6	629.8	2,283.0	59.8
이스라엘	2.1	17.7	640.6	1,268.8	39.7
이탈리아	1.0	7.6	108.9	1,588.4	84.2
일본	0.4	1.1	44.3	516.3	3.6
한국	2.9	13.5	172.4	535.2	13.3
스페인	0.9	4.5	177.3	306.2	1,187.6
터키	3.3	1.5	217.6	170.2	10.8
영국	1.2	27.5	729.6	2,580.8	137.0
미국	5.0	29.0	264.1	2,059.9	132.8

OECD의 통계에 따르면, 살인은 6위, 성폭력은 16위로, OECD 평균보다 높게 나타난다. 2008년에는 금전적 문제로 인해 발생한 10대 강력범죄(살인, 약취유인, 강도, 성폭행 등)와 7대 재산범죄(사기 등)로 인

한 사회경제적 비용이 연간 무려 158조 7,293억 원에 달했다.[206] 경찰청 통계에 따르면 2011년의 총 범죄 발생 건수는 175만 2,598건으로, 하루 평균 4,802건에 달했으며, 이 중 살인·강도·강간·절도·폭력 등 5대 강력범죄만 하루에 1,693건이나 발생했다. 10년 전인 2001년과 비교하면 이들 강력범죄는 83%나 증가한 수치다.

2022년에도 범죄 발생 건수는 148만 2,433건으로 집계되었으며, 다소 감소한 것처럼 보이지만 전체적인 흐름은 여전히 증가 추세에 있다. 특히 주목할 점은 경제범죄 중에서도 사기와 횡령이 빠르게 증가하고 있다는 사실이다. 2011년 기준 사기죄는 223,470건, 횡령죄는 26,767건이었지만, 2020년에는 각각 347,675건과 58,889건으로 늘어나 약 1.5배에서 2배 이상 증가했다. 재산범죄 역시 2018년 1,113.2건에서 2019년 1,210.1건으로 8.7% 증가하며, 경제범죄가 꾸준히 늘고 있음을 확인할 수 있다.[207]

경제범죄는 단순한 통계적 현상을 넘어 사회 전반의 신뢰를 붕괴시키고 공동체의 기본 질서를 위협한다. 이러한 범죄는 직업과 신분을 이용해 이득을 얻는 방식으로 자주 발생하며, 특히 '화이트칼라

---

206) KICJ 한국형사·법무정책연구원. http://www.munhwa.com/news/. 한국형사정책연구원의 연구 결과를 보면 연간 범죄로 인해 지출되는 사회적 비용은 약 158조 원으로, GDP의 16.2%에 육박한다. 매년 국민 한 사람이 감당할 교정 비용만 2천 200여 만 원에 달한다는 계산이다.

207) 대검찰청, 《2020 범죄분석》, 대검찰청, 2020, p.8. p.18.

범죄(White Collar Crime)'로 불리는 직업 기반 범죄가 대표적이다. 이는 고위 공직자, 기업 임원, 금융 전문가 등 사회적으로 신뢰받는 지위에 있는 사람들이 자신의 권한을 이용해 부정한 이익을 취하는 행위다. 오늘날에는 기업 범죄, 금융 범죄, 조세 포탈, 외환 범죄, 정보통신 기반의 사이버 사기 등으로 그 형태가 더욱 다양하고 조직적으로 진화하고 있다.

이러한 경제범죄의 심각성은 그 범위와 영향력에서 드러난다. 경제질서 위반, 조세 포탈, 수출입 통제 위반, 금융 및 외환 범죄, 횡령, 배임, 유가증권 및 통화 위조, 컴퓨터 사기, 신용 및 업무 침해, 문서 위조, 전자기록 부정 제조 등 다양한 형태로 확산하고 있다. 이는 더 이상 단순한 '돈 문제'가 아니라, 사회 전반의 제도와 경제 시스템 및 거래에 대한 신뢰를 근본적으로 훼손하는 중대한 위협이다.

경제범죄를 촉진하는 환경적 요인으로는 재화의 불균형과 실업률 상승을 들 수 있다. 실업률이 높아질수록 계층 간 소득 격차가 커지고, 중·하층민의 상대적 박탈감이 커지면서 사회적 긴장도 높아진다. 그 결과, 합법적인 방법으로 생존이나 성공을 이루기 어렵다고 느낀 개인들은 비합법적 수단에 의존하게 되고, 이는 곧 범죄 발생률 증가로 이어진다. 결국, "살기 위해서라도" 범죄를 택하는 사회가 되는 것이다.

이처럼 경제범죄는 단순한 개인의 일탈이나 윤리적 타락으로 치부할 수 있는 문제가 아니다. 그 이면에는 탐욕이라는 인간 본성과 더불어 사회구조적 요인이 복합적으로 얽혀 있다. 따라서 물질적 부를 향한 끝없는 욕망이 겉으로는 합리적으로 보이지만, 실상은 불안, 갈등, 붕괴로 이어지는 비합리적 행위이며, 결국 개인의 삶과 사회적 건강성을 해치는 원인이 된다. 심리학이 말하는 재물탐욕의 병리적 작용은, 경제범죄라는 사회적 비용의 형태로 끊임없이 모습을 드러내고 있는 것이다.

(5) 대인관계 갈등

지나친 재물과 부의 추구는 결국 인간관계에 심각한 갈등과 균열을 불러온다. 개인이 물질적 성공에만 몰두하게 되면, 성실성이나 평판, 감정의 안정성은 쉽게 훼손되고, 윤리·도덕적 판단마저 흐리게 만든다. 이는 물질주의 가치관이 개인의 가치체계를 지배하게 될 때 일어나는 현상이다. 삶의 중심이 재물·물질로 옮겨갈수록, 재물에 대한 집착은 오히려 사람에게 경제적 만족을 떨어뜨리고, 공감 능력과 관계의 질을 저하하고, 쉽게 배타적이거나 보수적인 태도의 결과를 낳게 만든다.

특히 지나치게 부유한 사람일수록 자신에게 더 큰 권리의식과 권력을 부여하려는 경향을 보인다. 이들은 타인과의 관계에서 이해보다는 통제를, 공감보다는 거리감을 형성하고, 결국 가족이나 사회 속에서도 깊은 단절과 갈등, 오해를 겪게 된다. 무엇보다도 재물과 물질을 중시할수록 신뢰는 무너지기 쉽고, 삶은 공허함과 고립감을 남기며, 인간관계는 표면적이고 이기적인 거래로 전락할 가능성이 커진다.

사회 전반의 재화 불균형과 빈부 격차는 사람들 사이에 긴장감과 불안감을 증폭시키며, 상대적 박탈감이라는 심리적 고통을 안겨준다. 한 개인의 재물에 대한 태도는 단순한 소유의 문제를 넘어, '풍요'와 '빈곤'이라는 감정적 반응을 형성하게 되고, 이는 다양한 인간관계—가족, 친구, 직장, 사회적 관계—전반에서 갈등과 충돌, 대립을 일으키는 원인이 된다.

첫째, 가족 내 갈등: 가까운 곳에서 생겨나는 거리감

가족은 인간에게 가장 본능적이고 안전한 울타리다. 그러나 이곳에서도 재물에 대한 관점과 가치관이 두드러지거나 충돌할 때 갈등은 생겨난다. 가족 구성원 중 누군가가 물질적 성공만을 우선시할 경우, 가족 간 유대감은 약화하고, 공감과 지지라는 감정적 유대는 점차 줄어들게 된다. 특히 물질적 가치관이 상충할 때, 가족 구성원 사이의 이해관계는 쉽게 틀어지고, 긴장과 오해, 갈등이 심화한다.

부모의 재산 증여는 단순한 경제적 행위가 아니다. 그것은 가족 간의 신뢰와 유대를 상징하는 사회적 행위다. 그러나 부유한 부모가 재산을 통제의 수단으로 삼아 권위를 유지하려 할 때, 가족관계는 위태로워진다. 일부는 증여 행위를 통해 자신의 재력을 과시하거나 우월감을 드러내기 위해 '주는 행위'를 지배의 도구로 삼기도 한다. 이들은 다음과 같이 생각할 수 있다.

"준다는 것은 자기의 우월성, 자기가 더 위대하고 더 높으며 주인이라는 것을 나타내는 것이다. 답례하지 않으면서 받는다는 것은 종속되는 것이고 손님 또는 하인이 되는 것이며 작아지는 것이며 더 낮은 지위로 떨어지는 것이다."[208]

이러한 사고방식(인식)은 '많이 가질수록 많이 줄 수 있다'라는 신념에서 비롯된다. 겉으로는 베풂처럼 보이지만, 그 이면에는 지배 욕구와 우월감이 내재해 있다. 결국 이러한 태도는 가족을 통제하려 하고, 가족 간 신뢰를 약화 및 불화를 발생시키며, 가족 내 권력 구조를 왜곡시킨다. 특히, 재물을 통한 권위 유지와 감정 통제는 가족 간의 소통을 단절시키며, 자녀에게 심리적 위축과 갈등을 유발할 수 있다.

그뿐만 아니라, 소비 습관, 경제적 결정, 자산 분배 등과 같은 다양한 경제활동 속에서도 가족 간 의견 차이는 쉽게 갈등으로 비화할 수 있다. 심각한 경우에는 존속폭행이나 살인, 보험금을 노린 자해 또는 타해 등 반사회적 행위로까지 이어질 수 있다.

---

208) Marcel Mauss, Essai Sur Le Don, 이상률 옮김, 《증여론》, 경기도: 한길사, 2020, p.268.

2020년 보도에 따르면, 한국 사회에서 발생한 연간 약 1,000건의 살인사건 중 약 5%가량은 존속살인으로, 이는 영국(1% 미만), 미국(약 2%), 프랑스(2.8%)보다 최대 5배나 높은 수치다. 그 주요 원인은 가정불화(50%), 정신질환(35%), 경제적 문제(15%)로 분석되었으며, 심리적 스트레스와 재물 중심의 가치 충돌이 복합적으로 작용한 결과로 해석된다. 특히 재물 중심의 가치관이 강한 사람일수록 가족 구성원에 대한 존중보다 자신의 욕구와 권력을 우선시하며, 심지어 보험금 수령을 목적으로 자해나 타해에 이르는 반사회적 행위도 불사한다.

오늘날 많은 가족 구성원은 경제적으로 독립하려 하거나 독립적이며, 가족이 하나의 사회적 집단처럼 기능 및 작동한다. 이런 환경에서 물질 중심적 사고는 가족의 결속을 약화시키거나 가족이라는 울타리를 해체하는 주요 원인으로 작용하고 있다.

둘째, 사회적 관계에서의 갈등: 질투와 고립, 그리고 신뢰의 붕괴

친구나 동료, 이웃과의 관계, 즉 사회적 관계에서도 재물은 갈등의 원인이 된다. 사회적 지위나 존경은 종종 재물을 얼마나 소유하고 있느냐에 따라 결정되는 현실 속에서, 재물은 단순한 수단이 아니라 신성한 자원, 곧 '신성재(神聖財)'로 간주되기 때문이다.

재물이 많고 기부를 많이 한 사람이 존경받는 사회, 물질적 성공이 사회적 우위의 기준이 되는 환경 속에서 사람들은 점점 더 재

물에 대한 갈망을 키운다. 그러나 이 과정에서 개인 간의 비교를 불러일으키고, 상호 경쟁을 격화시키며, 결국 자존감과 인간관계를 해치는 부작용을 만든다.

특히 저소득층은 상대적 박탈감을 크게 느끼며, 이로 인한 불만과 소외감, 신뢰 상실, 빈곤 의식의 심화, 인간관계의 단절 등이 심화된다. 이러한 사회적 불평등, 심리적 불만, 경제적 결핍은 다양한 형태로 표출되는데, 가장 극단적인 형태가 바로 '묻지마 범죄'다. 특히 '묻지마 범죄'는 심리적 분노와 불만이 폭력적인 형태로 표출된 대표적인 사례이다. 다음은 실제 사례다:

> "2012년 8월 아침 7시, 길을 걸어가는 40대 여성을 무자비하게 찔러 죽였다. 가해자는 27세 남성으로 어릴 적부터 가정환경이 좋지 않았고, 편의점에서 일은 하지만 대출금 1,200만 원을 갚지 못해 평소 우울감과 자괴감에 빠져 있었다. '갑자기 죽고 싶다는 생각에 범죄를 저질렀다'라고 말했다."[209]

이처럼 가해자는 자신의 경제적 어려움과 사회적 열등감에 무너진 것이다. 묻지마 범죄 가해자의 다수는 30~40대 남성으로 직업이 없거나 일용직에 종사하며, 월 소득은 대부분 100만 원 이하인 경

209) 윤정숙·박지선·안성훈·김민정, 《묻지마 범죄자의 특성 이해 및 대응방안 연구》, 한국형사정책연구원, 2014, pp.33-34.

우가 많다. 그들은 서울과 경기 등 대도시에 집중되어 있으며, 사회적 고립과 경제적 궁핍 속에서 분노와 좌절을 폭력(범죄)으로 표출한다.

경제적 욕망이 충족되지 못했을 때 사람들은 사회에 대한 불만을 품게 되며, 자신을 둘러싼 상황·현실에 대해 절망하거나 분노하게 된다. 가해자들의 범행 동기는 "사회에 대한 불만과 자기 처지 비관, 상대방의 의도 오해, 분풀이, 환각·망상, 재미, 자기 과시, 이유 없음" 등으로 다양하지만, 근본적으로는 심리적 불안과 좌절감, 심리적인 문제에서 비롯된다.

또한 재물에 대한 집착은 '질투'라는 또 다른 심리적 갈등을 낳는다. 타인의 성공과 부에 대해 시샘, 시기, 질투, 부러움의 감정을 느끼며, 이는 인간관계에서 거리감과 경계를 만들어 낸다. 이는 특히 회피형 애착 성향을 가진 사람에게 두드러진다. 자신이 열등하다고 느끼거나, 상대가 자신보다 우월하다고 인식하는 순간, 악의적인 감정은 더욱 강화된다.

반대로, 상당한 부를 가진 이들 중 일부는 타인에게 착취당할까 두려워 사람들과의 관계를 단절하거나 고립을 선택하기도 한다. 특히 이들은 돈으로 인해 인간관계가 왜곡될 수 있다는 것을 본능적으로 느끼기 때문이다. 이들은 분쟁과 갈등을 피하려다 결국 인간관계 전반에 무관심해지고, 외로움과 고립에 빠지게 되는데, 이는 곧 자아 인식의 혼란과 심리적 불안을 초래한다.

셋째, 지역사회와의 갈등: 통제력의 붕괴와 범죄의 확산

물질적 욕망이 충족되지 않을 때 생겨나는 갈등은 개인과 가족, 사회를 넘어 지역 공동체로까지 확대된다. 빈곤과 실업률이 높은 지역일수록 사람들 간의 유대는 약해지고, 지역사회의 통제력은 점차 붕괴한다. 특히 사회·경제적 지위가 낮고 저소득층이 많은 지역에서는 주민 간의 교류나 조직 참여율이 낮아지면서, 공동체에 대한 소속감이나 애착이 줄어든다. 이는 결국 사회적 통제를 약화시키고, 범죄에 대한 감수성을 높이며, 실제 범죄 발생률을 증가시키는 요인으로 작용한다.

이처럼 재물과 부를 향한 지나친 추구는 인간관계 전반에 깊은 균열을 초래한다. 가족, 친구, 사회, 지역사회에 이르기까지 그 영향은 광범위하게 확산한다. 물질 중심의 태도는 사람들 사이의 공감과 신뢰, 존중을 훼손하며, 결국 갈등과 범죄, 고립이라는 비극적인 결과를 낳는다. 재물이 인간관계의 매개가 될 때, 우리는 타인을 이해하는 능력을 잃고, 함께 살아가는 방식을 잊게 된다.

2) 마음의 불안과 고통

재물은 인간에게 금전적 안정과 안락함, 그리고 삶의 질 향상을 가능하게 하는 중요한 수단이지만, 그 이면에는 크고 작은 정신적 위험이 도사리고 있다. 즉 재물에 대한 탐욕은 인간의 심리에 심대한 영향을 끼친다. 특히 자본주의적 가치관·세계관이 인간의 가치를

'소유'와 '재물의 양'으로 평가하게 만들면서, 개인은 자신의 삶에 대해 지속적으로 불만족을 느끼게 된다.

많은 사람은 어느 정도의 재화를 획득한 후에도 그것에 만족하지 못하고, 오히려 더 많은 부를 추구하기를 바라는 끊임없는 결핍감에 시달린다. 이는 '더 많이 가지면 만족·행복할 수 있다'라는 착각을 강화시킬 뿐, 실제로는 심리적 충만감이나 행복감을 제공하지 못한다. 따라서 재물의 손실이나 재정적 실패는 단순한 물질적 손실을 넘어 깊은 정신적 충격과 고통을 수반하며, 때로는 '외상(trauma)'의 형태로 나타난다.[210] 특히 이러한 외상은 개인의 불행에만 그치지 않고, 삶의 전반적 기능을 마비시키는 심리적 이상으로 발전하기도 한다.

지나친 재물탐욕은 이상심리학에서 말하는 "일탈, 괴로움, 기능장애, 위험"이라는 심리적 이상 상태를 유발할 수 있다. 여기서 '이상'이란 사회의 기준이나 규범을 벗어난 행동이나 심리 상태를 말하며, 시대와 제도, 문화에 따라 그 양상은 다르게 나타난다. 결국, 재물탐욕은 사회적 규범에서 벗어난 행위를 초래하고, 개인에게는 고통과 불안(괴로움)을, 사회에는 위험을 야기한다.

이러한 심리적 문제들은 구체적으로 다음과 같은 유형으로 나타날 수 있다: **불만족, 스트레스 장애, 금전 강박증, 황금주의**, 그리

210) Ronald J. Comer, 오정자 외 5인 옮김, 《이상심리학》, 서울: 시그마프레스, 2014, p.163.

고 **인색과 낭비** 등 각각의 문제는 재물탐욕과 깊이 연결되어 있으며, 삶의 질과 정신건강, 그리고 인간관계 전반에 부정적[惡] 영향을 미친다.

(1) 불만족: 끝없는 결핍감

재물에 대한 욕망은 일반적으로 '더 많은 것'을 추구하는 형태로 나타나지만, 이러한 추구가 실질적인 만족으로 이어지는 경우는 드물다. 오히려 재물탐욕이 심화할수록 사람들의 마음속에는 만족보다는 불만족이 자리 잡는다. 그 이유는 단순하지 않다. 심리학적으로, 인간은 일정 수준 이상의 물질적 욕구가 충족된 이후에도 지속적으로 결핍감을 느끼며, 이는 '쾌락 순응(hedonic adaptation)'이라는 현상으로 설명된다.

즉, 일정 수준의 부나 소유를 획득하더라도 이는 곧 새로운 기준점이 되어 이전보다 더 높은 수준의 만족을 요구하게 된다는 것이다. 결과적으로 인간은 지속적인 불만족 상태에 놓이게 되며, 욕망은 충족되기보다는 오히려 확대되는 양상을 보인다. 인간은 끊임없이 무언가를 원하고, 그 욕망은 실현되기보다는 반복되는 순환 속에서 증폭되기 마련이다. 이는 단순한 개인적 성향의 문제가 아니라, 인간 심리에 구조적으로 내재된 메커니즘에 따른 결과이다.

첫째, '끊임없는 욕망의 순환'이 존재한다. 사람들은 재물을 통해 삶의 안정과 만족을 얻고자 하지만, 실제로는 그 갈망이 끝없이 반복된다. 재물의 축적은 정신적 가치를 소홀히 만들며, 오히려 행복 지수를 낮추고 우울감을 증가시키는 결과를 초래한다. 결국 끊임없는 욕망의 순환은 삶의 질을 떨어뜨리고, 심리적 안정감을 해치는 핵심 요인으로 작용한다.

둘째, '사회적 비교'는 불만족을 부추기는 대표적인 심리 메커니즘이다. 흔히 현대 사회에서 사람들은 자신의 위치를 타인과 비교하는 과정에서 불만족을 느낀다. 하향 비교(downward comparison, 자신보다 더 어려운 상황을 가진 사람들과 비교)는 일시적인 위안을 줄 수 있지만, 상향 비교(upward comparison, 자신보다 더 나은 상황의 사람들과 비교)는 오히려 상대적 박탈감과 열등감을 불러 일으킨다. 부유한 타인과의 비교는 자기의 재산과 위치를 비하하게 만들고, 결국 "타인의 재물이 나에게 불만과 괴로움을 준다."라는 감정을 형성한다. 이러한 비교는 끊임없이 자신을 낮추고, 삶에 대한 부정적 감정을 강화시킨다.

셋째, 사람들은 종종 현실을 뛰어넘는 '비현실적인 기대'를 품는다. 이러한 기대는 현재의 상태를 부정하고, 도달하지 못한 목표에 집착하게 만든다. 가령 10억 원을 가진 사람이 20억 원을 기대할 경우, '이미 가진 것'이 아니라 '아직 갖지 못한 것'에 초점을 맞추게 한다. 그 결과, 이미 충분한 재산을 보유하고 있음에도 불구하고, '더 큰 것'을 목표로 삼는 순간 만족은 사라지고 실망이 찾아온다. 이로 인해 개인은 자신이 가진 것을 축소하여 평가하듯, 비현실적인 기대는 만족도와 행복감을 낮춰 결국 끊임없는 결핍감에 시달리게 한다.

넷째, 재물에 '**자아의 가치를 지나치게 의존**'하게 만든다. 이런 경우, '자신의 존재가 재물의 크기로 평가되는 심리적 왜곡'이 발생한다. 즉 개인은 자신의 존재 의미를 재물의 유·무와 크기로 판단하게 되는 것이다. 이는 특히 온라인 게임이나 가상자산, 투자와 같이 상징적 재물이 중요하게 여겨지는 영역에서 두드러진다. 예를 들어, 온라인 게임에서 아이템을 얻고 거래하는 과정에서 그 아이템이 자신의 가치를 나타내는 중요한 요소가 된다. 이때 자신이 원하는 거래가 이뤄지지 않거나 자신의 아이템과 가치를 인정받지 못하면 큰 심리적 불만족과 괴로움을 겪게 된다.

이처럼 가치적 영역에서 원하는 결과를 얻지 못하거나 재물로서 인정받지 못하면, 심각한 심리적 불만족과 자존감 하락이 발생한다. 결국 자신을 재물과 더불어 '부족한 존재'로 규정하게 되며, 이는 자아의 왜곡으로 이어진다.

다섯째, '**무한 경쟁에 따른 스트레스**' 역시 불만족을 가중시킨다. 현대 사회의 과도한 경쟁 속에서 사람들은 끊임없이 성과를 내야 하며, 이를 통해 재물을 얻으려 한다. 그러나 이러한 무한 경쟁은 개인에게 극심한 스트레스와 불안을 유발하며, 실패는 곧 자기 비하와 무기력으로 이어진다. 일부는 이러한 심리적 압박 속에서 자살 충동이나 정신적 붕괴를 경험하기도 한다.

재물·물질적 욕구가 강화될수록 심리적 안정감은 약화되고,이는 삶에 대한 전반적인 만족도를 저하시키며, 자기 삶에 대한 부정적인 평가로까지 이어지게 만든다. 즉, 재물 추구가 실패할 경우, 그 대가는 단지 재정적 손실이 아니라, '삶의 의미를 위협하는 심리적 고통'으로 확장된다.

결국 재물에 대한 집착은 인간의 심리 안에서 만족을 낳기보다 불만족과 고통을 심화시키는 방향으로 작용한다. 이러한 불만족은 단순히 욕망이 충족되지 않아서 생기는 실망이 아니라, 삶 전반에 영향을 미치는 깊은 심리적 고통으로 확장된다. "욕망의 순환, 사회적 비교, 비현실적 기대, 자아 가치의 왜곡, 경쟁 스트레스" 등은 모두 재물탐욕이 인간의 삶에 미치는 부정적 영향의 다양한 단면을 보여준다. 이처럼 재물에 대한 욕망이 인간의 심리를 지배할 때, 결국 삶의 만족도는 오히려 떨어지고, 불행은 구조화된 형태로 반복된다.

(2) 내면의 고통으로 전이되는 스트레스[211] 장애(Stress Disorder)

재물과 부에 대한 집착, 그리고 재물탐욕은 개인의 심리적 안정을 위협하며, 만성적인 스트레스를 유발한다. 이는 단순히 소비 욕구나 금전 문제를 넘어선다. '혹시 내가 가진 것을 잃지는 않을까?', '앞

211) 스트레스(Stress)라는 말은 라틴어의 'strictus · stringere(팽팽하다 · 죕다)'에서 유래하였다. 현대에 이르러 스트레스는 '팽팽히 죄다'라는 본래의 의미를 확장해, 물체나 인간에게 작용하는 힘, 압력, 강한 영향력 혹은 특정 체계에 가해지는 외적 힘을 가리키는 개념으로 자리 잡았다. 이러한 외적 힘에 따라 야기되는 내적 상태의 변화를 긴장(Strain)이라 정의한다. 외부 압력에 노출되면 긴장, 흥분, 각성, 불안과 같은 생리적 반응이 일어나며, 이를 통틀어 스트레스 요인이라 부른다.

으로 더 모으지 못하면 어떻게 하나?'와 같은 불안한 예측이 반복되면, 그 불안은 심리적 장애로 발전할 수 있다. 또한, 자기 삶이 타인의 기준에 미치지 못한다고 느끼거나 판단할 때, 비교 의식이 재물에 대한 집착으로 이어지며 스트레스 반응을 일으킨다.

특히 사회적으로 성공과 실패가 재산의 많고 적음으로 평가되는 환경에서는, 자신보다 더 많은 부를 가진 사람들과의 비교를 통해 상대적 박탈감을 겪게 되고, 이는 스트레스의 심화로 이어진다. 대표적으로 재정적 실패나 금전적 손실과 같은 사건은 외상(trauma) 후 스트레스장애(PTSD)의 계기가 되기도 한다.

현대 사회에서 금전 문제로 인한 외상은 단순한 재정 위기가 아니라, 삶 전체를 불안정하게 만드는 심리적 폭풍과 같다. 특히 대출 상환이나 부채 증가, 신용불량 등 반복되는 경제적 문제는 개인을 과도한 노동과 경쟁으로 몰아넣고, 물질적 성취를 통해 위기를 극복해야 한다는 압박을 만든다. 그러나 이러한 과정은 신체적·정신적 피로를 누적시키며, 결국 우울증, 불안 장애, 무력감, 만성 긴장, 분노조절 장애 등 다양한 정신적 문제로 확산한다. 경제적 성공이나 물질주의를 삶의 주요 가치로 삼는 사람일수록 이러한 심리적 압박에 더욱 취약하다.

미국의 한 설문조사에 따르면, 13세 이상의 미국인 중 3.7% 이상이 매년 급성 스트레스 장애(ASD, Acute Stress Disorder)와 PTSD를 경험하고, 16.6%는 평생 불안-기분 장애로 우울증의 고통을 겪는 것으로 나타났다. 이 같은 정신적 장애가 한국에서도 심각한 수준으로 나타나며, 특히 저소득층은 고소득층보다 약 2배 이상 더 높게 나타났다. 이로 인해 가정이나 사회로부터 배제나 단절, 자살 생각 및 시도 등 심각한 정신적 문제로 이어지고 있다.

실제로 한국은 OECD 국가 중 자살률 1위를 기록하고 있다.[212]

〈표 2-2〉 40·50대 자살 충동이 오는 이유 (단위 %)

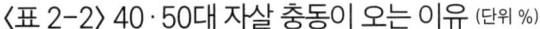

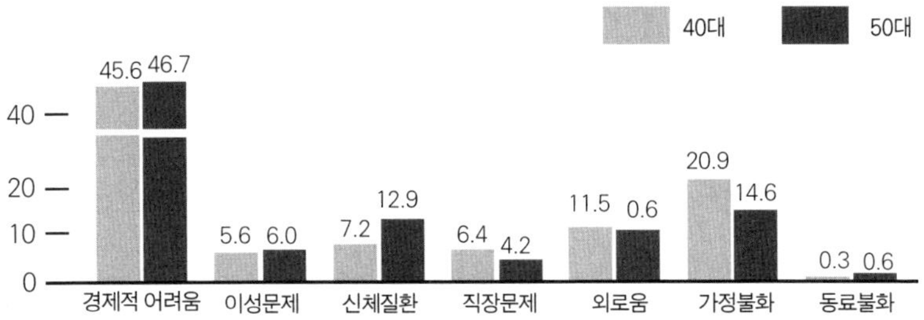

자료: 통계청 2014 사회조사

통계청 자료에 따르면 "40대와 50대의 자살 충동 원인 중 약 50%가 경제적 어려움"에서 비롯된다. 이처럼 재물로 인한 스트레스는 개인의 심리적 안정 및 압박, 정신건강을 위협하는 가장 큰 요인 중 하나이다.

212) OECD 회원국 자살률 조사, 2023년 5월 28일 자. [검색일:2023.11.22. 20시 51분] 2018~2020년 3년에 걸쳐 OECD 회원국 42개 국 중 자살률을 조사한 내용이기 때문에, 현재 2023년 OECD 가입 38개 국과의 수는 차이가 있지만, 한국은 여전히 1위를 기록하고 있다.

물질주의적 가치관이 강한 사람일수록 인간관계의 단절과 외로움, 그리고 자기 가치에 대한 회의감에 빠지기 쉽다. 결과적으로 '삶의 의미는 점점 줄어들고, 자살에 관한 생각과 시도는 증가한다.' 재정적 스트레스는 단지 개인의 문제를 넘어 가정의 해체, 직장 내 불화, 사회적 고립으로 이어질 수 있는 심각한 사회문제이기도 하다.

(3) 금전 강박증[213]: 돈에 지배당하는 삶의 양상

재물에 대한 과도한 집착은 종종 '금전 강박증(Money Obsession Disorder)'이라는 심리적 이상 상태로 발전한다. 이는 돈과 관련된 생각이 머릿속에서 끊임없이 반복적으로 떠오르고, 일상생활에까지 지장을 줄 정도로 과도하게 집착하는 상태를 말한다. 다시 말해, 강박사고(obsession)와 강박행동(compulsion)이 모두 금전을 중심으로 고착된 형태다.

금전 강박증을 지닌 사람들은 수입과 지출을 비정상적으로 자주 확인하거나, 충분한 경제적 여유가 있음에도 불구하고 과도한 통제와 절약으로 스스로를 옥죄며, 지출을 꺼리는 경향을 보인다. 또한 투자나 저축에 과도한 시간과 에너지를 쏟으며, 돈이 없어질 것에 대한 걱정이나 불안감 때문에 현실적인 필요 이상으로 재물을 축적하

213) 강박증은 스스로의 의지와 무관하게 떠오르는 생각으로 인해 다양한 감정적 불편감-나쁜 느낌, 불안, 불쾌감 등-을 줄이기 위해 동일한 사고(Obsessions)나 행동(Compulsions)을 반복적으로 보이게 되는 정신적 장애를 말한다.

려 한다. 이들은 금전과 관련된 상황이나 문제를 회피하고, 대인관계를 단절하거나 기피하며 최소한의 의·식·주만을 고집하는 경향을 보인다. 그러나 이러한 행동은 불안을 해소하기보다는 오히려 더욱 증폭시키는 경우가 많다.

예를 들어, 반복적인 쇼핑을 통해 불안을 달래려는 사람들은 일시적으로 안정감을 얻지만, 곧 다시 또 다른 불안이 찾아와 과소비와 부채로 이어지는 금전 불안의 악순환에 빠지게 된다. 이처럼 강박적 소비 형태는 결국 개인의 삶을 무너뜨리는 주요 요인으로 작용할 수 있다.

반대로, 절약과 저축을 지나치게 강조하는 태도 또한 문제를 낳는다. 한 매체의 보도에 따르면, 최근 20대 사이에서 '1억 모으기'와 절약이 유행하는 가운데, 한 28세 청년은 대부분의 수입을 저축하며 과도한 절약을 통해 1억을 모았다고 전한다. 그러나 그는 1억을 모으는 동안 소비에 대한 죄책감과 불안을 느끼며, 친구나 사회생활에 있어 돈을 쓰는 행위를 스스로 억제한 결과 심리적 억압 상태에 빠졌다. 결국 타인과의 관계를 회피하거나 단절시켰고, 생존 이상의 삶의 여유와 만족을 거부하는 태도로까지 이어졌다. 이러한 현상은 단순한 성격적 특성이나 문제가 아니라, 심각한 심리적 질환의 신호일 수 있다.

심리학적으로 볼 때, 금전 강박증은 통제감 상실과 밀접한 관련이 있다. 돈이 삶의 안정성과 안전을 보장해 줄 것이라는 왜곡된 믿음에서 비롯되기 때문이다. 그러나 이러한 믿음은 오히려 개인의 감정 조절 능력을 약화하고, 대인관계에서도 지속적인 갈등을 유발하며, 삶의 전반적인 질을 현저히 떨어뜨린다. 결국, 돈에 대한 과도한 집착은 마음의 평화를 빼앗고, 삶을 통제하려다 오히려 삶에게 통제당하는 결과를 낳는다.

(4) 황금주의: 인간성과 윤리의 퇴색

현대 사회에서 재물을 삶의 궁극적 가치로 삼는 태도, 이른바 '황금주의(Goldenism)'는 물질주의(materialism)적 세계관의 핵심을 이룬다.[214] 황금주의란 인간의 내면적 성숙이나 존엄성보다 돈, 재산, 명예, 권력과 같은 외적 조건을 중심으로 삶의 가치를 평가하는 사고방식을 말한다. 이러한 가치관 속, 삶의 전 영역 — 직업 선택, 인간관계, 인생의 목적 — 에 이르기까지 모든 것이 "얼마나 많은 돈을 벌 수 있는가?"라는 기준에 따라 판단된다. 이러한 신념 속에서 비롯된 "돈이면 무엇이든 가능하다."라는 사고는 단순한 경제적 논리를 넘어 인간 존재의 의미와 목적마저 재물에 종속시키는 위험한 가치관으로 작용한다.

자본주의 체제는 이러한 황금주의적 사고방식을 더욱 강화하

214) 물질적 부를 통해 삶의 만족과 행복을 얻고자 하는 태도 역시 물질주의로 평가될 수 있다.

며, 부(富)를 곧 성공과 동일시 한다. 높은 사회적 지위, 인간적 공감, 심지어 행복의 조건까지도 부의 유무에 의해 평가되는 경향이 뚜렷하다. 예컨대, 부유한 사람은 사회에서 높은 지위를 차지하지만, 가난한 사람은 낮은 계층에 머무는 경우가 많다.

이와 같은 경제적 불평등은 심지어 세습되며, 그 격차는 점점 더 심화되고 있다. 물론 일정 수준의 소득과 자산은 삶의 질을 결정하는 중요한 요소임은 틀림없지만, 그것이 반드시 행복과 긍정적 삶의 성취로 이어지는 것은 아니다. 오히려 황금주의적 가치관이 지배하는 사회에서는 끊임없는 재물축적을 향한 무한 경쟁이 반복되며, 이 경쟁은 물질적 성과만을 증대시킬 뿐, 삶의 실질적 만족이나 의미 있는 성취를 제공하지 못한다.

특히 재물에 대한 끝없는 추구는 근본적으로 결핍에서 비롯된 욕망이며, 그것은 결코 충족될 수 없는 본성을 지닌다. 이로 인해 인간은 점차 자신을 물질적 욕망을 달성하기 위한 도구로 전락시키고, 결국 자신조차 수단화하며 존재의 본질로부터 멀어진다.

황금주의적 세계관에 사로잡힌 사람은 인간관계나 도덕, 감정 등의 영역마저 경제적 가치로 평가한다. 타인을 이해하거나 공감하기보다는 이익과 손해를 계산하며 관계를 유지하려는 경향이 나타난다. 때(경우)에 따라서는 부정직하거나 반사회적인 수단을 동원해서라도 부를 획득하려는 왜곡된 동기를 갖게 되며, 이는 결국 인간 존재와 소외를 초래한다. 내면의 감정은 점차 무뎌지고, 삶은 공허해지며, 자아는 점점 본래의 가치와 목적을 상실하게 된다.

이러한 심리적 왜곡은 현실에서도 쉽게 확인된다. 예컨대 일부 고학력 전문직 남성들이 배우자를 선택할 때 인간적 성품이나 정서적 친밀성보다 재산, 직업, 집안 배경과 같은 경제적 조건을 우선시하는 경우, 혹은 친구 관계조차 경제적·금전적 이익 유무에 따라 결정하는 경향은 황금주의적 가치관이 인간 심리 깊숙이 내면화되었음을 보여 주는 단적인 예다. 이는 단순한 외적인 재물에 대한 집착을 넘어, 자기 존재의 가치를 외부의 평가와 경제적 지표에 의존하게 만드는 심각한 내적 불균형의 문제로 이어진다.

결국 황금주의는 사회 전반에 걸쳐 위계질서를 재물의 유무로 결정짓고, 인간관계를 경쟁과 이해득실의 관계로 변질시키며, 삶의 본질을 피상적이고 소비적인 방향으로 왜곡시킨다. 재물이 삶의 목적이 되는 순간, 인간은 수단으로 전락하고, 존재의 가치는 점차 무뎌지며, 삶은 허무한 소유와 끝없는 욕망의 반복 속에서 본질을 상실한다. 황금주의는 이렇게 인간을 외면적으로는 성공에 가까워지게 하지만, 내면적으로는 점차 고립과 소외로 몰아가는 양면적 함정을 지니고 있다.

(5) 인색과 낭비(TW-ST) : 재물탐욕의 양극화된 그림자

물질주의는 재물을 어떻게 소비하느냐(소비 방식)에 따라 '인색(Stinginess)'과 '낭비(Extravagance)'라는 극단적인 심리 유형으로 나타난다. 겉보기에는 상반된 행동처럼 보이지만, 두 가지 모두 '저축액이나 부의 축적, 부채액' 등 재물에 대한 과도한 집착과 비합리적인 소비 태도가 낳은 양극화된 결과물이다. 이는 재물탐욕이 단지 소유의 문제에 그치지 않고, 소비의 방식에서도 왜곡된 형태로 드러난다는 점을 보여 준다.

'인색'함은 주로 재물 손실에 대한 과도한 두려움에서 비롯된다.[215] 이로 인해 최소한의 소비조차 꺼리며, 돈을 쓰는 행위 자체에 불안을 느끼고 회피하려는 경향이 나타난다. 이러한 인색은 단순한 절약의 수준을 넘어, 사회적 활동의 위축, 타인에 대한 불신, 자기 억제와 긴장으로 이어져 결국 개인의 삶 전반을 위축시킨다.

반대로, '낭비'는 순간적인 쾌락을 추구하는 충동적 소비 행태로 드러난다.[216] 주로 소득이나 부의 축적이 많거나, 과도한 사람, 혹은 절제력이 부족한 이들에게서 많이 나타난다.

특히 낭비는 감정적 공허감이나 자기 정체성에 대한 불안을 해소하려는 심리적 시도로서 소비를 통해 표출되며, 일시적으로는 기분 전환이나 보상의 기능을 수행하기도 한다.[217] 하지만 이러한

---

215) 인색(吝嗇, Stinginess)은 소득이나 부의 축적이 적거나 소비에 대한 절제력이 지나치게 강한 사람에게 높게 나타난다.

216) 과소비, 충동소비와 같은 낭비(浪費, Extravagance)적 소비는 물질주의적 성향이 강할수록 높게 나타난다.

217) 낭비적 소비는 '기분 전환, 카타르시스, 쾌락적 가치 실현, 보상 심리 회복, 개성 표현, 오락' 등 만족과 행복이라는 긍정적인 측면을 제공하기도 한다.

낭비는 소득 수준과 관계없이 반복되는 경우, 카드 대금 미납이나 카드 대출, 사채 이용 등의 문제로 결국 재정적 파탄이나 심리적 중독으로 이어질 수 있다.[218] 충동구매와 과소비는 후회와 죄책감, 우울감으로 연결되고, 대인관계의 단절이나 사회적 고립을 초래하기도 한다.

이처럼 인색과 낭비는 상반된 행동으로 보이지만, 그 밑바탕에는 모두 재물에 대해 통제되지 않은 집착과 심리적 불균형이 자리한다. 예컨대, 평소 절약에 집착하던 사람이 어느 순간 억눌린 욕망이 폭발해 과소비로 치닫는 경우, 이 두 극단이 하나의 연속선상에 있음을 알 수 있다. 이러한 불균형은 단지 경제적 손실뿐 아니라 감정적 혼란과 자기 통제력의 약화로 이어져, 재물과 자아 사이의 건강한 거리를 상실하게 만든다.

결국 이러한 왜곡된 소비 행태는 '자기 통제(self-control)', 즉 자기조절 능력의 결여 또는 과잉에서 비롯된다. 자기조절이 지나치게 약하면 충동적이고 사치 소비를 습관적으로 하는 낭비로 흐르고, 과도하면 인색으로 굳어진다. 이는 단지 개인의 경제생활 뿐 아니라, 자기 정체성의 혼란, 가족 간 갈등, 사회적 유대의 약화로 이어지며

218) 낭비로 인한 문제는 '개인과 가족 간 갈등, 비난, 죄책감, 폭력, 갈취, 불안, 우울, 자해, 자살' 등 심리적 또는 행동적 문제를 초래한다. 더불어 사회적으로는 '자원 낭비, 환경 문제, 물질만능주의, 위화감 조성, 겉치레 중시' 등 여러 부정적인 영향을 일으킨다.

전반적인 삶의 질을 떨어뜨린다.

불교적 관점에서도 이러한 문제는 뚜렷하게 지적된다. 불교에서는 인색을 "재물을 나누지 못하는 집착", 낭비를 "외부 재물에 대한 과도한 애착"으로 설명하며, 두 양태 모두 탐욕의 다른 얼굴로 간주한다. 결국 인색과 낭비는 삶의 균형과 평화를 해치는 요인이자, 탐욕이라는 뿌리에서 자라난 심리적 일탈이다. 따라서 이러한 양극단적 소비 행태는 단순히 재정적 문제가 아닌, 인간 존재 전체의 조화와 성숙을 위협하는 심리적 구조로 바라보아야 한다.

결국 재물탐욕은 단지 돈을 더 갖고자 하는 단순한 욕망이 아니라, 인간의 정신적·심리적 전반을 왜곡시키고 삶의 질을 근본적으로 훼손하는 복합적인 현상이다. 이는 '끊임없는 불만족, 만성적인 스트레스, 강박적 사고, 왜곡된 황금주의적 가치관', 그리고 '비합리적 소비'라는 다양한 양상으로 드러난다. 이러한 심리적 구조는 외형적으로는 성공을 추구하는 모습일 수 있으나, 실제로는 내면의 평온과 삶의 균형을 붕괴시키는 요인이 된다.

심리학적 관점에서 보면, 재물탐욕은 개인의 자아 정체성, 감정의 안정성, 그리고 삶의 목표와 인간관계를 교란시키는 요인으로 작용한다. 이는 곧 삶의 주관적 만족도를 저하시킬 뿐 아니라, 사회 전체의 공동체적 건강성에도 부정적인 영향을 미친다. 물질 중심의 삶이 인간을 점점 더 외형적인 가치에 종속시키고 내면의 성숙을 방해한다. 따라서 재물탐욕은 개인의 문제를 넘어 사회적·문화적 차원에서 성찰되어야 할 중요한 심리적 과제로 남는다.

2. 불교 경전 속 경고

초기불교에서는 '탐욕(taṇhā)'을 윤회의 고통을 초래하는 근본 원인으로 본다. 특히 재물에 대한 집착은 감각적 쾌락을 추구하는 대표적 형태로서 그로 인해 중생은 끊임없는 괴로움에 빠진다고 여긴다. 이는 출가자와 재가자 모두에게 적용되는 가르침으로 물질에 대한 집착은 단순한 소유욕을 넘어 삶 전체를 왜곡하고 고통을 재생산하는 요인으로 작용한다. 출가수행자는 모든 탐욕을 철저히 경계해야 하지만, 재가자는 생존과 가정을 유지하는 삶 속에서 일정 수준의 욕망(탐욕)이 불가피하게 허용된다. 그러나 두 부류 모두 탐욕의 본질에서 벗어나지 않으며, 그 '근본 문제는 동일하다'는 점에서 초기불교는 재물탐욕을 중요한 수행 장애로 간주한다.

중생은 종종 재물을 통해 세상 문제를 해결하려 한다. 위험으로부터 보호받고 싶거나,[219] 원하는 것을 얻고자 하며, 좋은 인간관계를 유지하고 명성과 수명을 늘리기 위해 재물을 수단으로 삼는다. 하

---

219) 위험은 불, 물, 힘 있는 자, 도적, 나쁜 자 등을 의미하며, 즉 중생은 모든 재난으로부터 보호받길 원한다.

지만 이러한 욕망은 곧 집착으로 이어지고, 재물에 대한 탐욕은 점점 더 깊어지며 결국 괴로움을 낳는다. 《상윳따 니까야》에서는 감각적 욕망이 충족되지 않을 때 중생이 겪는 고통을 다음과 같이 묘사한다.

> "감각적 쾌락을 원할 때 그 감각적 쾌락의 욕구가 이루어지면 갖고자 하는 것을 얻어서 그 사람은 참으로 기뻐한다. 감각적 쾌락의 길에 들어서 욕망이 생겨난 사람에게 만일 감각적 쾌락이 충족되지 못하면 그는 화살에 맞은 자처럼 괴로워한다. (중략) 농토나 대지나 황금, 황소나 말, 노비나 하인, 부녀나 친척, 그밖에 사람이 탐내는 다양한 감각적 쾌락을 위한 욕망의 대상이 있다. 나약한 것들이 사람을 이기고 재난이 사람을 짓밟는다. 그러므로 파손된 배에 물이 스며들듯, 괴로움이 그를 따른다."[220]

이처럼 중생은 토지, 금·은·보화, 가축, 가족 등 다양한 재물을 감각적 쾌락의 대상으로 여기며, 이를 얻고자 끊임없이 욕망한다. 그러나 감각적 쾌락은 언제나 외부 조건에 따라 좌우되며, 충족되지 않을 때 중생은 '화살에 맞은 듯한' 극심한 괴로움을 겪는다. 이러한 괴로움은 마치 파손된 배에 물이 스며들듯, 서서히 삶 전체

---

220) Sn. 769게송; 전재성 옮김, 《숫타니파타》, 서울: 한국빠알리성전협회, 2004, p.391.

를 잠식한다.

욕망은 단지 현재에 머무르지 않고, 과거의 쾌락에 대한 기억과 미래의 쾌락에 대한 기대를 통해 더욱 증폭된다. 《숫타니파타》는 이렇게 경고한다.

> "동굴에 집착하고, 온갖 것에 덮여 있고, 유혹 속에 빠져 있는 자, 이러한 사람은 멀리 떠남과 거리가 멀다. 참으로 세상에서 감각적 쾌락의 욕망은 버리기 어렵다. 욕망을 조건으로 존재의 환희에 묶인 자들, 그들은 미래와 또는 과거를 생각하면서 이러한 현재나 과거에 감각적 쾌락에 탐착하기 때문에 스스로 해탈하기 어렵고 남에 의해 해탈되기도 어렵다."[221)]

탐욕에 사로잡힌 괴로움은 중생은 '어두운 동굴'이나 '유혹의 덫'에서 벗어나기 어렵다. 이러한 동굴과 유혹은 근본적인 무명(無明), 즉 무지와 집착에 비유된다. 무명에 뿌리를 둔 탐욕은 중생을 끊임없이 감각적 쾌락에 사로잡히게 하며, 결국 감각적 쾌락을 좇는 삶은 해탈로부터 점점 멀어지게 하고, 고통의 수레바퀴에서 벗어나지 못하게 만든다. 《법구경》을 비롯한 여러 경전에서도 이러한 탐욕의 위험성을 다음과 같이 경고한다.

---

221) 전재성 옮김, 《숫타니파타》, 서울: 한국빠알리성전협회, 2004, p.394.

"이 세상에서 막대한 재화를 획득하고서는 거기에 취하고 방일하고 감각적 쾌락의 욕망에 빠지고, 뭇 삶에게 죄를 짓는 사람은 많다. 쾌락과 재화에 집착하고 감각적 쾌락의 욕망에 현혹되어 자신의 과오(過誤)를 깨닫지 못하니 사슴이 쳐진 덫에 걸려드는 것과 같네. 과오는 나중에 쓴 맛이 되고 그 결과가 악하기 때문이라네."[222]

재물은 본래 도구에 불과하지만, 탐욕이 개입되면 오히려 중생을 덫처럼 옭아매는 도구가 된다. 중생은 재물을 얻지 못하면 슬픔과 분노, 좌절, 심지어 광란에 이르며, 얻은 뒤에도 이를 지키기 위해 집착과 불안이 따른다. 흔히 누군가 훔쳐 가거나, 자연재해로 소멸하거나, 원하지 않는 사람에게 상속되었을 때, 중생은 "내 것이 다 없어졌다."라며 큰 고통에 빠진다. 《맛지마 니까야》에서는 이를 다음과 같이 설명한다.

"강한 슬픔(balava-soka)은 근심(socati)이 되고, 몸에서 느끼는 고통(dukkha)은 상심(kilamati)이 되며, 말로써 탄식하는 것은 슬픔(paridevati)이 되어, 마치 인식을 잃어버린 것(visaññi)처럼 미쳐버려(sammūḷha) 광란(sammoham āpajjati)을 부린다."[223]

---

222) 전재성, 《상윳따 니까야, 오늘 부처님께 묻는다면》, 서울: 한국빠알리성전협회, 2005, p.35.

223) MN. Ⅱ. p.57; 대림 스님 옮김, 《맛지마 니까야》 권1, 울산: 초기불전연구원,

더 나아가, 재물탐욕은 윤리적 타락을 초래한다. 감각적 욕망은 도둑질, 폭력, 사기, 강간, 살인 등 수많은 범죄의 원인이 된다. 이는 불교에서 '여섯 가지 타락의 입구'를 여는 행위로 간주하는데, 붓다는 이를 다음과 같이 경고하였다.

> "술과 중독성 물질에 빠지는 것, 때 아닌 시간에 길거리를 떠도는 것, 공연이나 구경거리를 좇는 것, 도박·노름을 즐기는 것, 나쁜 친구를 사귀는 것, 게으름에 빠지는 것—이 모든 것은 타락의 입구가 되는 재물이다."[224)]

결국 재물에 대한 집착, 즉 재물탐욕은 단지 개인의 심리적 고통을 유발할 뿐만 아니라, 가족과 공동체, 나아가 사회 전체의 질서를 무너뜨리는 요인이 되기도 한다. 이런 점에서 초기불교는 재물탐욕에 대해 단호한 태도를 보인다. 초기불교 경전에서 드러나는 재물탐욕으로 인한 문제는 '가정불화, 황금주의, 인간관계의 불화, 경제범죄' 등의 사례를 통해 구체적으로 확인할 수 있다.

2012, p.429.

224) DN. Ⅲ, p.182; 각묵 스님 옮김, 《디가 니까야》 권3, 울산: 초기불전연구원, 2006, p.316. Surā-meraya-majja-pamāda-ṭṭhānânuyogo kho gahapati-putta …Vikāla-visikhā-cariyâ-nuyogo … Samajjâbhicaraṇaṃ … Jūta-ppamāda-ṭhānânuyogo … Pāpa-mitthânuyogo … Ālassânuyogo bhogānaṃ apāya-mukhaṃ.

1) 가정의 붕괴

초기불교는 재물이 삶을 유지하는 데 필요하다는 사실을 부정하지 않는다. 중생은 자연재해나 질병, 도둑, 악한 자들로부터 자신과 가족을 지키기 위해 재물이 필요하다고 여긴다. 그러나 이 재물에 대한 지나친 애착, 곧 탐욕은 가정 안에서의 갈등과 비극의 씨앗이 되며, 결국 파멸로 이끈다고 붓다는 경고한다. 감각적 쾌락과 재물에 대한 집착이 깊어질수록 가족 구성원 간의 신뢰와 사랑은 무너지고, 가족은 분열과 고통 속에 빠지게 된다.

〈폐숙경(閉宿經)〉에는 재물로 인해 벌어진 극단적인 가족 갈등의 사례가 다음과 같이 전해진다.

> "옛날 이 사파혜촌에 어떤 바라문이 있었다. 늙은 그의 나이는 120세였다. 그에게는 두 아내가 있었다. 하나(본부인)는 먼저 아들이 있었고, 다른 하나(첩)는 처음 아이를 배었다. 때에 그 바라문은 얼마 있지 않다가 죽었다. 그 큰어머니(본부인)의 아들이 작은어머니(첩)에게 말하기를 '우리가 가진 재보를 마땅히 모두 내게 달라. 작은어머니가 가질 몫은 없다'라고 했다. 작은어머니가 말했다. '너는 잠깐 내가 몸을 풀기를 기다려라. 만일 사내를 낳거든 마땅히 재물을 가르고, 만일 딸을 낳거든 네가 장가들어 마땅히 그 재물을 가지라.' 그러나 그 아들은 조르기를 그치지 않았다. 그때 그 작은어머니가 곧 날선 칼로 스스로 그 배를 갈

라 사내인가 계집인가를 알려고 했다."[225]

이 이야기에서 큰아들은 아직 태어나지도 않은 동생에게 재산을 나눠 줄 수 없다고 주장하며, 임신한 계모를 지속적으로 압박한다. 그 결과 작은어머니는 스스로 배를 갈라 아이의 성별을 확인하려 했고, 결국 자신의 목숨과 태아의 생명을 함께 잃게 된다. 이처럼 재물에 대한 지나친 집착은 가족 간의 신뢰를 파괴하고, 인간성마저 무너뜨리는 참혹한 결과를 낳는다.

또한 초기불교는 감각적 대상에 대한 집착이 중생을 얼마나 쉽게 악행으로 이끄는지를 반복적으로 강조한다. 어리석은 이는 과거의 즐거운 기억이나 미래에 대한 기대 속에서 탐욕을 더욱 키우며, 법과 도덕을 어기고 타인과 함께 서로를 착취한다. 그 결과는 공동체의 파괴이며, 이는 가족이라는 가장 작은 공동체에서도 예외가 아니다.

권력과 재물에 대한 집착이 가족을 파괴한 대표적 사례로는 '아자따삿뚜(ajātasattu) 왕의 이야기'가 있다. 그는 왕위와 재물을 차지하기 위해 아버지인 빔비사라 왕을 살해하고 즉위하였으나, 결국 자신

225) 《長阿含經》 권7, (T01, 0046b07-b16), "昔者, 此斯波醯村有一梵志, 耆舊長宿, 年百二十. 彼有二妻, 一先有子, 一始有娠. 時彼梵志未久命終, 其大母子語小母言, 所有財寶, 盡應與我 , 汝無分也. 時小母言, 汝為小待, 須我分娠, 若生男者, 應有財分, 若生女者, 汝自嫁娶, 當得財物. 彼子慇懃再三索財, 小母答如初, 其子又逼不已, 時彼小母即以利刀自決其腹, 知為男女. 語婆羅門言, 母今自殺, 復害胎子, 汝婆羅門, 亦復如是, 既自殺身, 復欲殺人."

의 아들 우다이밧다(Udāyībhadda)에 의해 살해되었다. 부와 권력을 탐하는 욕망은 결국 부자간의 살육으로 이어져 가문의 파멸을 초래한 것이다. 이는 "노름꾼이 처음에 최악의 패를 잡아서 아들을 잃고 아내를 잃고 모든 재산을 잃고 마침내 자신마저 노예로 전락하는 것과 같다."[226]라는 경고와도 상통한다.

붓다는 가정의 평화를 위해 부부와 가족 구성원 모두가 재물에 대한 올바른 태도를 가져야 한다고 가르쳤다. 그는 아내에게 남편이 번 재물을 지키되, 정당한 방법으로만 사용하고, 술과 방탕을 멀리하며 가정의 안정을 우선할 것을 당부하였다. 아내가 재물을 이유로 남편을 멸시하거나, 돈으로 사람을 사거나, 도덕을 무시한 채 사치를 일삼는 등 이런 삶을 살아서는 안 된다고 가르쳤다. 더불어 아내가 재물에 눈이 멀어 살인에 호기심을 보이고 악행과 욕설을 저지른다면, 그것은 가정을 파괴하는 행위이며, 여성으로서의 품위 또한 잃는 일이라 하였다.

반면 남편이나 아버지도 재물에 대한 집착으로 가족을 돌보지 않거나, 인색하게 살아서는 안 된다. 한 장자의 사례가 그 대표적인 예이다. 그는 엄청난 부를 가지고도 매일 죽과 싸래기 쌀만 먹고, 기운 낡은 옷을 입고, 낡은 수레만을 사용하며 인색하게 살았다. 그 결

---

226) NN. Ⅲ, pp.174-175; 대림 스님 옮김, 《맛지마 니까야》 권4, 울산: 초기불전연구원, 2012, p.351.

과 그는 가족과 이웃, 심지어 자신조차도 재물로부터 기쁨을 얻지 못하게 했다. 이처럼 인색함은 가정을 황폐하게 무너뜨리고 가족의 행복을 빼앗는다.

결국 초기불교는 재물에 대한 집착이 가정의 화목을 해치는 핵심 요인임을 지적한다. 재물은 삶에 필요하지만, 그것이 목적이 되어서는 안 된다. 구성원 각자가 탐욕을 절제하고 서로를 배려할 때 비로소 진정한 가정의 평화가 가능하다는 가르침이다.

2) 황금만능주의와 사회적 갈등

황금주의란 재물을 인생의 최고 가치로 여기며, "돈이면 무엇이든 할 수 있다."라는 사고방식에 기초한 태도를 말한다. 시대를 막론하고 중생들은 재물을 가장 강력한 힘으로 인식하고, 이를 통해 삶의 문제를 해결하려 한다. 재물은 의식주를 해결하고, 권력을 누리며, 선택의 자유를 확장하고, 쾌락과 행복을 추구하는 수단으로 여겨진다. 중생들은 "재물로 모든 재난, 즉 불과 물과 왕과 도적과 적과 [나쁜 마음을 가진] 상속인 등의 여러 가지 재난으로부터 자신을 보호하기"를 원한다.[227)]

---

227) AN. Ⅱ, p.68; 대림 스님 옮김, 《앙굿따라 니까야》 권2, 울산: 초기불전연구원, 2006, p.188. "yā tā honti āpadā aggito vā udakato vā rājato vā corato vā appiyato vā dāyādato vā tathārūpāsu āpadāsu bhogehi pariyodhāya vattanti

재물에 대한 이러한 집착은 부자와 가난한 자를 가리지 않는다. 부자는 이미 많은 재산을 가졌음에도 불구하고 더 얻고자 부·번영에 관해 이야기하며 추구하고, 가난한 자는 재산이 없음에도 부유함을 동경 및 갈망하며 끊임없이 재물·부에 관해 이야기를 한다. 이처럼 대부분의 중생은 재물을 자신만을 위해 사용하려 하며, 그것이 타인을 이롭게 하는 수단이 될 수 있음을 간과한다.

경전에서는 '노차(露遮)의 이야기'를 통해 이를 경계한다. 누군가 노차에게 "네가 가진 재물은 모두 네가 쓰고, 남에게는 주지 말라"고 조언하자, 붓다는 그 말이 "다른 사람의 생활(삶)을 끊는 것"이라고 꾸짖었다.[228] 실제로 노차는 많은 재물을 가지고 있음에도 타인과 나누려 하지 않았고, 나누는 데 가치를 느끼지 못했다. 이는 재물에 대한 잘못된 태도가 탐욕을 부추기고, 사회 전체에 부정적인 영향을 끼친다는 사실을 보여 준다.

이러한 황금주의는 중생들이 재물을 얻기 위해 수단과 방법을 가리지 않는 행위로 이어진다. 예를 들어, 야소다라(Yasodhara)가 불탑을 조성하기 위해 숲으로 들어갔을 때, 500명의 도적이 습격하여 그녀의 눈을 빼앗고 모든 재물을 약탈했다.[229] 이는 재물을 강탈하거

---

sotthim attānaṃ karoti."

228) 《長阿含經》 권17, (T01, 0114a13-a16), "若有人語汝言, 彼波羅婆提村封所有財物. 露遮, 自用勿給人, 物當自用, 與他何為. 云何, 露遮, 設用彼言者, 當斷餘人供不. 答曰, 當斷."

229) 각묵 스님 옮김, 《상윳따 니까야》 권3, 울산: 초기불전연구원, 2009, p.574, 각

나 빼앗기 위해 폭력을 행사하던 당시의 혼란스러운 사회상을 반영한다. 또한 어부나 백정처럼 생명을 해치는 직업, 점술로 사람을 속이는 일, 거짓말, 뇌물 수수, 권력과 결탁 등 재물을 얻기 위한 다양한 부정한 행위가 경전 곳곳에 나타난다.

심지어 수행자들조차 재물의 유혹에서 벗어나지 못했다. 한 수행자는 자신이 머물던 곳의 장로들에게 "이곳은 너무 검소하니 떠나라"고 말하고, 그 자리를 차지하려 했다. 이는 출가한 수행자들조차 재물의 유혹, 재물에 대한 탐욕에서 자유롭지 않음을 보여 준다.

이처럼 재물에 대한 집착은 결국 보시(布施)를 외면하게 하고, 가난한 자를 더욱 가난하게 만든다. 타인을 위한 나눔 없이 자신만을 위한 축적에 몰두할수록 사회는 병들고, 재물은 감각적 욕망을 자극하여 더 큰 탐욕을 불러 일으킨다. 하나를 얻으면 둘을 원하고, 둘을 얻으면 넷을 원하는 식으로, 중생은 끝없는 욕망의 고리에 빠져 스스로를 묶어 버린다.

정치적 혼란이 커지고 권력이 약해질수록 재물의 위상은 더 높아진다. 재력가들은 재물로 정치인을 조종하거나, 법정을 매수하며 권력 위에 군림하기도 한다. 실제로 어떤 이는 "재판정에 앉아 부유한 자들이 감각적 욕망을 원인으로 고의적인 거짓말을 하는 것을 보았으며, 더는 이 일에 관여하지 않기로 했다."라고 말한다. 이는 황

주 460.

금주의가 정의와 공공의 이익마저 무너뜨리는 결과를 낳는다는 경고다.

황금주의 사회에서는 인간관계조차 재물을 중심으로 형성된다. "누가 나에 대해 왈가왈부하면 뇌물을 주어 우호적으로 만들겠다."라는 생각이 팽배하고, 뇌물을 받은 자는 반복해서 그것을 요구하며 부정과 부패를 조장한다. 주고받는 뇌물은 점점 더 많은 거짓말, 중상모략, 간탐, 욕설 등 각종 부정적 행위를 낳고, 결국 재물로 맺어진 인간관계는 불행을 초래할 뿐이다.[230)]

더 나아가 재물탐욕에 깊이 빠진 사람은 그것을 이용해 다른 이들에게 못된 짓을 저지르며 방일하게 살아간다. 그는 삶의 의미를 잃고, 끊임없는 욕망에 휩쓸린다. 하루에 100개, 1,000개의 동전을 벌며 백 년을 살았다고 해도, 자신과 타인을 돌보지 않고 축적에만 몰두했다면 그것은 진정한 행복이라 할 수 없다.

결국, 재물이 많아질수록 감각적 욕망은 더 커지고, 황금주의는 완전한 행복에서 중생을 멀어지게 만든다. 사회 전체가 재물을 최고의 가치로 여길수록 불행은 더욱 깊어지고, 재물은 오히려 파멸의 씨앗이 된다. 초기불교는 이러한 황금주의의 병폐를 지적하며, 재물의 가치가 허용 및 절대화된 사회에선 진정한 행복이 성립할 수 없다고 가르친다.

---

230) 대림 스님 옮김, 《앙굿따라 니까야》 권6, 울산: 초기불전연구원, 2007, p.488.

3) 망가지는 인간관계

재물에 대한 탐욕은 단지 개인 내면의 문제에 그치지 않고, 출가자와 재가자 간, 그리고 재가자 상호 간 등 인간관계에 심각한 균열을 초래한다. 초기불교에서는 이러한 재물탐욕을 공동체의 조화와 인간관계의 불화를 일으키는 핵심 요인으로 규정하며, 나아가 악업을 조장하는 중대한 장애물임을 분명히 경고한다.

붓다는 가난하고 궁핍한 사람들일수록 재물을 간절히 원하게 되며, 그로 인해 분노와 원한, 질투와 위선 등의 부정적인 마음을 품기 쉽다고 지적한다. 이러한 심리적 흐름은 곧 행동으로 이어져, 공동체 내 갈등과 반목, 더 나아가 도둑질이나 살해와 같은 극단적 결과로 발전하기도 한다. 《앙굿따라 니까야》에서는 "희망은 있으나 얻지 못하면 그는 분노에 가득 차며, 분노에 가득 차면 악의가 생기고, 악의가 생기면 그 입으로 거짓말을 하고, 거짓말하는 이는 나쁜 행동에 이른다."라고 설한다.[231]

이처럼 재물에 대한 탐욕은 악행을 유발하는 연쇄적 사슬을 형성하며, 인간을 정신적 · 도덕적 타락으로 이끈다.

또한, 재물은 인간의 감각적 욕망을 자극하여 마음을 혼란스럽게 만들고, 만족하지 못한 욕망은 다툼과 폭력, 질투와 살의로 이어

---

231) AN. A3.70.

진다. 경전에서는 "세상에는 여섯 가지 감각적 욕망의 대상이 있다. 그것들에 탐착한 사람들은 다투고 싸우며, 서로 욕하고 불화를 일으킨다."고 하여,[232] 욕망이 인간관계를 파괴하는 직접적인 원인임을 드러낸다. 오늘날에도 돈이나 재산, 소유물을 둘러싼 가족 간 다툼, 친구나 이웃 간의 반목, 직장 내 경쟁과 질투, 분열 등은 여전히 반복되는 현실이다.

출가자의 재물 탐욕과 교단의 불화

출가자 역시 재물탐욕에서 결코 자유로울 수 없다. 붓다는 수행자들이 출가의 참뜻을 망각하고, 오히려 재물과 명예를 탐하여 세속적인 삶을 흉내 내는 것을 경계하였다. 본래 해탈을 목표로 하는 수행자(출가자)에게는 어떠한 탐욕도 용납되지 않는다. 《앙굿따라 니까야》에서는 "그들은 수행하지 않고 감각적 욕망에 이끌리며, 그런 생활을 선하게 여기고 마음을 쏟는다. 그들은 수행자의 삶을 버리고 세속의 삶으로 돌아가기를 바란다."고 하여,[233] 탐욕에 물든 출가자는 단지 외형만 출가자일 뿐, 진정한 수행자가 아님을 질타한다.

실제로 일부 출가자들은 의복, 음식, 약품, 거처 등의 물질적 조건에 지나치게 집착하는 경향을 보인다. 《율장》의 〈의건도

---

232) DN. D33.

233) AN. A5.80.

(Cīvarakkhandha)〉에서는 출가자의 소유물에 대해 엄격한 규정을 두고 있다. "비구가 죽으면 승가는 그의 발우와 의복에 대한 소유권을 가지며, 다만 간병인만이 이를 가질 수 있다."[234] 또한 공양물이나 무거운 기물, 생필품은 사방승가에 속하므로 개인적으로 처분할 수 없다고 명시한다.

그런데도 일부 출가자들은 이러한 규정을 무시하고, 의복이나 약품, 거처, 공양물 등 물질적 이익을 얻기 위해 서로 경쟁하거나 재가자에게 은근히 요구하는 비도덕적·불선한 행동을 보이기도 한다.[235] 심지어 "수행자 싸끼야의 아들들은 계행이 쉽고 삶이 평안하며 좋은 음식을 먹고 바람이 들이치지 않는 침상에서 잔다."라는 이유로 출가를 결심하는 자들도 있었다.[236] 이는 수행이라는 명목 아래 수행을 빙자한 세속적 안락과 이익을 추구하는 태도이며, 승가 내의 조화와 청정성을 깨뜨리는 중대한 문제다.

---

234) Vin. Ⅰ, p.303. "bhikkhussa bhikkhave kālaṃ kate saṃgho sāmi pattacīvare"(비구가 죽었을 때 승가가 발우와 옷의 주인이다.) 다만 죽은 수행자를 돌보던 간병인(Gilānupaṭṭhāka)은 수행자의 사망 사실을 승가 대중에게 알리고 동의를 구한 뒤, 그가 사용하던 발우나 옷을 가질 수 있다. 간병인이 이를 갖지 않을 때에는 현전승가가 갖는다.

235) Vin. Ⅲ, p.237-241. 사타 제18-20조; 출가자에게는 다양한 개인 재물이 있을 수 있지만, 특히 금·은 등 보석을 받거나 받도록 허락해서는 안 되며, 교환해서도 안 된다. 또한, 공양물, 의복, 천, 깔개, 음식, 약품 등을 사고파는 일도 금지된다.

236) 전재성 옮김, 《마하박가-율장대품》 권1, 서울: 한국빠알리성전협회, 2014, p.222.

더욱이 이 같은 물질적 집착은 출가자 간 갈등을 낳았다. 시기, 질투, 폭언, 폭행, 포살일의 불참, 안거지 중복 등록 등은 모두 공동체 내 신뢰를 붕괴시키는 요인이었다. 특히 포살일(布薩, upavasatha)에 계율을 지키지 않고 세속을 떠돌며 의식주를 구하거나, 안거를 두 군데에서 하여 공양물을 이중으로 챙기는 등의 비행은 교단 내부의 신뢰와 청정성을 해치는 대표적 사례다. 이처럼 출가자가 재물에 탐착하면 결국 수행의 본질을 잃고, 공동체 내부의 청정성과 존경도 잃게 된다.

붓다는 이에 대해 "법의 상속자가 되어야지 재물의 상속자가 되지 말라"고 강조하였다.[237] 출가는 수행의 길이지, 결코 세속의 안락이나 풍요, 재물, 명예를 위한 수단이 아니라는 것이다. 그런데도 일부 출가자는 여전히 재물을 얻기 위해 재가자에게 사의지(四依止, cattāro nissayā)를 구하거나, 출가를 세속적 이익 획득의 방편으로 삼기도 했다. 이들은 '존경'과 '멸시받지 않음'이라는 세속적 지위를 원했고, 이는 양심과 수치심의 결여로 이어져 삿된 견해와 원한을 낳았다. 결과적으로 이러한 행위는 교단과 재가자, 나아가 사회 전체에 부정적인 영향을 미쳤다.

한편, 어떤 출가자들은 다시 세속의 삶으로 돌아가기를 희망하고, 가족이나 지인들이 "재물을 즐기며 공덕을 쌓으라"며 출가자를

---

237) 대림 스님 옮김, 《맛지마 니까야》 권1, 울산: 초기불전연구원, 2012, p.89.

설득하는 예도 있었다. 더불어 어떤 수행자는 종종 공양받은 처소에서 생활하며 생각하기를;

> "이제는 돌아다닐 곳을 잘 안다. 모르는 사람들 사이에서 평생토록 노력을 기울이는 것도 힘들고, 구걸을 암시하는 것도 사람들에게 불쾌한 것이다. 내가 죽과 단단한 음식과 밥을 마련하는 데 노력을 기울일 필요가 있을까? 그는 죽과 단단한 음식과 밥을 마련하는 데 노력을 기울이지 않았다."[238)]

이처럼 생각하여 스스로 합리화하며 세속에 머물렀다. 이에 대해 붓다는 세속의 처소에 머무르는 것 자체는 죄가 아니지만, 감각적 욕망과 탐욕에 이끌려 세속을 떠돌며 공양물을 구걸하는 행위는 "끝없이 갈구하는 행위"이며 비판받아 마땅하다고 지적하였다.[239)] 그러나 실제로 어떤 이들은 쾌락에 탐닉하며 세속 속 사찰에서 안거하는 것처럼 보이지만, 실은 계율을 범하고 자신이 한 말도 부정하며 어리석은 자로 살아간다.

결국 재물에 집착하는 출가자는 수행의 본질을 잃고, 교단의 신

---

238) 전재성 옮김, 《마하박가-율장대품》 권1, 서울: 한국빠알리성전협회, 2014, pp.718-719.

239) 전재성 옮김, 《마하박가-율장대품》 권1, pp.718-719.

뢰와 존경을 잃게 해 냉소와 비난을 초래한다. 이는 재가자들에게도 부정적 영향을 미쳐, '재가자들이 출가자에 대해 여러 방편으로 견책하고 부양하기 어려워지며, 출가자들이 욕심이 많고 만족할 줄 모르며, 교제를 좋아하고 나태함을 보이는 등' 이런저런 말과 인식을 낳고, 승가에 대한 신뢰를 저해한다.[240)]

이처럼 출가자의 재물탐욕은 승가 내부뿐 아니라 재가자와의 관계까지 왜곡시켜, 수행 공동체의 이상을 훼손하는 심각한 결과를 초래한다.

재가자의 재물 탐욕과 인간관계의 파탄

재가자 역시 재물에 대한 과도한 욕망으로 인해 다양한 인간관계의 심각한 불화를 겪는다. 재물을 얻지 못하면 절망과 비탄에 빠지고, 얻었을 때조차도 그것을 지키기 위한 불안과 두려움에 시달린다.

> "이 훌륭한 이들이 일하고 노력하고 분투하여 재물을 얻지 못하면, 슬퍼하고 괴로워하고, 애통하고, 가슴을 치며 울며 '나의 활동은 헛된 것이고 나의 노력은 무익했다'라고 미망에 떨어진다." 그리고 "그가 재물을 수호하고 보존하려 해도 왕이 빼앗고 도둑이 훔치고, 불과 홍수에 잃

240) 전재성 옮김, 《마하박가-율장대품》 권1, 서울: 한국빠알리성전협회, 2014, p.722.

거나 상속자에게 강탈당하면, 다시금 똑같이 슬퍼하고 괴로워한다." [241]

또한 재가자들은 감각적 쾌락을 좇다가 욕망이 충족되지 않거나 실현되지 않으면 질투심과 분노, 폭력에 휩싸인다. "그들은 싸우고 다투고 논쟁하며 서로 두 손으로 치고 흙덩이를 던지고 몽둥이로 때리고 칼로 찌른다. 그리하여 그들은 죽음에 이르거나 죽을 것 같은 고통을 맛본다."라는 묘사처럼 감각적 욕망이 충족되지 않을 때 인간관계가 얼마나 쉽게 신체적·정신적 고통과 심각한 대인 갈등, 폭력, 파탄 등으로 변질되는지를 보여 준다. 타인의 재산에 대한 질투와 적의는 "저 사람이 가진 재물이 내 것이면 좋겠다."라거나, 심지어 "이들이 죽고 멸망하길 바란다."라는 악의적이고 타락한 사고로까지 이어진다.

이러한 감정은 인간관계를 해치고, 공동체 내 분열과 갈등을 심화시킨다. 특히 가난한 자나 재물을 얻지 못한 자일수록 재물을 생존의 수단이자 성공의 척도로 여기지만, 그 과도한 집착은 오히려 분노, 앙심, 원망, 위선, 인색함 등 파괴적이고 부정적인 정서를 낳는다.

'〈마음에 들고 마음에 들지 않음 경(Manāpāmanāpa-sutta)〉'에서는 재물이 인간관계의 지배 수단으로 작용하는 현실을 지적한다. "아름

---

241) 전재성 옮김, 《맛지마 니까야》 전집, 서울: 한국빠알리성전협회, 2009, pp.217-218.

다움, 재물, 계행, 부지런함, 아들" — 이 다섯 가지 세간의 힘 중에서 재물은 남녀가 서로를 통제하고 지배하는 데 가장 손쉽게 이용된다. 즉 재물이 많을수록 더 많은 권위와 영향력을 행사할 수 있게 되는 것이다.

그러나 이러한 재물의 힘은 자칫 감각적 쾌락을 향한 과도한 추구로 이어져, '술, 여자, 도박, 나쁜 친구 등' 방탕한 삶이나 파멸의 길로 이어질 수 있다. 흔히 "잃어버린 것은 찾지 않고, 낡은 것은 수선하지 않으며, 절제 없이 먹고 마시고, 계행이 나쁜 자를 요직에 앉히는"[242] 등의 행위는 모두 재물을 파괴적 방식으로 사용하는 예다. 결국 재물은 사람들 사이에 신뢰와 우애를 맺기보다는, "나를 욕했다, 나를 때렸다, 나를 이겼다, 내 것을 훔쳤다."라는 식의 원한과 불화를 유발하는 요인이 된다.[243]

재물은 본래 인간의 삶에 자유와 여유를 부여할 수 있지만, 그것에 대한 태도와 집착은 악행의 근원이 될 수 있다. 붓다는 "재물이 있으면 세상에서 자유롭게 살 수 있지만, 그것을 잘못 사용하면 악행의 원인이 된다."라고 설하였다.[244] 이처럼 문제는 재물 그 자체가 아

242) AN, Ⅱ, p.249; 대림 스님 옮김, 《앙굿따라 니까야》 권2, 울산: 초기불전연구원, 2006, p.563. "sīlavantaṃ itṭhiṃ vā purisaṃ vā ādhipacce ṭhapenti. Yāni kānici."

243) MN, Ⅲ, p.154; 대림 스님 옮김, 《맛지마 니까야》 권4, 울산: 초기불전연구원, 2012, p.323. "Akkocchi maṁ avadhi maṁ, ajini maṁ ahāsi me, Ye taṁ upanayhanti, veraṁ tesaṁ na sammati."

244) AN. A4.62.

니라, 재물에 대한 인간의 태도와 사용 방식에 있다. 결국 재물탐욕은 개인의 내면뿐 아니라 인간관계 전체를 병들게 하며, 끊임없는 갈등과 다툼, 원망의 고리를 만들어 낸다.

4) 경제범죄와 불법 행위

재물에 대한 집착은 단순한 심리적 탐욕을 넘어 사회적 범죄와 불법 행위로 이어진다. 초기불교는 직접적으로 '경제범죄'라는 현대적 개념을 사용하진 않았지만, 탐욕이 법과 도덕의 경계를 넘어설 때 초래되는 결과에 대해 매우 명확히 경고한다. 재물은 인간에게 권위와 권력을 부여하는 세간의 힘으로 작용한다. 이 힘을 경험한 사람들은 점차 재물을 통제와 권력, 지배의 수단으로 여겨 탐욕적으로 집착하게 되고, 이러한 집착은 개인의 내면뿐만 아니라 사회 전체의 구조와 가치관까지 변질시킨다.

오늘날의 경제범죄는 대개 제도적 허점을 악용하거나 타인의 이익을 침해하는 방식으로 발생한다. 초기불교에서도 이와 유사하게, 경제적 불균형이 윤리적 타락과 사회질서의 붕괴로 이어지는 과정을 구체적으로 서술하고 있다. 대표적인 사례가 바로 〈전륜성왕사자후경〉에 나타난 '경제적 붕괴의 도식'이다. 경전은 그 시작을 '빈곤'에서 찾는다.

"재물이 없는 자들에게 재물을 나누어 주지 않자, 빈곤이 크게 퍼졌다.

빈곤이 크게 퍼지자, 주지 않은 것을 가지는 것이 크게 퍼졌다. 주지 않은 것을 가지는 것이 크게 퍼지자, 무기가 크게 퍼졌다. 무기가 크게 퍼지자, 생명을 죽이는 것이 크게 퍼졌다. 생명을 죽이는 것이 크게 퍼지자, 거짓말하는 것이 크게 퍼졌다. 거짓말하는 것이 크게 퍼지자, 고자질이 크게 퍼졌다. 고자질이 크게 퍼지자 삿된 음행이 크게 퍼졌다. 삿된 음행이 크게 퍼지자 두 가지 법이 크게 퍼졌나니 그것은 욕설과 쓸데없는 말이다. 이런 두 가지 법이 크게 퍼지자 탐욕과 악의가 크게 퍼졌다. 탐욕과 악의가 크게 퍼지자 삿된 견해가 크게 퍼졌다. 삿된 견해가 크게 퍼지자 세 가지 법들이 크게 퍼졌나니 그것은 비법(非法)을 좋아함, 불평등을 당연시함, 삿된 법에 [얽매임]이다. 이런 세 가지 법들이 크게 퍼지자 또 다른 법들이 크게 퍼졌나니 어머니를 공경하지 않고, 아버지를 공경하지 않고, 사문을 공경하지 않고, 바라문을 공경하지 않고, 집에서 연장자를 공경하지 않는 것이다. 이런 법들이 크게 퍼지자, 그 중생들의 수명도 줄어들었고 용모도 줄어들었다."[245]

이 구절은 재물의 불균형과 탐욕이 도둑질, 살생, 거짓말, 고자질, 삿된 음행, 욕설, 쓸데없는 말, 악의, 삿된 견해 등으로 이어지며, 결국 공동체의 존경심과 생명력의 상실로 귀결됨을 경고한다. 즉, 사회적 나눔이 사라지면 빈곤이 확산하고, 그 결과로 개인은 생존을 위해 불법적 선택을 반복적으로 하게 되며, 이 과정은 끝없는 타락의

245) DN, Ⅰ, p.276; 각묵 스님 옮김, 《디가 니까야》 권3, 울산: 초기불전연구원, 2006, pp.137-138.

연쇄로 일어난다는 것이다.

이 흐름은 다음과 같은 도식으로 요약될 수 있다.

▶ 재물을 가진 자 → 나눔 · 베풂 · 보시, 배분 등 없음 → ┐ → →┐

↓ ↓(*)

▶ 재물이 없는 자 → → → → → 빈곤 커짐 → 도둑질 → (도둑질) → 무기 가짐 · 퍼짐 → 살생 → 거짓말 → 고자질 → 삿된 음행 → 욕설, 쓸데없는 말 → 탐욕과 악의 → 삿된 견해 → 비법(非法), 불평등, 삿된 법이 생김 → 부모, 연장자, 사문, 바라문 등을 공경하지 않음 → 수명과 용모가 줄어듦. (*) 재물 가진 자는 더욱 재물을 탐착해 도둑질이나 나쁜 행위를 일삼음.

경제범죄는 단순히 법을 어기는 행위가 아니라, 사회 전체의 도덕 · 윤리 기반을 무너뜨리고 공동체의 신뢰를 해체하는 심각한 병리 현상이다.

수행자의 탐욕과 계율 위반

초기불교는 특히 출가자들에게 금전과 재물에 대한 집착을 엄격히 경계했다. "비구가 금 · 은 · 보석을 보유하거나, 그것을 거래하여 이익을 얻으려 하면 이는 파계의 중죄이며, 그는 더 이상 승가의 일원이 아니다."[246] 이는 경제적 이득을 추구하는 순간, 출가자는 더

---

246) 《마하박가(Mahāvagga)》; 《비나야 삐따까(Vinaya Piṭaka, 율장)》, 〈닛삭기야 빠

이상 수행자로서의 정체성을 유지할 수 없다는 의미다. 금전 거래를 하거나, 사유재산의 은닉, 부정한 재물 획득 등은 단순한 계율 위반이 아니라 불법(佛法)을 훼손하는 중대한 죄업으로 간주되었다.

재가자 경우에도 경제적 부정은 엄중히 비판되었다. 무게추를 속이거나, 품질을 속여 상품을 판매하거나, 노동자의 임금을 착취하는 행위 등은 반복적으로 언급되며, 모두 '사리사욕으로 타인의 생계를 해치는 행위'로 규정되었다. "진실하지 못한 거래로 얻은 재물은 썩은 음식과 같다. 먹는 순간에는 달콤하나, 곧 병이 된다."[247)]라는 경구는 불의한 이득이 결국 자신을 해치는 독이 됨을 상징적으로 드러낸다.

(1) 강도와 도둑질 - 빈곤에서 범죄로의 전이

도둑질은 종종 생존의 절박함에서 비롯된다. 경전의 한 장면에서는 배고픔에 시달린 백성이 생계를 위해 도둑질을 하다 붙잡혀 왕

찟띠야(Nissaggiya Pācittiya, 중죄)〉 규정, 제18~20조. "Bhikkhu suvaṇṇaṃ vā rūpiyaṃ vā uggaṇheyya, nissaggiyaṃ pācittiyaṃ."(비구가 금이나 은을 받으면 그것은 포기해야 하며, 바라이죄에 준하는 중죄이다.)

247) MN. M61. 〈암발랏티까경(Ambalatthika Rāhulovāda Sutta)〉에 유사한 비유가 있다. "Yathā nāma mahārāja, puriso ubhato suciṃ vatthaṃ paṭicchādāpetvā, kāyena paṭicchannaṃ katvā, urena mahāmajjapaṭicchannaṃ, na rūpaṃ na vaṇṇaṃ na saṇṭhānaṃ dissati…."(군왕이여, 마치 사람이 깨끗한 옷을 입고 겉보기에 깨끗하더라도, 안에는 썩은 것이 가득하다면 그것은 병의 원인이 됩니다.)

에게 “배고픔 때문에 도둑이 되었다.”라고 고백한다.[248] 이는 범죄가 단순히 개인의 비윤리적 선택이 아니라 빈곤이라는 구조적 요인에서 비롯될 수 있음을 보여 준다.

그러나 도둑질은 문제 해결이 아닌 또 다른 범죄로 이어졌다. 특히 ‘대도(大盜)’는 뇌물과 권력을 이용해 법망을 빠져나가고, 장물을 처리하고 더 많은 재물을 얻기 위해 반복적으로 범죄를 저지르며, 뇌물을 사용해 권력자에게 접근하고 갈등을 해결하려는 등 사회 전체에 악영향을 끼쳤다. [‘탐욕 ->불법행위 ->사회질서 붕괴’라는 인과적 관계를 분명히 드러낸다.]

이러한 상황에 대응한 당시 왕은 처음에는 도둑을 처벌하기보다는 재물을 나눠줘 빈곤을 해소하려 했지만, 오히려 도둑질이 증가하는 결과를 낳았다. 특히 백성들은 재물을 얻기 위해 도둑질을 감행했고, 결국 왕은 도둑을 강력한 처벌로 대응했다. “도둑은 잡혀 수갑을 차고 거리에 돌려진 뒤, 성 밖에서 처형되었다.” 그러나 이러한 형벌조차도 빈곤과 재물에 대한 갈망을 멈추게 하지는 못했다. 오히려 백성들은 서로를 방어하기 위해 무기를 만들고, 약탈과 살인을 저지르며 더욱 심각한 사회적 불안을 초래했다.[249]

---

248) 《長阿含經》 권6, (T01, 0040b23), “時國人民轉至貧困, 遂相侵奪, 盜賊滋甚, 伺察所得. 將詣王所白言, 此人為賊, 願王治之. 王即問言, 汝實為賊耶, 答曰, 實爾, 我貧窮飢餓, 不能自存, 故為賊耳.”

249) 《長阿含經》 권6, (T01, 0040c06-c14), “時王念言. 先為賊者, 吾見貧窮, 給其財

경전은 출가자 역시 도둑질을 저질러서는 안 된다고 엄중히 경고한다. "심지어 풀잎이라도 주지 않은 것을 훔칠 목적이라면 안 된다."[250]라는 규정은 출가자가 남의 물건을 가지면 그는 수행자가 아니라고 단언하며, 수행자의 삶이 얼마나 청렴해야 하는지를 상징적으로 보여 준다. 하지만 일부 타락한 출가자들은 재가자의 보시[251]를 넘어 재물을 축적 및 획득하기 위해 거짓말과 속임수를 취하며, 이를 사용하는 데 빠져들어 세간의 구경거리나 노름, 쾌락에 몰두하여 교단의 신뢰를 스스로 저버렸다.[252]

《사문과경》에서는 이러한 타락을 구체적으로 묘사한다. 일부 출가자는 '재물이 곧 최고'라는 잘못된 견해에 빠져 거짓 기술,[253] 사

寶, 謂當止息, 而餘人聞, 轉更相効, 盜賊日滋, 如是無已, 我今寧可杻械其人, 令於街巷, 然後載之出城, 刑於曠野, 以誡後人耶. … 國人盡知彼為賊者, 王所收繫, 令於街巷, 刑之曠野. 時, 人展轉自相謂言. 我等設為賊者, 亦當如是, 與彼無異. 於是, 國人為自防護, 遂造兵杖, 刀劍, 弓矢, 迭相殘害, 攻劫掠奪. 自此王來始有貧窮, 有貧窮已始有劫盜, 有劫盜已始有兵杖, 有兵杖已始有殺害, 有殺害已則顏色憔悴, 壽命短促."

250) 전재성 옮김, 《마하박가-율장대품》 권1, 서울: 한국빠알리성전협회, 2014, p.274.

251) 재가자들로부터 받는 보시는 음식이나 옷, 탈것, 침구, 향, 재산 등 생활 전반을 포함한다.

252) 대림 스님 옮김, 《청정도론》 권1, 서울: 초기불전연구원, 2013, pp.159-162; 주석서 문헌에는 수행자의 잘못된 이야기 32가지를 들고 있다. 《청정도론》, Ⅳ. 주 38, 주해를 참조.

253) 거짓 기술 즉 하천한 기술이란 '몸과 마음을 이용해 예언하거나, 자연환경과 이런저런 것을 활용해 점치거나, 각종 주술과 의식(기술)을 거행하며 헌공(獻供)

기, 공갈, 횡령, 배임 등 각종 경제범죄를 저지르며, 결국 수행자의 삶을 외면해서 자신의 덕을 해치고 악업을 쌓아 파멸에 이른다.

(2) 살인(殺人) - 탐욕의 궁극적 폭력

살인은 감각적 쾌락과 재물욕이 충족되지 않을 때 발생한다. 욕망이 좌절된 인간은 자기 연민과 자학, 비탄에 빠지고, 분노와 증오로 타인에게 폭력을 행사하게 된다. 초기불교는 결국 "칼과 활을 들고 전장으로 달려가며, 도둑질과 약탈, 강간, 살인을 저지른다."라고 하며,[254] 재물에 대한 집착·갈망이 전쟁과 살상으로까지 이어진다고 경고한다.

도둑질이 반복되면 생명에 대한 존중심은 사라지고, 타인에게 해를 끼치는 것을 거리낌없이 여기게 된다. 마치 '강을 막고 그물을 쳐 물고기를 몰살하듯', 어리석고 탐욕에 눈먼 사람은 무자비하게 살인을 저지른다.[255] 심지어 일부 출가자들조차 재물에 눈이 멀어 낙태를 조장하거나 미물의 생명을 해치는 등 계율을 어기는 경우가 있었

을 요구하는' 등의 삿된 기술이다.

또한 타인 간의 갈등을 일으키거나 혼란을 조장하고, 속임수나 거짓말, 처세술 등을 사용하며, 생존을 위한 길흉을 점치거나 각종 약과 진통제를 사용하는 등의 방법도 포함한다.

254) 전재성 옮김, 《맛지마 니까야》 전집, 서울: 한국빠알리성전협회, 2009, p.218.

255) 《雜阿含經》 권46, (T02, 0337a01).

다.[256] 불교는 "개미 한 마리라도 의도적으로 죽여서는 안 된다."라고 가르치며 생명 존중을 근본 계율로 삼았지만, 재물탐욕은 이러한 윤리마저 무너뜨렸다.

결국 경제범죄는 단순한 위법 행위를 넘어 인간의 도덕성, 공동체의 신뢰, 국가의 질서까지도 파괴하는 심각한 사회적 문제이다. 재물 탐욕은 도둑질, 살생, 거짓말, 갈등 조장 등 다양한 형태로 확산하며, 수행자조차 이 유혹을 이기지 못할 때 사회 전반에 악영향을 미친다. 따라서 재물에 대한 올바른 인식과 절제가 없다면, 경제적 불평등은 필연적으로 범죄와 고통으로 이어질 수밖에 없다.

재물탐욕의 문제에 있어, 초기불교는 재물 자체를 악으로 보지 않았다. 하지만, 재물을 탐욕적으로 획득하거나 부정한 방식으로 사용하여, 그로 인해 범죄에 이르게 되는 과정을 강하게 경계하였다. 가정불화를 비롯해 황금주의, 인간관계의 불화, 경제범죄 등은 단순한 법의 문제가 아니라 도덕의 붕괴, 공동체 신뢰의 해체, 그리고 인간성의 타락이라는 심각한 사회적 병리로 인식되었다.

이에 초기불교는 재물에 대한 올바른 인식과 절제가 없다면, 개인의 내면을 침식시키는 것은 물론 관계를 파괴하며, 빈곤과 범죄, 공동체의 분열 및 사회 전체가 파괴의 길로 나아갈 수밖에 없음을 명확히 경고하고 있다.

---

256) 《雜阿含經》 권47, (T02, 0345b27). 〈철환경〉 참조.

3. 현대 심리학과 불교, 문제의식 비교

앞서 3장 2절에서 살펴본 바와 같이 현대 심리학과 초기불교는 재물탐욕의 문제를 서로 다른 세계관과 인식 체계 속에서 조망한다. 현대 심리학은 개인의 심리적 기능과 사회적 적응의 관점에서 탐욕을 문제시하는 반면, 초기불교는 재물에 대한 집착을 윤회의 근본 원인으로 보고 탐욕의 근원적인 소멸을 통해 해탈에 이르고자 한다. 이 절에서는 양자의 관점에서 제시되는 재물탐욕의 문제들을 비교·정리한다.

1) 현대 심리학에서 본 재물탐욕의 문제

현대 심리학은 재물탐욕이 단순한 욕망을 넘어서 "병(病)적인 수준으로 심리적 기능에 이상을 초래할 때" 이를 문제로 본다. 물질주의 가치관에 지배당하면 개인은 비윤리적인 행동을 하게 되고, 사회와 국가 역시 환경적 불안과 혼란, 괴로움, 고통 등 부정적인 영향을 받는다. 이에 따라 심리학은 '일탈, 괴로움, 기능장애, 위험' 등을 기준으로 탐욕의 심각성을 진단하고, 개인의 삶을 파괴하는 다양한 증상들을 구체적으로 분석하여 7가지로 요약한다:

첫째, 불만족은 끊임없는 재물욕을 조장한다.

현대인의 많은 욕망은 충족 이후에도 쉽게 사그라지지 않는다. 오히려 새롭고 강한 자극을 추구하면서 만족감은 더 빨리 퇴색된다. 이에 대해 심리학은 "재화나 재물로 얻는 행복은 일시적인 만족을 주지만, 지속적이지 않다."라고 지적한다. 이 과정에서 사람들은 극단적 탐욕과 이기적 욕망이 생겨 늘 더 많은 것을 원하게 된다는 것이다. 특히 부유한 사람일수록 더 높은 권력이나 명예, 지위, 만족을 추구하는 경향이 강해지며, 이는 끊임없는 탐욕의 악순환으로 이어진다.

둘째, 상대적 빈곤감은 심리적 불안을 심화시킨다.

현대 사회는 타인과 끊임없는 비교 속에서 존재한다. 비교는 경쟁심이나 자극, 동기를 제공하기도 하지만, 동시에 깊은 박탈감과 소외감을 불러일으킨다. "사회적 비교는 종종 개인이 다른 사람들과 비교하여 자신의 경제적 상황을 평가하게 만든다."라는 점에서, 재물의 부족은 단순한 결핍 이상의 불안과 우울, 무능감 등 심리적 고통으로 이어진다.

셋째, 그릇된 자아 형성이 발생한다.

소비 수준과 재물의 양이 자아의 가치를 결정하는 사회에서는, 자아정체성이 왜곡될 수밖에 없다. 많은 사람은 과시적 소비나 과소비를 통해 자아를 보상하고 강화하려 하며, 만족과 행복을 느끼려는 경향이 많다. 이는 "돈이면 다 된다."라는 물질주의적 사고를 확산시킨다. 특히 재물이 많은 이익과 기회를 가져다 준다는 믿음은 결국 타인을 향한 질투심과 이기심, 비관대성, 자기애적 성향을 강화시킨다.

넷째, 물질과 소비에 대한 중독적 태도가 나타난다.

심리학은 반복적이고 만성적인 물질주의적 사고가 "기분 전환(부정적인 감정 해소), 감각적 쾌락 추구, 현실 도피"의 수단으로 전락한다고 본다. 이에 따라 재물에 과도한 가치를 두다 보면 쇼핑중독, 도박중독, 마약, 음주, 투기 등 다양한 형태의 중독이 발생한다. 이는 절도, 자금 횡령, 폭력, 심지어 살인과 자살과 같은 중범죄로 이어질 수 있다.

다섯째, 재물탐욕은 사회적 범죄로 발전한다.

경제적 기회가 제한된 사회일수록 재물은 가장 빠르게 계층을 넘나들 수 있는 수단으로 간주된다. 이에 따라 재물획득을 위한 비윤리적 수단 방법과 범죄가 늘어난다. 심리학은 "지나친 재물탐욕은 도박, 투기, 금융사기, 경제범죄 등의 문제를 악화시켜 새로운 사회적 갈등을 일으킨다."라고 경고한다. 특히 10대 강력 범죄와 기업 범죄를 증가시켜 사회·경제적 시장을 과열시키며, 결국 경제 불균형과 빈부격차 심화, 사회 불안정, 개인과 국가 간의 파국 등을 초래한다.

여섯째, 환경 파괴의 주요 요인이 된다.

무분별한 개발과 자원 착취는 탐욕의 또 다른 얼굴이다. 재물에 집착하는 개인이나 국가는 자연의 질서를 훼손하고, 생태계를 위협하거나 인간과 자연, 사회와 국가 간 분리와 불평등을 심화시킨다. 더불어 이는 "기후 온난화 및 변화, 생태계 파괴, 자원 고갈 등 심각한 재해"를 낳는다.

일곱째, 심리적 고통과 질환을 야기한다.

재물에 대한 집착은 자아를 위협하며, 대인관계의 갈등, 가족해체, 우울, 불안, 강박증, 자해, 묻지마 범죄, 자살 등의 정신병리로 나타난다. 실제로 "자살의 주요 원인 중 하나는 경제적 어려움"으로 지적된다.[257] 재물 문제로 인한 정서적 혼란은 자아정체성을 약화하거나 대인관계의 갈등과 박탈감을 초래하고, 행복지수를 낮춰 생존 자체를 위협하는 극단적인 결과로 이어질 수 있다.

이처럼 현대 심리학은 재물탐욕을 개인의 심리적 기능과 사회적 적응이라는 틀 안에서 분석하고 있으며, 병적 탐욕이 초래하는 실질적인 피해에 주목한다.

2) 초기불교에서 본 재물탐욕의 문제

초기불교는 재물에 대한 탐욕을 단순한 '병'의 차원이 아니라, "윤회의 원인이 되는 번뇌이자 열반을 방해하는 가장 근본적인 장애"로 본다. 그래서 출가자에게는 비물질적 재물인 '사무량심'만을 권장할 뿐, 어떤 형태의 욕망이나 집착, 탐욕도 용납되지 않는다. 오

257) OECD 회원국 자살률 조사, 2023년 5월 28일 자. 실제로 자살에 대한 정확한 자료를 얻기란 어려움이 있지만, 재물탐욕과 경제적 어려움 등 재물과 관련하여 OECD 국가 중 한국은 지난 20년간 자살률 1위를 기록하고 있다.

직 사의지(의복, 음식, 거처, 약품)만을 재가자로부터 허락된 범위 내에서 제공받아 수행할 것을 강조하며, 재가자에게도 '바른 생계'를 벗어난 재물탐욕을 경계하도록 가르친다.

불교에서는 탐욕(貪), 성냄(瞋), 어리석음(痴)의 삼독(三毒)을 버리지 않으면 해탈에 이를 수 없다고 본다. 그중에서도 특히 탐욕은 고통과 생사(生死)의 사슬을 불러오는 가장 위험한 정신 상태로 간주한다. 이를 7가지로 정리하면 다음과 같다:

첫째, 불만족은 재물욕을 끊임없이 자극 및 조장한다.

초기불교는 "재물욕은 탐욕 중 하나로 인간의 끊임없는 불만족과 욕망의 순환을 일으키며 고통과 실망에 빠지게 한다."라고 가르친다. 감각적 쾌락은 본질적으로 만족을 줄 수 없으며, 오히려 사견과 자만이 더해져 더 강한 갈망을 낳아 끊임없는 집착(불선한 마음)과 더 많은 쾌락 추구로 이어진다.

둘째, 소유에 대한 집착은 지속적인 고통을 낳는다.

재물을 소유하고자 하는 욕망[소유욕]은 무명(無明, 근본 무지)에 기반한 어리석음에서 비롯된다. 이들의 소유욕은 결핍감을 강화하고, 부당한 방법 및 행위를 통해서라도 재물을 얻고자 한다. 재물을 향한 감각적 쾌락의 갈망과 나누지 않는 인색함, 탐착은 결국 "비열하고 폭력적인 행위로 고통을 주고받는 악순환"에 빠뜨린다.

셋째, 재물탐욕은 해탈을 방해한다.

깨달음을 얻기 위해 가장 먼저 버려야 할 것은 사견과 자만을 동반하는 '탐욕'이다. 특히 재물탐욕은 물질적 소유와 연결되어 있는데, 재물욕의 충족 여부에 따라 강한 슬픔은 근심이 되고, 고통으로 인한 괴로움은 상심이 되며, 탄식은 슬픔으로 이어져 해로운 법을 증대시킨다. 이처럼 "재물욕은 물질적 결핍감과 정신적 분산을 초래하여 영원한 만족을 불가능하게 해 해탈을 어렵게 만든다."라는 점이다. 이는 단지 개인의 문제를 넘어 수행 전체를 방해하는 장애로 간주된다.

넷째, 재물에 대한 연쇄 반응은 마음을 불안정하게 만든다.

재물욕의 충족 여부에 따라 일어나는 마음의 변화는 매우 복잡하고 지속적이다. 재물욕이 충족되더라도 그 만족은 오래가지 않고 일시적이며, 곧 사라져 더 큰 욕망이 생겨난다. 이는 감각적 쾌락과 탐욕의 연쇄적인 반복으로 인해 더 많은 재물을 얻고자 하는 욕망으로 이어지고, 또한 '재물이 사라지지 않을까?' 하는 불안으로 괴로워하며 심리적인 고통을 유발한다.

반대로 재물욕이 충족되지 않으면 '분노와 슬픔, 근심, 상심' 등의 감정이 생겨나, 마치 이성(인식)을 잃어 미쳐버린 것처럼 광란, 과도한 감정반응을 보일 수 있다. 이는 결국 "심리적 불안과 육체적 폭력성, 삶의 불안정성을 초래한다."고 경고한다.

다섯째, 재물탐욕은 사회적 타락을 초래한다.

재물·부의 축적 및 가치는 물질주의 사회에서 최고의 힘이자 모든 재난으로부터 보호를 제공하며, 의식주의 해결, 권력, 다양한 선택의 자유, 쾌락과 행복까지 누릴 수 있게 해 준다. 이로 인해 부유한 자는 오직 자신만을 위해 재물을 사용하거나 권력을 남용하고, 더 많은 재물을 얻기 위해 부정한 노력과 방법을 취한다. 또한 가난한 자는 재물획득의 기회를 만들기 위해 나쁜 말과 행동, 범죄를 쉽게 저지른다. 특히 재물에 집착하는 사람들은 "살생, 도둑질, 사기, 중독, 노름, 방탕" 등 온갖 비도덕적 행위에 빠져 사회적 혼란을 일으킨다. 황금주의에 빠진 자가 윤리와 도덕을 쉽게 저버리듯 이는 단순한 개인의 문제를 넘어 사회 공동체 전체의 타락과 분열, 붕괴를 초래한다.

여섯째, 가정과 인간관계의 불화를 유발한다.

탐욕에 빠진 사람은 가족을 돌보지 않거나 오히려 가족의 재산을 빼앗기도 하며, 감각적 쾌락을 위한 소비로 삶을 낭비하게 만들어 갈등과 파탄으로 이끈다. "재물축적만을 우선시하는 태도는 개인, 가정, 사회의 관계를 훼손하고 갈등을 초래한다."는 점에서 탐욕은 관계 파괴의 주요 원인으로 작용한다.

일곱째, 육체적·심리적 고통을 증가시킨다.

재물로부터 얻는 빈곤의 해결이나 권위, 기회, 두려움의 해소, 그리고 더 큰 쾌락 등 다양한 이익은 잠깐이지만, 탐욕이 만들어 내는 고통은 지속적이다. "가슴을 치고 울부짖으며 비탄에 빠진다."라는 표현처럼, 집착은 극도의 고통으로 이어진다. 재물탐욕은 근심, 걱정, 상심, 슬픔 등 정신적 고통을 불러오고, 나아가 통곡과 폭행, 폭력, 다툼, 강도질, 강간, 살인 등 각종 범죄는 극단적인 결과를 낳는다. 재물에 집착하는 한, 인간은 영원한 불만족에서 벗어날 수 없으며, 이는 괴로움의 끊임없는 재생산으로 이어진다.

앞서 재물탐욕의 문제를 각각 살펴보았듯이 현대 심리학은 재물탐욕을 '심리적 기능의 이상과 병리적 문제로 인식'하고, '사회와 개인에 미치는 부정적 영향을 진단·치료'하는 데 중점을 둔다. 반면, 초기불교는 '탐욕 자체를 해탈의 장애이자 윤회의 근본 원인으로 간주'하며, 철저한 제거를 통해 영원한 해탈을 지향한다.

심리학은 재물탐욕이 "정신질환과 사회적 범죄로 발전할 수 있음"을 경고하고, 초기불교는 "해탈을 방해하는 번뇌로서 반드시 끊어내야 할 근본 악(惡)"으로 본다. 이처럼 양자의 접근 방식과 문제 인식의 깊이에는 차이가 있지만, 궁극적으로 재물에 대한 과도한 집착이 인간을 파멸로 이끈다는 점에서는 공통된 문제의식을 공유하고 있다. 이 비교를 통해, 우리는 "물질적 풍요가 진정한 행복을 보장해 주지 않는다."라는 사실을 다시금 성찰할 수 있다.

〈표 2-3〉 재물탐욕 문제에 대한 심리학 vs 초기불교 비교

항목	현대 심리학	초기불교
기본 입장	병리적, 기능장애 수준에서 문제화함.(중독, 범죄 등) → 비정상적인 탐욕을 규제 대상	탐욕 자체를 고통과 윤회의 근본 원인으로 간주 → 반드시 제거해야 할 번뇌
문제 발생 조건	불만족, 비교 · 경쟁심, 사회적 압력 등 외부 · 환경적 요인	무명(無明)과 집착(愛, 감정적 쾌락)에서 비롯된 내면의 번뇌
불만족의 문제	"재물로 얻는 행복은 일시적이다." 지속적 만족을 못 느껴 탐욕을 심화시킨다.	"재물욕은 끊임없는 불만족을 일으킨다." 욕망의 순환 고리를 만든다.
소유의 문제	소비와 비교로 인해 상대적 박탈감 발생	"소유에 집착하면 연속된 고통이 따른다." 소유 자체를 비판
자아형성의 문제	소비 중심의 자아 형성 → 왜곡된 자아, 자존감 저하.	탐욕은 사견(邪見)과 자만을 불러일으킴 → 진아(眞我)의 이해 방해
중독 문제	재물탐욕이 쇼핑 · 도박 · 마약 등 중독으로 발전	탐욕은 더욱 강한 쾌락을 부르고, 결국 해탈을 방해
사회적 문제	경제범죄, 빈부격차, 범죄율 증가 등 현실적 문제 초래	살생, 도둑질, 방탕, 권력 남용 등 불선행 증가 → 사회 혼란과 타락 · 붕괴 초래
가정 · 인간관계 문제	경쟁, 자아 왜곡, 비교 스트레스 등 가족 간 갈등, 관계 단절, 고립 심화.	인색, 불화, 나쁜 친구, 사회적 타락 등 재물탐욕은 가족과 이웃에 대한 배려 결여 → 관계 파괴
환경 · 생태 문제	자원 남용, 기후 위기 등 환경 파괴	인간의 이기심이 자연과의 조화 파괴로 이어짐
심리적 · 정신적 고통	우울, 불안, 강박, 자살 등 정신질환 유발	상심, 불안, 비탄, 통곡, 광란, 폭행 등 고통의 악순환 발생
극복 방안	중재, 인지 치료, 행동 교정, 사회적 지원, 환경 조절 등 현실적 처방	탐욕의 철저한 인식과 제거 → 사념 · 팔정도 · 계율 실천 통한 해탈
출가자/재가자 기준	일반화된 개인 중심 분석	출가자: 모든 탐욕 금지 재가자: 바른 생계 벗어난 탐욕 경계
중심 개념	심리적 균형, 사회적 적응, 만족감의 회복	탐 · 진 · 치의 제거, 무아, 열반, 해탈
종합적 관점	지나친 탐욕은 규제해야 할 병리	모든 탐욕은 근원적 고통이며 제거 대상

Ⅲ.

탐욕을 넘어서는 길

제1절
재물 획득의 바른 법

1. 심리학이 말하는 건전한 부의 축적

심리학은 재물을 단순한 경제적 수단으로 보지 않는다. 오히려 인간의 삶에서 재물이 어떤 방식으로 획득되는가가, 그 사람의 정체성과 삶의 방향, 심리적 안정, 사회적 위상, 그리고 삶의 만족도에 깊은 영향을 미친다고 본다. 다시 말해, 재물은 양적인 축적보다는 그 획득의 질과 과정이 더욱 중요하다는 것이다. 이러한 관점에서 심리학은 '재물의 바른 획득'을 단지 법적 · 제도적 기준을 충족하는 일로 보지 않고, 개인의 가치관, 윤리성, 자율성, 삶의 의미와 밀접하게 연관된 개념으로 본다.

예를 들어, 미국 심리학회(American Psychological Association)의 연구에서는 '노력과 자율성을 통해 재물을 얻은 사람'이 그렇지 않은 사람보다 '높은 자존감과 삶의 만족도'를 보고했다. 특히 자신이 추구하는 가치와 일치하는 방식으로 재물을 획득할 때, 이는 단순한 소득이 아닌 심리적 성취로 전환된다. 반대로 부정직하거나 불의한 방식으로 얻은 재물은 외형적으로는 성공처럼 보일 수 있지만, 내면적으로는 죄책감, 불안, 관계 갈등, 자기비하 등 다양한 심리적 고통을 유발할 수 있다.

이와 관련하여, 에드워드 디시(Edward Deci)와 리처드 라이언(Richard Ryan)이 제안한 '자기결정이론(Self-Determination Theory)'은 매우 중요한 통찰을 제공한다. 이 이론에 따르면, 인간은 외적 보상이나 사회적 인정 때문에 동기화되기보다는, **내면의 자율성과 유능감, 가치** 실현에 기반한 내적 동기에 의해 더욱 충만한 삶을 살아간다는 것이다. 이를 재물 획득의 관점에서 본다면, 사회적 지위나 타인의 평가를 위한 부의 추구보다는, **자기 목적성과 삶의 의미를 실현하기 위한 재물의 획득**[부의 추구]**이** 훨씬 지속적이고 긍정적인 심리효과를 가져온다는 것이다.

또한, 최근의 긍정심리학에서는 '의미 중심의 경제활동(meaning-based economy)'이라는 개념을 강조하며, 재물을 단순한 소비재가 아닌 **인간의 성장과 사회적 기여를 실현하는 도구**로 본다. 개인이 하는 일, 혹은 경제적 활동에서 느끼는 의미가 중요하며, 그러한 의미 속에서 얻어진 재물은 사람에게 **정체성의 확인과 삶의 방향성**을 제공해 준다. 이는 경제활동을 단순한 삶의 '생존 수단'이 아닌 '자기실현의 수단'으로 재정의하는 데에 핵심적인 역할을 한다.

결국, 심리학이 제안하는 '재물의 바른 획득'이란 삶의 가치를 실현할 수 있는 방식으로 정직하고 능동적이며 의미 있는 노력의 결과로 재물을 얻는 것을 말한다. 이러한 방식으로 얻은 재물은 개인에게 자존감과 만족을 주고, 사회적으로도 신뢰와 공동체적 연대감을 형성하는 데 기여하게 된다. 요컨대, 바르게 얻은 재물은 물질적 풍요에 그치지 않고, 정신적 충만감과 공동선을 추구할 수 있게 하는 삶의 자산이 되는 것이다.

이처럼 재물의 바른 획득을 위한 여러 이론이나 현실적으로 입증된 방안들 가운데 7가지를 제시할 수 있는데, 이들 핵심 원칙은 다음과 같다:

첫째, 목표 설정과 계획 수립. 둘째, 자기 효능감 강화. 셋째, 긍정적 사고의 확립. 넷째, 자기조절 능력의 향상. 다섯째, 사회적 관계의 구축. 여섯째, 윤리적 행동과 책임의식. 일곱째, 재무관리 역량의 강화.

이들 요소는 재물 탐욕을 벗어나 바른 부(富)의 길로 나아가게 하는 핵심 원칙이므로, 다음과 같이 하나하나 살펴본다.

첫째, 목표 설정과 계획을 수립한다.

재물을 바르게 획득하기 위해 가장 먼저 필요한 것은 명확한 목표를 세우고, 그것을 실현하기 위한 계획을 구체적으로 수립하는 일이다. 심리학적으로, 명확한 목표는 개인에게 동기부여의 원천이 되며, 계획은 그 목표를 현실화하는 구조적 수단이 된다.

현대 경제학은 '합리적 경제 행위자(rational economic agent)' 개념을 통해, 인간이 선택의 순간마다 자신의 이익을 극대화하려는 판단을 한다고 본다. 여기서 중요한 점은, 이기적 판단이 반드시 비윤리적이거나 탐욕적인 것이 아니라, 오히려 사회적·윤리적 판단과 조화를 이루는 방식으로 작동해 합리성과 도덕성의 조화를 이룰 수 있다는 것이다.

> "자본주의는 이기심이 자유로운 선택권을 가진 다양한 경제단위의 기본적인 활동 방식이라고 생각한다. 이기심이라는 동기는 경제에 특정한 목표와 일관성을 부여하는데, 그렇지 않으면 경제는 극도로 혼란해질 것이다."[258]

이처럼 건강한 이기심은 시장경제에 활기를 불어넣고, 명확한 목표 설정과 전략적 계획을 가능하게 만든다. 예를 들어, 생애 주기에 맞춘 저축과 투자 전략은 재물의 효율적인 관리와 안정적 축적·획득을 돕는다. 특히 장기적 안목 속에서 소득과 자산을 지속적으로 관리 및 실행을 도와 재물의 바른 축적을 가능케 하며, 재정적 불안

---

258) Campbell McConnell, Economics, New York: McCraw Hill, 8th ed, 1981, p.141; Wade Rowland, 이현주 옮김, 《탐욕주식회사》, 경기도: 팩컴북스, 2008, p.92.

정성을 줄이는 데도 이바지한다. 올바른 목표 설정은 충동적 소비나 무분별한 투기를 방지하고, 지속 가능한 재정적 안정성을 높여 실현할 수 있는 삶의 방향성을 제공한다.

둘째, 자기 효능감(self-efficacy)을 강화한다.

자기 효능감은 개인이 특정 과제나 목표를 성공적으로 수행할 수 있다고 믿는 심리적 역량을 의미한다. 이는 단순한 자신감과는 다르며, 실제 행동으로 이어질 수 있는 결정적인 내적 동력이다. 특히 재물을 획득하는 데 있어 자기 효능감은 매우 중요한 역할을 한다. 자기 효능감은 과거의 성공 경험, 도전의 반복, 어려움을 극복한 기억, 주변 사람의 지지 등으로 강화된다. 이러한 내적 확신은 어려운 환경에서도 도전과 지속할 수 있는 내적 강인함을 길러주며, 더 높은 성취와 더 많은 기회를 만들어 준다.

물질적 자본주의 사회는 경쟁과 선택의 자유를 강조하지만, 동시에 개인에게 자기 책임과 윤리적 판단을 요구한다. 이때 도덕적 자아관이 자기 효능감과 결합할 때, 사람은 탐욕이 아니라 책임 있는 방식으로 부를 추구하게 되는 것이다. 심리학적으로 보면 인간은 윤리적 자아관을 통해 자기 정체성을 형성하고, 그러한 자아를 바탕으로 도덕적 책임을 지려는 경향이 있다. 이때 도덕성을 기반으로 자기 효능감을 강화하면, 단지 부를 쌓는 것뿐만 아니라 삶의 질과 행복감도 함께 높일 수 있다. 예컨대, 부동산 투자나 창업처럼 불확실성이 큰 분야에서 자기 효능감이 높은 사람은 위험을 회피하기보다는 기회를 발견 및 포착하고 이를 적극 활용하여 실현 가능성을 높이려는 행동을 보인다.

셋째, 긍정적 사고(思考)를 확립한다.

긍정심리학(Positive Psychology)에 따르면, 긍정은 인간이 부정적인 상태에서 벗어나 안정적이고 어떤 생각이나 사실에 대해 옳다고 인정하며 받아들이는 것을 의미한다. 이는 긍정적 사고를 단지 낙천적 사고방식이 아니라, 위기를 기회로 전환하고 성장의 동력으로 삼는 심리적 자산으로 본다. 특히 재물과 관련된 불안, 실패, 상실 등의 경험은 삶의 좌절감으로 이어질 수 있는데, 이때 긍정적 사고는 다시 일어서거나 기회를 포착할 힘이 된다. 이처럼 긍정적 사고는 현실을 왜곡하지 않고도 자신을 스스로 지지하여 특히 재정적 어려움이나 실패 경험을 극복할 힘이 된다는 것이다.

긍정적인 인식은 단순히 기분을 좋게 만드는 것을 넘어서, 실제로 스트레스를 줄이고 문제 해결 능력과 근면성, 끈기를 향상하는 효과를 가져온다. 이 때문에 긍정적인 사람은 문제 상황에서도 해결책을 찾고, 만족도를 높여 실패를 학습의 기회로 받아들이게 한다. 특히 소득이 낮거나 경제활동이 단절된 계층에서는 긍정적 태도가 더욱 중요한 심리적 자원이 된다. 실제로 연구에 따르면, 경제적으로 어려운 환경에 있거나 사회적 불평등에 있는 사람일수록 긍정적 사고의 결핍은 삶의 만족도를 심각하게 낮추는 것으로 나타났다.

결국 긍정적 사고는 단순한 마음가짐이 아니라, 실제로 목표 지향성과 회복탄력성, 자아 효능감을 향상시켜 재물의 바른 획득과 유지에 이바지하게 한다.

넷째, 자기조절(self-regulation) 능력을 향상한다.

재물의 바른 획득은 충동을 억제하고, 장기적인 목표를 위해 행동을 선택하는 능력, 즉 자기조절 능력과 깊은 관련이 있다. 자기조절은 단순히 욕망을 억제하는 자기통제(self-control)와는 달리, 감정과 사고, 행동을 내·외부의 상황에 맞게 유연하게 선택하고 유지·조율하여 최적의 방향으로 이끄는 고차원적 능력이다.[259)]

현대 사회의 다양한 문제—과소비, 중독, 비만, 스트레스 장애, 건강 문제, 자기 파괴적 행동, 성취 저하 등—는 대체로 자기조절 실패와 연관되어 있다. 이같이 자기조절 능력이 낮을수록 사소한 문제와 심각한 일탈 행동이 많아진다. 반대로 자기조절 능력이 높은 사람은 목표 달성의 확률이 높고, 경제적 안정성도 더 잘 유지한다. 특히 경제활동에 있어서 자기조절은 충동적 소비나 무리한 투자로부터 자신을 보호하고, 재물의 지속 가능한 축적을 가능하게 한다.

---

259) 여기서 고차원적 능력은 자기 인식에 부합하는 결과를 도출하거나 목표를 달성하려는 인지적·동기적·행동적 과정을 의미한다. 그러므로 자기조절은 목표 달성을 위한 보다 더 복합적인 과정이다.

예를 들어, 순간의 쾌락을 위해 과소비를 하거나, 일확천금을 노리고 무리한 투자를 반복하는 행위는 모두 자기조절 실패의 결과다. 반면, 자기조절 능력이 높은 사람은 장기적 계획에 따라 일관되게 행동하며, 경제적 안정성과 성취감을 함께 얻는다.

결과적으로 자기조절은 자기신뢰와 자기확신, 자기계발을 포함한 보다 복합적인 자기관리 역량과 깊은 관련이 있다. 이는 특히 경제적 유혹이 많은 현대 사회에서 재정 건강을 유지하는 핵심 심리적 자산이며 재물의 바른 축적 달성으로 이끈다. 동시에 직업적 성공과 대인관계 안정, 정서 조절 능력 등 삶의 다양한 영역에 긍정적인 영향을 미친다.

다섯째, 사회적 관계를 구축한다.

재물의 획득은 개인의 노력만으로 이루어지는 것이 아니다. 사회 속에서 협력하고 신뢰를 구축하는 인간관계 역시 중요한 자원이다. 특히 최근 들어 사회적 기업, 협동조합, 공유경제 등 '사회적 가치'를 중심에 둔 경제 모델이 주목받고 있다.[260]

이러한 경제활동은 단지 수익 창출을 넘어, 공동체에 기여하고

---

260) 한국은 2003년부터 사회적 일자리 사업을 시작했으며, 특히 취약계층의 생계를 보장하고 생산적 사회구성원으로 기여할 수 있도록 지원해 왔다. 하지만 장기적이고 안정적인 일자리 창출에는 실패했으며, 열악한 근로 조건, 신규 일자리와의 연계 부족, 실적 위주의 운영, 조정 체계의 미흡 등 여러 문제를 드러냈다.

윤리적 소비를 실현하며, 재화와 가치를 보다 더 공정하게 분배하는 데 목적을 둔다. 예컨대, 사회적 기업은 민주적이고 책임감 있는 조직으로, 영리를 추구하면서도 그 수익을 사회적 목적으로 환원한다.[261)] 특히 취약계층에 일자리를 제공하거나 지역사회와 공동체 복지 공헌에 이바지한다. 이러한 활동에 참여하는 개인은 단순한 재정적 이득을 넘어서 사회적 인정과 도덕적 보상을 경험하게 된다. 그 과정에서 신뢰와 협력, 책임 의식이 함양되고, 건강한 사회적 관계망이 회복되어 재형성하게 된다. 이는 다시 건전한 재물축적의 환경으로 이어져 더욱 지속 가능한 부의 축적 방식으로 작용하는 것이다.

여섯째, 윤리적 행동과 책임감을 느낀다.

재물의 바른 획득은 도덕적(정직성, 성실성, 책임감 등) 규범과 윤리 의식이 뒷받침될 때 지속 가능하다.[262)] 심리학은 인간의 윤리적 행동이 자아정체성과 연관된다고 본다. 이는 곧 "나는 어떤 사람인가?", "나는 무엇을 위해 일하는가?"에 대한 질문으로 확장되고, 이 물음에 대한 답이 곧 윤리적 실천의 출발점이다. 특히 재물을 획득하는 과정에서 단기적 이익이나 편법을 추구하는 행동은 일시적으로는 유리

261) 사회적 기업의 정의에는 기업의 지향성 · 목표, 고용 대상, 이윤 처리 방식, 운영과 법률적 형태, 사회적 목적과 소유 등 다양한 측면의 대상들을 포함한다.

262) 윤리적 범위에는 생명 윤리, 개인 · 가정 · 직업 · 사회윤리, 준법정신, 공정성, 합리성, 공동체 의식 등이 포함된다.

할 수 있으나, 장기적으로는 불안정성과 신뢰 상실, 자기부정으로 이어진다.

"직업윤리의 개념은 사회 안에서 인간이 삶의 유지를 위해 지속적인 행위 과정에서 지켜야 할 상호적 관계의 도리나 사회적으로 기대되는 내·외적인 행위규준을 의미한다고 정의할 수 있다."[263) 이런 직업윤리를 실천할 때 비로소 자기 정체성의 확립과 사회 적응력을 높여 건전한 사회 분위기 조성 및 참여, 삶의 안정화와 재생산을 도모하여 세계화와 미래에 대한 안목을 갖추게 된다.

윤리적 행동은 직업에서만 요구되는 덕목이 아니다. 소비, 투자, 금융, 세금 납부, 상거래 등 모든 경제활동에서 윤리성은 공동체의 신뢰를 만들고, 자·타의 문제와 갈등을 해결하거나 가치관의 확립과 능력 개발을 쉽게 해 개인의 성공을 지속 가능하게 한다. 윤리의식은 또한 내면의 안정과 자기 존중을 강화하여 지속적인 성취와 바른 방식으로 재물을 축적할 수 있는 토대를 마련해 준다.

일곱째, 재무관리 능력을 향상한다.

마지막으로, 바르게 재물을 획득하고 유지하기 위해서는 '재무관리 능력(financial literacy)'이 반드시 요구된다. 이는 단순히 돈을 아

---

263) 김기홍 · 이지연 · 정윤경, 《한국인의 직업윤리에 관한 연구》, 한국직업능력개발원, 1999, p.15. 직업윤리는 직업인에게 자발성, 자율성, 책임감을 수반하는 건전한 직업의식을 고취시킬 수 있다.

끼는 기술이 아니라, 인생의 흐름 전체를 경제적으로 설계하고 실행하는 능력이다. 재무관리에는 즉 소득과 지출의 균형, 합리적 소비, 위험 분산, 신용관리, 적절한 투자 등 '재무 지식'과 '실행'의 총체적 능력이 필요하다.

현대 사회는 금융상품의 다양화, 디지털 자산의 등장, 불안정한 경제환경 등으로 인해 재무적 판단력이 매우 중요해졌다. 재무관리 역량이 부족하면 소득이 아무리 높아도 자산을 지키기 어렵고, 은퇴 준비가 부족해지며, 저축이나 투자가 어렵고, 부채에 쉽게 빠지거나 심각한 생활 불안으로 이어질 수 있다. 반면, 재무관리 역량이 높아 능숙한 사람은 경제환경 변화에 능동적으로 유연하게 대응하며 자산을 체계적으로 축적해 안정된 경제생활을 지속할 수 있게 만든다.

이러한 능력(역량)은 자발적이고 능동적인 자기 주도적 소비 태도, 기능적 가치, 장기적 저축, 합리적 투자, 위험관리 등 실천을 가능케 한다. 궁극적으로 경제적 효율성과 재물의 축적뿐 아니라 자아존중감, 삶의 만족도, 심리적 안정을 함께 가져온다.

재물의 바른 획득은 단지 기술이나 행운의 문제가 아니다. 심리학은 그것이 내면의 태도, 행동의 습관, 사회적 관계, 윤리 의식과 긴밀히 연결된 전인적 과정임을 밝히고 있다. '목표 설정, 자기 효능감, 긍정적 사고, 자기조절, 사회적 관계, 윤리적 책임, 재무관리 능력'—이 일곱 가지 요소는 각기 분리된 항목이 아니라 서로 연결되고 보완되며, 함께 실천될 때 진정한 부의 길이 열린다.

오늘날 우리가 주목해야 할 질문은 '얼마나 많이 가졌는가?'가 아니라, '어떻게 얻었는가?'이다. 이 태도가 바로 재물탐욕을 넘어서는 첫걸음이 될 것이다. 바른 방식으로 얻은 재물만이 우리에게 진정한 만족과 안정, 그리고 삶의 의미를 가져다준다.

2. 초기불교가 제시하는 재물관

초기불교에서 재물은 무조건 금기시되는 대상이 아니었다. 오히려 붓다는 재물의 존재와 그것이 지닌 사회적 기능을 인정하면서, 어떻게 재물을 '바르게' 얻을 수 있는가에 대한 구체적인 지침을 제시하였다. 이른바 '정명(正命)'은 팔정도의 하나로, 바른 생계와 바른 재물 획득을 의미한다. 이때 말하는 '바름'은 단순한 도덕적 의미를 넘어서, 나쁜 의도마저 제거하고 수행의 기반이 되는 청정한 마음과 해치지 않는 삶, 이익을 나누는 태도까지 포함한다.

"바른 생계는 올바른 말(正語)[264]과 올바른 행동(正業)[265]처럼 잘못된 생계를 피하는 것이다."라는 구절에서 알 수 있듯이, 바른 생

---

264) 올바른 말은 거짓말, 중상모략, 욕설, 잡담 등을 삼가는 것을 의미한다.

265) 올바른 행위는 오계(五戒)를 기반으로 한 도덕적 행위 실천을 의미하며, 여기에 나쁜 친구·동료·벗과의 교제 등을 삼가는 일도 포함된다.

계는 마음을 훈련하고 의도나 태도를 바르게 하며, 미덕의 실천과 도 긴밀히 연결된다. 초기불교는 출가자와 재가자의 삶의 방식과 수행 목표가 다르다는 점에서 재물의 획득과 사용에 대한 기준도 각각 다르게 제시했다.

초기불교는 재물 획득의 방식에 따라 한 사람의 삶 전체가 달라질 수 있다고 보았고, 출가자와 재가자 모두에게 '정명'의 실천을 요구했다. 이는 재물을 획득하되 탐욕이나 악행이 아닌 청정하고 정당한 방법으로 얻어야 한다는 윤리적 생계관이 전제된 것이다. 특히 재가자는 생계 활동을 통해 재물을 획득할 수 있지만, 그 과정에서 반드시 바른 행위와 바른 말을 실천해야 한다고 강조한다.

1) 재가자의 경우 : 도덕성과 정직을 바탕으로 한 생업

재가자는 가정을 이루고 가족과 생계를 책임지며 사회 속에서 살아가야 하는 현실적인 존재로서 재물이 필요하다. 이에 불교는 재가자의 삶에서 재물 자체를 부정하거나 배척하지 않았고, 오히려 올바르게 재물을 벌고 지혜롭게 사용하며 공덕을 쌓는 수단으로 삼아야 한다고 가르쳤다. 재물은 자녀의 교육, 노후 준비, 부모 봉양, 공동체 기여 등 삶을 풍요롭고 윤택하게 만드는 중요한 수단이므로 재가자의 삶에서 다양한 직업 활동은 필수적이다. 초기불교는 이에 대해 '삿된 생계'를 피하고 '바른 생계(正命, sammā-ājīva)'를 실천하라고 가르친다.

"정직하게 생계를 꾸리고, 간사함이나 속임수 없이 노력과 근면으로 재산을 모으며, 절제와 검소함으로 관리하고, 바르게 번 재산으로 부모를 봉양하고 자식을 양육하며, 가정의 안정을 도모하고, 의무와 보시에 사용하라."[266]

이처럼 재가자의 바른 생계란 정직, 성실, 자기 책임에 기반한 삶을 의미하며, 이는 팔정도(八正道) 중 바른 말(正語)과 바른 행위(正業)를 실천하는 것과도 연결된다. 초기불교는 '오계(五戒)'를 기반으로 한 윤리·도덕적 삶을 강조한다. 즉, 오계란 "살생하지 말고, 주지 않은 것을 갖지 말며, 사음(邪婬)을 행하지 말고, 거짓말을 하지 말며, 술이나 중독성 물질을 취하지 말라"는 다섯 가지 계율로,[267] 이는 모든 경제활동의 기본 윤리로 작용해야 한다. 예를 들어, 불살생(不殺生)의 관점에서는 무기 제작·판매나 생명체를 죽이거나 거래하는 직업은 피해야 한다고 한다. 이와 관련하여 《앙굿따라 니까야》에서는 다음과 같이 밝힌다.

---

266) AN, A4.61

267) DN, Ⅲ, p.235. "Pañca sikkhāpadāni. Pāṇâtipātā veramaṇī, adinnâdānā veramaṇī, kāmesu micchâcārā veramaṇī, musā-vādā veramaṇī, surā-meraya-majja- pamādaṭṭhānā veramaṇī." 오계는 불살생(不殺生), 불투도(不偸盜), 불사음(不邪婬), 불망어(不妄語), 불음주(不飮酒)이다.

"오계를 범하는 다섯 가지 직업이 있다. 그것은 살생을 업으로 삼는 것, 살아있는 존재를 파는 것, 무기를 파는 것, 독을 파는 것, 술을 파는 것이다."[268)]

이러한 직업들은 재물을 얻기 위함이거나 생계의 수단처럼 보일 수 있으나, 결국에는 자신과 타인 모두에게 해를 끼치고 나쁜 업을 쌓게 만든다. 특히 도둑질이나 사기 등과 같은 행위는 불투도(不偸盜)에 해당하는 계율로, 단순히 타인의 물건이나 노동의 대가를 훔쳐 가로채지 말라는 뜻을 넘어, 정직하지 않고 부정한 방법으로 재물이나 이익을 얻는 모든 행위는 '바른 생계'에 위배되므로 금지된다는 의미이다. 사기, 기만, 착취 등은 물론 오늘날 고리대금이나 횡령, 사기, 보이스피싱 등 각종 경제범죄와 과도한 욕심(조금 일하고 많이 가지려는 것)이나 탐욕에 의한 부정직한 거래조차 수행자의 삶을 해치는 행위에 해당한다. 경전에서는 이러한 대도(大盜)가 비록 재물을 획득하더라도 결국 그 재물을 지키지 못하고 스스로 파멸에 이르게 된다고 경고한다.[269)]

---

268) AN A5.177; 대림 스님 옮김,《앙굿따라 니까야》 권3, 울산: 초기불전연구원, 2007, p.395. 살아있는 존재는 인간이나 동물을 의미한다. 생명체나 고기, 무기, 술, 독 등의 거래는 사람을 죽이거나 위협하는 위험한 것이기에 이와 관련된 직업은 피해야 한다.

269) AN, Ⅳ, p.339; 대도는 8가지의 특징을 가진다.—"Appaharantassa paharati, anavasesaṃ ādiyati, itthiṃ hanati, kumāriṃ dūseti, pabbajitaṃ vilumpati,

"공격해서는 안 될 사람을 공격하고, 남김없이 모두를 훔치며, 여자와 출가자마저 약탈하는 도둑은 재물을 지키지 못하고 결국 망하게 된다."[270]

또한, 사음(邪婬)을 기반으로 한 직업 — 성을 사고파는 일, 음란물 제작·유통 — 역시 피해야 하며, 거짓말, 중상모략, 기만, 사기 등 불망어(不妄語)에 해당하는 생계도 금기시된다. 술이나 중독성 물질을 제조·판매하는 것도 불음주(不飮酒)를 어기는 것으로서 바른 재물 획득에 반하는 것이다.[271] 그러나 이러한 직업에 종사하는 사람들을 무조건 비난해서는 안 된다. 만약 그들의 의도나 상황을 제대로 이해하지 않고 비난한다면 자신을 나쁜 사람으로 낙인찍거나 나쁜 업(業)을 쌓게 한다. 오히려 그들의 처지와 의도, 상황을 이해하려는

---

rājakosaṃ vilumpati, accāsanne kammaṃ karoti, na ca nidhānakusalo hoti." "공격해서는 안 될 사람을 공격하고, 남김없이 모두를 훔치며, 여자를 죽이거나 처녀를 범하고, 출가자마저 약탈하고, 왕의 창고를 약탈하고, 민가 가까이에서 도둑질하고, 장물을 보관하는 데 능숙하지 못하다."-이다. 여기서 '공격해서는 안 될 사람'에는 자신을 공격하지 않는 덕 높은 사람이나 노인, 어린이 등을 포함한다.

270) Jātaka, p.514.

271) 술에는 마약이나 중독성 물질, 정신을 혼미하게 만드는 성분 등이 포함되며, 이에 취하면 통찰력을 잃거나 좋지 않은 행동으로 이끌릴 수 있다. 따라서 이러한 물질과 관련된 직업은 피해야 한다. 예를 들어, 술에 취하면 정신이 혼미해지거나 흐려져 춤추고 노래하며 이곳저곳을 돌아다니고, 사음(邪淫)에 빠지거나 은밀한 부위를 드러내는 등 좋지 않은 선택을 하게 될 가능성이 높아진다. 이는 올바른 생계를 유지하는 데 장애가 된다는 뜻이다.

노력과 태도가 필요하며 이 또한 수행자의 자세이다.

이와 같은 '다섯 가지 생계를 피해야 할 직업'은 단지 업의 문제를 넘어 재물의 성질이 수행에 미치는 영향에 주목한 것이다. 불안과 번뇌, 악행의 씨앗이 되는 재물은 수행을 방해하고, 결국 자신과 타인을 고통으로 이끈다. 따라서 재가자는 올바른 직업을 선택하는 것이 무엇보다 중요하다. 과거에는 농업, 장사, 목축, 부동산, 건축, 궁술, 왕의 신하, 학자, 예술, 공예 등을 바른 생계로 제시하였고, 오늘날에는 기술직, 관리직, 회계, 상업 등 공동체에 이익을 주는 다양한 직업을 바른 생계의 예로 볼 수 있다.

붓다는 올바른 직업뿐 아니라 정직과 성실, 절제와 자비의 마음으로 재물을 획득해야 한다고 강조하였다:

> "열정적인 노력으로 얻고, 팔의 힘으로 모으며, 땀으로 획득하고, 법답게 얻는다."[272)]

이 구절은 재물의 획득이 육체적인 노력과 윤리적인 수단을 통해 이루어져야 함을 강조한다. 또한 꿀벌과 개미를 비유로 들어 재물 획득은 자·타 관계에 무해(無害)하고, 도덕적이며, 책임감 있는 태

---

272) AN, Ⅱ, p.67.(AN A4.61); 대림 스님 옮김, 《앙굿따라 니까야》 권2, 울산: 초기불전연구원, 2006, p.187. "uṭṭhānaviriyādhigatehi bhogehi bāhābalaparicitehi sedāvakkhittehi dhammikehi dhammaladdhehi."

도—즉 지혜와 성실성에 기반해야 한다는 교훈을 준다.

"이같이 직업에 힘을 잘 써서 지혜로써 재물을 구하면 그것에 따라 재물이 생길 것이니 모든 물이 바다로 흐르듯 한다. 이같이 그 재물의 이익되기는 꿀벌이 온갖 맛(꿀)을 모으듯 하고, 밤낮으로 그 재물이 불어나기는 마치 개미가 쌓은 흙무더기와 같다."[273)]

특히 꿀벌은 '꽃을 해치지 않고 꿀을 모으고, 꽃을 구분하지 않고 다양한 꽃에서 수정과 같은 이로움을 주며, 부지런하고 성실하게 일하며, 한탕주의 대신 꾸준하게 축적하는 모습'을 통해 꿀을 모으듯, 인간이 본받아야 할 재물 획득의 자세를 상징하고 가르친다. 즉, 해를 끼치지 않고, 이로움을 주며, 편법 없이, 성실하게, 꾸준히, 공정하게 재물을 모으는 방식이야말로 수행자가 실천해야 할 바른 생계이다.

무엇보다 재가자의 바른 재물 획득을 위한 또 다른 핵심은 '보시(布施)'의 실천이다. 보시는 자신이 가진 재물을 다른 사람과 나누는 행위로 불교에서 중요하게 여기는 미덕 중 하나이다.

"보시하는 자는 미소를 지으며 자비로운 마음을 지니고, 베푼 재물은

---

273) Sn 2.4(Mahāmaṅgala Sutta);《雜阿含經》 권48, (T02, 0353a27), "如是善修業, 黠慧以求財, 財寶隨順生, 如眾流歸海. 如是財饒益, 如蜂集眾味, 晝夜財增長, 猶如蟻積堆."

마치 씨앗처럼 미래의 복으로 돌아온다."[274]

재물은 움켜쥘수록 괴로움을 낳고, 베풀거나 나눌수록 공덕을 낳는다고 하며, 붓다는 재물을 쌓는 것보다 나누는 데에서 더 큰 공덕이 생긴다고 가르쳤다. 실제로 91겁을 거슬러 올라가 보시한 이가 복과 이익을 누리게 된 예를 들며,[275] 보시가 쌓은 공덕은 절대 사라지지 않고 미래에 더 큰 부와 복으로 되돌아온다고 한다.

따라서 재가자에게 재물은 '내 것'이라는 집착의 대상이 아닌 '다른 이와 나눌 수 있는 도구[나눔의 도구]'로 인식되어야 한다. 무엇보다 나눔(베품)·보시는 단순한 선행이 아니라, 마음의 집착을 줄이고 궁극적으로 자비심과 무아(無我)의 통찰, 그리고 해탈로 나아가기 위한 수행의 한 과정으로 이해되어야 한다. 이처럼 붓다는 재가자에게 바른 직업을 선택하고, 성실하고 지혜롭게 일하며, 자비로운 마음으로 재물을 나눔으로써 바른 생계를 완성해 갈 것을 강조하였다. 또한 경전에서 설하길:

"지혜로운 사람은 바르게 벌어들인 재물로 가족을 돌보고, 기쁨으로 베

---

274) AN A7.49; A8.36.

275) DN D23;《雜阿含經》권32, (T02, 0230c01), "我憶九十一劫以來, 不見一人施一比丘. 有盡有減. 聚落主. 汝觀今日有人家大富. 多錢財, 多眷屬, 多僕從. 當知其家長夜好施. 真實寂止, 故致斯福利."

풀며, 하인과 일꾼을 공평히 대하며, 고통받는 이를 돕는다."[276]

이처럼 재물의 바른 사용을 통해 초기불교는 재물 자체를 악으로 보지 않고, 정당한 수단으로 얻어 공동체와 삶에 이롭게 사용할 때 그것을 선(善)으로 평가했음을 알 수 있다. 결국 재가자는 '무탐(無貪)'의 태도를 유지하되 현실적 생계를 외면하지 않으며, 그 안에서 윤리와 자비를 실천하는 삶이야말로 바람직한 불교적 삶임을 확인하게 된다. 따라서 '재가자의 바른 재물 획득 방법'은 다음 6가지로 정리할 수 있다:

1. 오계를 지키며, 정직한 말과 행위로 재물을 얻는다.
2. 지혜와 성실, 열정을 바탕으로 정당하게 재물을 얻는다.
3. 법에 맞고 타인에게 해를 끼치지 않으며, 역경을 극복해 재물을 얻는다.
4. 게으름 없이 도전정신으로 새로운 길을 개척하여 재물을 얻는다.
5. 모든 존재에게 피해를 주지 않는 유익한 방법으로 재물을 얻

276) Sn 2.4(Mahāmaṅgala Sutta); 전재성 옮김,《숫타니파타》, 서울: 한국빠알리성전협회, 2004, pp.191-194. 7번 게송- Mātāpitū upaṭṭhānaṃ, puttadārassa saṅgaho; anākulā ca kammantā, etaṃ maṅgalamuttamaṃ.(아버지와 어머니를 섬기고, 아내와 자식을 돌보며, 일을 함에 혼란스럽지 않으니, 이것이야말로 더 없는 축복이다.). 그 외 내용에서 확인할 수 있다.

는다.

6. 보시를 실천하여 복덕을 쌓고, 공덕의 선순환 속에서 재물을 얻는다.

결국 재가자에게 있어 바른 생계는 곧 수행 그 자체로 여겨질 수 있다.

2) 출가자의 경우: 소유를 끊고 의탁하는 삶

출가자는 세속의 직업이나 소유를 떠나 오로지 수행과 가르침에 전념하는 삶을 산다. 그러나 이 또한 의식주와 같은 최소한의 물질적 기반 위에서 성립되므로, 따라서 출가자에게도 바른 생계의 문제가 제기된다. 다만 그 방식은 재가자와 달리 더욱 청정하고 절제된 규범 아래에 놓여 있다는 점에서 구별된다.

붓다는 출가자에게 재물의 획득이나 소유 자체가 수행에 본질적인 장애가 되므로, 철저한 계율의 준수를 요구했다. 특히 비구는 생명을 해치지 않으며, 도둑질과 사음, 폭력, 거짓말, 술을 비롯한 감각적 쾌락을 멀리해야 하며, 그 삶은 철저히 자발적인 청빈 위에 서 있어야 한다. 이를 경전은 이렇게 묘사한다.

"그는 생명을 죽이는 것을 버리고 멀리 여윈다. 몽둥이를 내려놓고 칼을 내려놓는다. … 그는 주지 않은 것을 가지는 것을 버리고 멀리 여윈다. … 그는 금욕적이지 못한 삶을 버리고 청정한 범행을 닦는다. … 그는 거짓말을 …, 중상모략하는 말을 …, 욕하는 말을 …, 잡담을 버리고 멀리 여긴다. … 그는 시기와 분노를 떠난다."[277]

이외에도 출가자는 한가로이 다니며 "곡식류를 손상하거나 생고기, 날곡식을 받지 않으며, 정해진 시간이 아닌 때에 음식을 먹고 파는 것을 금지한다. 또한 춤, 노래, 음악, 연극 등의 오락을 관람하거나, 화장품·향수·장신구 등을 사용하는 행위 역시 금한다. 금이나 은, 농토 등을 받는 것과 더불어 하인이나 산 사람, 동물을 사고파는 행위, 심부름꾼이나 전령으로 나아가는 것, 저울과 금속, 치수 등을 속이는 행위, 사기, 상해, 살해, 포박, 약탈, 노략질, 폭력 등에 관한 모든 행위도 금지된다."[278]

무엇보다 출가자는 재물을 축적하지 않으며, 주지 않은 것은 결코 취해서는 안 된다. 금·은·보석과 같은 귀중품은 물론이고, 단 한 푼의 가치가 있는 것조차 소유하거나 거래하는 것이 명백히 금지된다.

"비구는 금·은·보석을 소유해서는 안 되며, 그것을 사고팔거나, 그것

277) AN A4.198; MN M10; 대림 스님 옮김,《앙굿따라 니까야》 권2, 울산: 초기불전연구원, 2006, pp.478-479.

278) AN A4.198; 대림 스님 옮김,《앙굿따라 니까야》 권2, 울산: 초기불전연구원, 2006, pp.479-480.

으로 무엇을 바꾸려 해서는 안 된다. 그렇게 하면 그는 파계(破戒)하여 승가의 일원이 아니다."[279]

출가자는 물질을 획득하거나 소유함으로써 생기는 소유욕, 경쟁심, 권력욕 등 세속적 감정과 감각적 쾌락을 끊는 것을 수행의 핵심으로 삼는다. 즉 출가자에게 재물은 감각적 쾌락·탐욕의 뿌리가 되므로 철저한 경계의 대상이 된다. 그러므로 출가자는 생계를 위해 직접 노동해서 재물을 벌지 않으며, 의식주를 포함한 모든 생존 수단을 신도들의 자발적인 공양(보시)에 의존해야 한다. 이때 보시받은 재물은 자신의 소유가 아닌, 단지 '잠시 허락된 사용물'로 간주되어야 하며, 이를 절제된 삶의 기반에서만 사용해야 한다. 이는 출가자에게 단순히 가난하게 살라는 의미가 아니라, 삶을 단순화하고 마음의 번뇌를 줄이며 근본적인 자유와 해탈을 추구하라는 실천적 지침이다.

붓다는 출가자가 탁발을 통해 재가자의 자발적인 보시를 받아 생활할 것을 강조했다. 보시를 받는 처지이지만, 출가자는 이에 감사하며 헛되이 하지 않고, 설법과 수행으로 그 은혜에 응답해야 한다. 이 과정에서 자신을 과시하거나 속임수, 권모술수 등을 통해 보시를

279) Vinaya Piṭaka, Cullavagga 5.10; 전재성 옮김, 《마하박가-율장대품》 권1, 서울: 한국빠알리성전협회, 2014, p.274. pāda(빠다)를 푼으로 번역했으며, 1빠다는 5마싸까의 가치를 지닌다. 1까하빠나=20마싸까, 당시 황소 한 마리 가격이 12까하빠나였다.

유도하는 행위는 엄격히 금지된다.

"비구들이여, 보시를 유도하기 위한 말이나 몸짓, 혹은 교묘한 방법으로 재물을 얻으려 해서는 안 된다."[280)]

바른 생계(正命, sammā-ājīva)는 출가 수행의 한 요소이며, '거짓 점술, 속임수, 사기성 있는 예언, 복채를 목적으로 한 설법' 등과 같은 방식은 모두 비난의 대상이다.

"이러한 바르지 못한 생계는 진정한 수행자의 길이 아니며, 오히려 수행을 병들게 한다."[281)]

출가자와 재가자 간의 보시는 단순히 재물을 주고받음의 관계를 넘어, 서로의 수행을 도와주는 공동체적 연대를 형성한다. 이처럼 출가자에 있어 바른 생계는 단지 금욕만으로 완성되는 것이 아니라, 오계를 넘어 팔정도(八正道)와 사념처(四念處)[282)]를 수행함으로써

---

280) Vinaya Piṭaka, Buddhist Monastic Code II, 10. 'dissembling'(겉으로는 겸손한 척하며 보시를 유도), 'talking'(청탁하거나 권유하는 말), 'hinting'(속삭이거나 암시), 'belittling'(깎아내리며 부끄럽게 만들어 헌금을 유도), 그리고 'pursuing gain with gain'(소규모 헌물로 더 큰 헌물을 유도하는 행위) 등을 금지한다.

281) DN D1.8.

282) 사념처는 감각기능을 단속하거나 이를 위해 몸과 마음을 챙기고 알아차리는 것

몸과 마음의 탐욕을 제거하는 데 있다. 특히 사념처 수행은 "청정을 이루고, 근심과 탄식을 벗어나며, 육체적·정신적 고통의 소멸을 이루고, 옳은 방법을 터득하여 열반을 실현하게 하는 길이다."[283] 이 중 '옳은 방법을 터득하고'라는 구절은 사념처 수행이 곧 '팔정도'의 실천임을 말해 준다. 팔정도를 닦음으로써 출세간도(出世間道)를 터득하고 열반을 증득할 수 있다는 것이다.

따라서 출가자는 최소한의 소유로 자족하며, 탐욕을 줄이고 욕망을 버리는 삶을 실천해야 한다.

> "여기 비구는 어떤 옷으로도 만족하고, … 어떤 탁발 음식으로도 만족하고, … 어떤 거처로도 만족하고, … 어떤 옷이나 탁발 음식, 거처로도 만족하는 것을 칭찬한다. 또한 버림을 기뻐하고 버림에 몰두한다. … 이것이 네 가지 성자들의 계보이다."[284]

(sati, 正念, 正知), 즉 '신(身)·수(受)·심(心)·법(法)'으로 구분되는 구체적인 수행법이다. 이때 신·수·심·법은 각각 다른 대상을 따라 다르게 나타나는 마음을 관찰하는 수행법이므로 다양한 마음챙김이 필요하다. 예를 들어, 갈애나 사견, 분노 등의 감정이 있는 사람은 각기 다른 대상에 대해 마음챙김을 확립해야 한다. 갈애의 기질을 가진 둔한 사람은 거칠고 섬세하지 않은 몸을 관찰하는 마음챙김을 확립해야 하고, 반면 예리한 사람은 미세한 느낌(受)을 관찰하는 마음챙김을 확립해야 한다. 이렇듯 사념처는 유일하게 개인이 스스로 실천해야만 하는 주제이다.

283) 각묵 스님 옮김, 《디가 니까야》 권2, 울산: 초기불전연구원, 2006, pp.492-493.

284) AN A4.28; 대림 스님 옮김,《앙굿따라 니까야》 권2, 울산: 초기불전연구원,

특히 사념처 수행은 감각적 쾌락에 휘둘리지 않고, 마음챙김을 통해 마음을 단속하고, 재물을 청정하게 받아들이는 수행법이기도 하다.

> "그는 눈으로 형상을 볼 때, 그 전체의 표상도, 세세한 부분상도 취하지 않는다. 만일 그의 눈의 기능[眼根]이 제어·단속되지 않으면 욕심과 싫어하는 마음, 즉 나쁘고 해로운 법[不善法]이 흘러들 것이다. 그러므로 그는 눈의 감각기능을 잘 단속하기 위해 수행하며, 눈의 감각기능을 잘 방호하고, 눈의 감각기능을 잘 단속한다. 귀로 소리를 들음에 … 코로 냄새를 맡음에 …, 혀로 맛을 봄에 …, 몸으로 감촉을 느낌에 …, 마노[意, 마음]로 법을 지각함에 그 표상을 취하지 않으며, 그 세세한 부분상을 취하지도 않는다."[285]

결국 출가자에게 재물은 수행을 위한 도구일 뿐이며, 목적이 아니다. 즉 재물 자체에 대한 집착이 아니라, 그것을 통해 법재물(法財物) — 곧 깨달음과 해탈의 길에 필요한 조건 — 을 얻는 데 목적이 있다. 이는 출가자의 어원에서도 드러난다:

2006, pp.108-109.

285) AN, Ⅱ, p.210. 11번 참조; 대림 스님 옮김, 《앙굿따라 니까야》 권2, 울산: 초기불전연구원, 2006, pp.480-481.

“Attano자신의 malaṁ더러움(애착과 성냄 등의 더러움이나 때)을 Pabbājayaṁ쫓아낼 수 있다. tasmā그래서 Pabbajitoti출가자라고 vuccati부른다.”[286)]

출가자는 법재물을 도구 삼아 집착과 탐욕 같은 번뇌를 제어 및 소멸하고, 통찰지(慧, 반야)의 힘을 길러 깨달음으로 나아가야 한다. 이러한 이유로 초기불교는 출가자에게 더욱 엄격한 기준을 요구했다.

“비구들이여, 출가자들은 양극단을 의지해서는 안 된다.”[287)]

“바라문처럼 아무것도 가지지 않고, 아무것도 요구하지 않으며, 필요한 것이 있을 때도 최소한의 것만을 요청하라.”[288)]

이와 같은 붓다의 가르침을 실천할 때, 수행자의 삶은 철저히 ‘무소유의 윤리’ 위에 서게 된다. 이는 단순히 외(外)적인 가난이 아

---

286) Dhp. p.388; 마하시 사야도, 비구 일창 담마간다 옮김, 《담마짝까 법문》, 안양: 불방일, 2019, pp.114-115. “Pabbājayamattano malaṁ, tasmā Pabbajitoti vuccati.”

287) SN. III, p.368. “Dveme, bhikkhave, antā pabbajitena sevitabbā.”

288) Sn 2.7(Brāhmaṇadhammika Sutta); 전재성 옮김,《숫타니파타》 서울: 한국빠알리성전협회, 2004, pp.202-211. 바라문의 삶의 특징을 살펴보면, 그들은 소나 곡식, 재물 등을 소유하지 않고[소유하지 않음], 길거리에서 보시받은 음식이나 물품에만 의지해 살아갔다. 과도한 요구나 축적을 경계하여 필요한 최소한만을 지니며[받을 수 있는 최소한의 소유], 욕망을 끊고 보고 들은 지혜와 덕행을 진정한 재산으로 삼아 삶을 영위하였다.[수행 중심의 생활].

니라 내(內)적인 탐욕의 부재를 의미한다. 경전은 출가자의 수행이 올바를 경우, 그 결과가 궁극적으로 지혜의 성취와 해탈로 이어진다고 밝힌다.

> "그는 사념처를 닦고 '일곱 가지 깨달음의 요소[七覺支]'를 성취하면 탐욕과 번뇌를 떠나 열반을 실현하게 된다."[289]

이를 위해 출가자는 엄격한 절제와 자발적 청빈을 실천해야 한다. 따라서 '출가자가 법재물을 획득하는 바른 방법'은 6가지로 정리할 수 있다:

1. **비구 계목(戒目)을 지키고,** 정직한 말과 행위로 재물을 얻는다.
2. **오계와 팔정도를 실천하여** 재물을 정당하게 얻는다.
3. **탁발을 통해 법에 맞는 생활**을 하며, 역경을 수행 삼아 재물을 얻는다.
4. **팔정도에 따라 사념처를 수행**하여 애욕과 같은 번뇌를 제거

---

289) MN.10; 사념처에 대한 자세한 수행 방법은 〈대념처경[大念處經, Mahāsatipaṭṭhāna Sutta, D22]〉을, 칠각지에 관한 것은 〈마음챙김의 확립경[Satipatthāna Sutta, M10]〉을 참조한다. 특히 칠각지는 '사띠(Sati, mindfulness)→ 선법탐구(Dhammavicaya, investigation of dhammas)→ 열정(Vīriya, energy or effort)→ 희열(Pīti, joy or rapture)→ 경안(Passaddhi, tranquility)→ 삼매(Samādhi, concentration)→ 평정(Upekkhā, equanimity)' 순으로 발전시키지만, 필요에 따라서는 자유롭게 강조할 수도 있다.

하며 재물을 얻는다.

5. **선행과 선법을 촉진하는 열의**(欲, chanda)[290] 로써 재물을 얻는다.

6. **법(法)보시를 실천하여 복덕을 쌓고**, 공덕의 선순환 속에서 재물을 얻는다.

결국 출가자에게 바른 생계는 곧 수행 그 자체이며, 그것은 해탈의 길로 이끈다.

재가자와 출가자 모두에게 재물은 단순히 생존을 위한 수단이 아니라, 자신의 삶을 바르게 영위하고 수행을 지속하기 위한 기초적인 조건이다. 초기불교는 재물의 획득 자체를 부정하지 않으면서도, 그것이 "어떤 동기에서, 어떤 방식으로, 어떤 마음가짐으로" 이루어졌는가를 중요하게 여긴다. 재물은 '법답게' 얻어야 하며, 타인에게 해를 끼치지 않고, 탐욕이 아닌 자비와 지혜의 마음으로 사용되어야 한다. 이러한 '바른 재물 획득'의 실천은 결국 개인의 내적 성숙뿐 아니라 공동체 전체의 조화로운 삶을 이끄는 근본적인 힘이 된다. 바른 생계는 곧 올바른 마음의 훈련이며, 그것은 열반을 향한 실천의 길이기도 하다.

---

290) 열의는 탐욕이 아니라 선행과 선법을 촉진하는 '욕'으로서, 비물질(arūpa, 無色)만을 대상으로 삼기 때문에 유익한 마음과 심소(心所, 마음부수)만이 작용하는 상태를 말한다. 다시 말해, 열의는 무색계선의 마음, 즉 제5선에서 드러나는 평온과 집중이라는 두 가지 선(禪)에만 작용한다. 이러한 과정을 거쳐 수행자는 아라한과를 성취하게 되며, 결국 욕·열의마저도 완전히 제거하게 된다.

제2절
재물, 어떻게 쓸 것인가

1. 심리학이 말하는 건강한 소비

재물의 바른 소비는 단순한 생존을 위해 물질을 사용하는 차원을 넘어선다. 이는 삶의 가치를 실현하는 방식이자 자기 정체성을 표현하는 도구이며, 나아가 삶의 질과 직결된 심리적 역량의 문제이기도 하다. 다시 말해, '재물을 어떻게 쓰는가?'는 단순한 경제 행위를 넘어, 개인의 태도와 가치관, 삶의 방향성을 반영하는 중요한 실천이다.

앞서 제시된 '재물의 바른 획득을 위한 일곱 가지 심리학적 요소'는 소비의 측면에서도 깊은 연관을 갖는다. 바람직한 소비란 결국 합리적이고 주체적인 의사결정을 바탕으로 이뤄지는 것이며, 이러한 소비는 개인의 삶의 질을 높이는 동시에 사회 전체의 지속 가능하고 건강한 경제 순환을 가능하게 한다.

현대의 소비 환경은 과거와 비교할 수 없을 만큼 빠르게 변화하고 있다. 예전에는 상품의 단순한 거래나 교환이 소비의 주요 형태였다면, 오늘날의 소비는 서비스, 구독, 디지털 거래, 경험 소비 등 훨씬 다양하고 복합적인 형태로 확장되고 있다. 이에 따라 소비자는 더이상 수동적인 구매자가 아니라, 능동적이고 비판적인 판단력을 지닌 주체로서의 역할을 요구받고 있다.

이러한 변화 속에서 핵심적으로 강조되는 개념이 바로 '소비자의 역량(Consumer Competency)'이다.[291] 이 역량은 단순히 재무나 금융에 대한 지식, 거래 기술에만 국한되지 않고, 보다 넓은 의미를 지닌다.

> "삶의 다양한 맥락에서 발생하는 복잡한 요구를 성공적으로 충족시켜 해결하고, 이를 통해 개인과 사회 모두의 조화롭고 성공적인 삶을 이루는 데 필요한 능력이다."[292]

---

291) 소비자의 역량은 유사한 개념인 '소비자 능력(Consumer ability, Consumer capacity)'이나 '소비자 권한 부여(Consumer empowerment)' 등으로 혼용되어 사용되기도 한다. '소비자 능력'은 주로 인지적 능력, 즉, 정보 탐색 능력, 정보 이해 능력 등과 같이 특정 분야에 대해 소비자가 해낼 수 있는 능력을 얼마나 갖추었는지 평가하는 개념으로 사용된다. 또한 '소비자 권한 부여'는 EU의 소비자 정책 전략(Consumer Policy Strategy)에서 사용된 용어로서, 소비자가 정보를 가지고 활용하는 능력뿐 아니라 소비자의 권리와 시장에서의 보호를 위한 기술과 소비자 참여를 포괄하는 다면적 개념으로 사용된다.

292) 이기춘, 《소비자교육의 이론과 실제》, 서울: 교문사, 1999, p.16.

다시 말해 소비자의 역량은 재물에 대한 지식과 기술뿐만 아니라 바람직한 태도, 가치관, 감정조절 능력, 동기, 책임감 등 인간의 내적 자질(요인) 전반을 포함하는 포괄적인 개념이다.

이러한 심리적·인지적 자질들은 개인이 재물을 더욱 주체적으로 판단하고, 의미 있게 소비하도록 돕는 힘이 된다. 특히 재무관리 능력, 금융 이해력, 소비자 권리 인식, 거래 기술, 시민의식, 의사결정 능력 등과 맞물려 소비자의 역량은 개인의 경제적 독립성과 심리적 안정감을 함께 높이는 데 이바지한다. 나아가 이러한 역량은 단순한 소비를 넘어 삶의 방향성과 가치를 정립하는 데도 결정적인 역할을 한다.

그렇다면, 구체적으로 어떤 소비가 '바람직한 소비'일까? 심리학적 관점에서 바라볼 때, 이는 단순한 절약이나 지출 억제가 아니라, 삶의 만족도와 가치 중심의 소비, 자기통제와 타인 고려의 균형, 현재와 미래를 통합적으로 고려하는 실천적 소비를 말한다.

이를 바탕으로 어떻게 소비자의 삶과 사회 전체에 긍정적인 영향을 미칠 수 있는지를 심리학적 원리를 토대로, '재물을 바르게 소비하기 위한 일곱 가지 원칙'을 다음과 같이 제안할 수 있다.

첫째. 가치와 우선순위를 명확히 한다.

건강한 소비는 먼저 자신이 중요하게 여기는 가치와 목표를 분명히 하는 데서 시작된다. 소비 경험은 단순히 물건을 구입하는 것이 아니라, 자신이 추구하는 삶의 방향을 드러내는 행위이기도 하다.

예를 들어, 소비자는 소비체험을 통해 각기 다른 내면의 가치를 지닌다. 어떤 이는 경제적 효율을 중시하고, 다른 이는 정서적 만족이나 사회적 소속감을 중요하게 여긴다. 이처럼 소비자는 내재적(intrinsic)·외재적(extrinsic) 가치, 자기 지향적(self-oriented)·타인 지향적(other-oriented) 가치를 토대로 행동하며, 이러한 가치들은 다시 경제적(economic)·정서적(hedonic)·사회적(social)·이타적 가치(altruistic value)라는 네 가지 차원으로 나타난다.[293] 이 가치들을 인식하고, 자신만의 우선순위를 정립하는 과정이 선행될 때 소비는 충동이 아닌 선택이 된다.

실제로 2021년 글로벌 소비자 동향 보고서에서는 응답자의 42%가 소비 전반의 패턴을 효율적으로 조정하기 위해 '삶의 가치를 재설정하고 있다'고 응답했다. 이는 가치 기반 소비가 세계적 흐름이라는 사실을 보여 주는 동시에, 개인의 소비가 목적 없는 반복이 아닌 자기 삶의 방향성과 밀접히 관련된 행동임을 시사한다.

둘째, 의식적인 소비의 실천을 강화한다.

바른 소비는 단지 물건을 고르고 돈을 지출하는 행위가 아니라,

---

293) Holbrook, Morris B., "Consumption experience, customer value, and subjective personal introspection : An illustrative photographic essay.", Journal of Business Research, 59(7), 2006, pp.715-716.

'왜 사는가?', '왜 그것을 원하는가?', '정말 필요한가?'라는 질문에서부터 출발한다. 자신이 무엇을 필요로 하는지를 인식하지 못한 채 감정적인 충동이나 외부 자극에 따라 이루어지는 소비는 대개 후회와 낭비로 귀결되기 쉽다. 반면, 자신의 재정 상태와 실제 욕구를 명확히 인식하고, 정보에 근거하여 신중하게 판단하는 소비는 개인의 자기 효능감을 높이고 삶의 만족도를 향상하는 데 이바지한다.

이러한 의식적인 소비를 실천하기 위해서는 자신의 감정을 잘 다룰 수 있는 능력이 중요하다. 다시 말해, 자기 조절력과 자기 통제력은 바람직한 소비를 가능하게 하는 핵심 심리적 역량이다. 여기서 말하는 자기통제는 단순히 돈을 아끼는 절제 차원이 아니라, 자신이 진정으로 원하는 것이 무엇인지를 분별하고, 그것을 얻기 위해 현실적인 방법을 조화롭게 선택하는 능력을 뜻한다.

의식적인 소비는 곧 재무 상태나 관리의 전 과정—정보 수집, 정보 이해와 활용, 의사결정, 권리주장, 책임감 수용—에 긍정적인 영향을 미친다. 이러한 소비 습관은 감정에 휘둘리지 않고 장기적인 삶의 목표에 부합하는 소비를 유도하며, 결과적으로 자신이 지향하는 가치를 실현하는 성공적인 소비 경험으로 이어지게 한다.

셋째, 만족감과 연관된 소비를 한다.

현명한 소비는 단순한 쾌락이나 소유의 욕구를 충족시키는 데 그치지 않는다. 심리학에서는 소비를 통한 '감동'이 높은 만족도를 끌어낸다고 본다. 즉, 소비자가 구매나 사용 과정에서 단순히 어떤 물건을 소유하거나 사용하는 데서 오는 기쁨이 아니라, 깊은 감동과 감정적 울림, 의미 있는 만족을 경험할 때, 그 소비는 단순한 물질적 행위를 넘어 삶에 의미·가치를 더하는 중요한 사건이 된다고 본다.

여기서 감동은 단순한 즐거움이나 기쁨을 넘어서 놀라움, 흥분, 경외감과 같은 복합적인 감정이 어우러진 상태를 의미한다. 이러한 감동은 소비자가 긍정적인 정서와 개인적 성장을 경험할 기회를 제공하며, 소비 활동 자체에 대한 만족도뿐 아니라 전반적인 삶의 질을 높이는 역할을 한다.

예를 들어, 단순히 제품의 가격이나 외적 조건에 초점을 맞추는 것이 아니라, 그 물건이나 경험을 통해 얻을 수 있는 가치, 의미, 관계성 등을 인식하고 소비할 때 우리는 훨씬 더 깊은 만족을 경험하게 된다. 이러한 소비는 충동적이거나 즉각적인 쾌락에 휘둘리지 않고, 장기적인 행복과 내면의 성장으로 이어질 수 있다.

따라서 순간적·단기적인 쾌락에 집중하는 소비가 아니라, 장기적인 만족과 의미를 추구하는 소비는 재물을 바르게 사용하는 데 핵심이 된다. 이와 같은 소비 태도는 소비자의 신뢰와 역량, 더 나아가 삶의 질 향상에도 긍정적인 영향을 미친다.

넷째, 자기통제와 목표를 설정한다.

지속 가능한 소비를 실천하려면 자신의 소비 습관을 스스로 통제하고 명확한 목표를 세우는 태도가 필수적이다. 심리학에서 말하는 자기통제(self-control)는 단순히 욕망을 억누르는 것을 넘어서 목표 달성을 위해 감정과 충동, 욕망 등을 조절하고 행동을 계획하는 능력을 뜻한다. 이러한 자기통제는 재물 소비에서 가장 실질적인 힘으로 작용한다.

목표를 분명히 세우고 그에 맞춰 행동을 조절할 때 감정이나 충동에 흔들리지 않는 합리적인 소비가 가능해진다. 자기통제는 현재의 욕구를 억제하고 미래의 가치를 실현하는 능력이라 할 수 있다.

예를 들어, 저축을 제대로 하지 않거나 은퇴 준비를 소홀히 하는 문제는 자기통제 실패에서 비롯된다. 이는 "내부 계획자와 실행자 간의 갈등"으로도 설명되는데, 자신의 삶을 주도적으로 운영하기 위해서는 반드시 목표 설정과 자기통제가 필요하다.

자기통제가 부족하면 장기적인 재정 계획이나 저축을 멀리하게 되어 미래에 대한 준비가 미흡해진다. 특히 재정 관리에서 자기통제는 내면의 계획자와 실행자 사이 갈등을 조율하는 역할을 하며, 작은 소비 습관부터 인생 전반의 계획에 이르기까지 영향을 미친다.

따라서 바른 소비를 위해 자기통제 능력을 키우는 것은 곧 인생의 방향을 올바르게 다듬는 중요한 도구가 된다.

다섯째, 사회적 비교에서 벗어난다.

현대 소비문화에서 많은 사람은 타인과의 비교 속에서 자신을 정의하고 소비를 결정짓는다. "남들은 어떤 차를 타고 다닐까?", "어떤 브랜드를 입고 있을까?"와 같은 질문은 단순한 호기심을 넘어 소비 선택에 깊은 영향을 미친다. 그러나 이러한 비교는 대부분 무의식적으로 이루어지며, 그 과정에서 부정적인 정서를 유발하고 소비의 방향을 왜곡시키기도 한다. 문제는 타인과의 비교가 소비자의 정체성과 자기만족의 기준을 흔들 수 있다는 점이다.

심리학에서는 이러한 비교를 '사회적 비교(social comparison)'라고 부르며, 이를 상향 비교(자신보다 나은 타인), 하향 비교(자신보다 못한 타인), 유사 비교(비슷한 수준의 타인)로 나눈다. 이중 상향 비교는 이상적인 모델을 통해 동기를 부여하기도 하지만, 동시에 자존감을 해치고 열등감을 강화시키는 이중적 측면을 지닌다. 특히 우울하거나 자기 가치감이 낮은 상태에서는 타인과의 비교가 더 빈번하게 일어나며, 이는 자기 비하와 무가치감으로 이어지기 쉽다. 결과적으로 이런 정서 상태는 충동적이고 후회가 남는 소비 행동을 낳는다. 원하는 감정을 보상받기 위해 감정적으로 소비하지만, 실제로는 만족감을 얻지 못하고 오히려 자기혐오를 강화하는 악순환에 빠지는 것이다.

따라서 바른 소비를 실천하기 위해서는 사회적 비교에서 벗어나는 노력이 필수적이다. 다른 사람의 소비나 평가, 시선에 자신을 맞추기보다는, 자신만의 기준과 가치에 따라 소비를 계획하는 태도가 중요하다. 소비는 경쟁을 위한 수단이 아니라 자신 삶의 방향성(목표)과 가치를 표현하는 방법이어야 한다. 나에게 필요한 것이 무엇인지, 어떤 소비가 나의 삶에 의미를 더하는지 질문할 때, 소비는 비로소 자율적이고 창조적인 자기실현의 도구가 된다.

여섯째, 긍정적인 소비 경험을 강화한다.

긍정적인 소비는 단순히 기쁨이나 만족을 넘어, 삶의 가치를 실현하고 윤리적 신념을 실천하는 행위로 확장될 수 있다. 그 대표적인 예가 바로 윤리적 소비이다. 윤리적 소비는 가격이나 품질만을 기준으로 삼는 전통적인 소비 방식에서 벗어나, 제품의 생산과정 전반에 걸쳐 노동자의 인권, 환경 보호, 공정한 거래 등과 같은 사회적 가치를 고려하는 소비를 말한다.

> "윤리적 소비는 가격을 소비의 유일한 판단 기준으로 삼지 않으며, 소비자의 이익을 넘어 노동자의 인권이나 환경 문제 등을 적극적으로 고려하고, 원료의 재배 및 제품의 생산과 유통에 이르는 전 과정이 윤리적인지에 대해 관심을 가진다."[294]

이처럼 윤리적 소비는 우리에게 단지 물건을 소유하거나 사용하는 데서 오는 일시적 쾌락만을 제공하는 것이 아니라, '뿌듯함', '자부심', '행복'과 같은 긍정적인 감정과 '죄책감', '화', '수치심'과 같은

---

294) 정창우 외 6인, 《생활과 윤리》, 서울: ㈜미래엔, 2018, p.165.

부정적인 감정을 경험하게 한다. 특히 윤리적 소비는 긍정적인 감정을 유발하며 소비에 대한 만족도를 한층 높여 준다. 이는 단순한 지출을 넘어, 소비 자체의 질을 높이고 삶의 의미를 확장하는 데 결정적인 역할을 한다.

나아가 긍정적인 소비는 윤리적 소비에만 한정되지 않는다. 자기 계발, 건강, 교육, 자아실현을 위한 지출 역시 긍정적 소비의 일환이다. 이러한 소비는 즉각적인 만족에 그치지 않고, 장기적으로 개인의 삶에 실질적인 이익과 성장을 가져다주는 투자로 작용한다. 예컨대 건강을 위한 식습관 개선, 새로운 기술을 배우기 위한 학습비 지출, 창조적 활동을 위한 장비 구매 등은 모두 자기 삶의 질을 향상시키는 적극적인 소비 행위다.

결국 긍정적인 소비는 우리로 하여금 단순히 '사는 것' 이상의 의미를 부여하게 만들며, 그 자체가 가치 있는 삶을 지향하는 하나의 방식이 될 수 있다. 이는 재물 소비에 대한 새로운 접근을 가능하게 하고, 소비를 통해 삶의 방향성과 정체성을 재확인하는 기회를 제공한다.

일곱째, 지속 가능한 소비를 실천한다.

지속 가능한 소비는 재물의 바른 소비가 지향해야 할 궁극적인 목적이다.[295] 이는 단순히 친환경적인 제품을 구매하거나 자원을 아

295) Veenhoven, Ruut, "Sustainable consumption and happiness", University Library

끼는 수준을 넘어, 우리의 현재 소비 행위가 사회, 환경, 미래 세대에 어떤 영향을 미치는지를 성찰하고, 이에 책임을 지려는 태도를 의미한다. 다시 말해, 지속 가능한 발전이라는 더 큰 틀 속에서 환경과 경제, 사회, 그리고 공익적 가치를 함께 고려하는 포괄적인 소비의 방식이다.

이러한 소비 방식은 구체적으로 친환경 제품의 선택, 에너지와 자원의 절약, 재사용과 재활용의 생활화 등으로 나타난다. 그러나 이 모든 실천은 단순한 기술적 행동이 아니라 개인의 삶의 질과 자율성, 자아존중감, 기능적 가치를 높이는 과정이기도 하다. 책임 있는 소비를 통해 사람들은 자신이 사회에 긍정적인 영향을 미치고 있다는 확신을 얻고, 더 나아가 삶의 의미와 만족감을 깊이 있게 경험하게 된다.

오늘날 소비자들은 단지 물건의 가격이나 브랜드만을 따지지 않는다. 제품이 어떤 과정을 거쳐 만들어졌는지, 그것이 노동자의 권리를 존중했는지, 환경을 해치지 않았는지, 그리고 사회적 약자에게 이익이 되는 구조 속에 있었는지를 함께 고려한다. 이러한 윤리적 소비와 지속 가능한 소비의 흐름은 공동체 중심의 소비 문화를 형성하며, 개인의 만족을 넘어서 사회적 정당성과의 조화를 추구하는 방향

of Munich, Germany, MPRA Paper, 2004, p.2. '지속 가능한 소비'는 '지속 가능한 발전'에서 파생된 개념이다.

으로 나아가고 있다. 그 속에서 연대 의식은 더욱 강화되고, 소비는 더 이상 개인의 쾌락이 아닌 사회적 성숙의 표현으로 자리 잡는다.

결국 재물의 바른 소비는 단순한 경제활동이 아니라, 자기 성찰과 가치 실현, 그리고 사회적 책임을 함께 담아내는 실천이다.

이처럼, 심리학이 제시하는 이 일곱 가지 소비 실천 원칙은 단지 이론에 머무르지 않는다. 그것은 누구나 일상생활에서 실행할 수 있는, 구체적이고 실천적인 삶의 태도다. 올바른 소비는 자신을 이해하고, 자신의 내면적 가치에 따라 선택하며, 사회와 환경을 함께 고려하는 총체적인 삶의 방식이다.

그리고 이러한 소비는 궁극적으로 개인의 탐욕을 극복하고 만족과 성숙을 향해 나아가는 길이 된다. 더 나은 삶을 향한 길이자 진정한 행복을 실현하는 방식이며, 사회적 연대와 지속 가능성을 함께 지향하는 삶의 실천으로 이어진다. 바른 소비는 결국 '어떻게 살 것인가'에 대한 응답이며, 우리가 함께 살아가는 세상에 대한 태도이기도 하다.

2. 불교가 말하는 올바른 분배와 사용

붓다는 "욕망은 채워도 끝이 없다."고 설하며, 소비를 통한 행복 추구가 본질적으로 '고(苦)'를 포함한 과정임을 강조하였다. 초기 불교에서는 올바른 소비(正消費)[296]란 단순한 욕망의 충족이 아니라, 지혜로운 절제와 만족을 바탕으로 한 '조화로운 삶'을 실현하는 행위로 본다.

초기불교에서 재물은 단순한 생계의 수단이 아니라, 수행과 해탈의 길을 돕는 중요한 자원이자 기회로 간주한다. 붓다는 재물의 올바른 획득뿐 아니라, 그것을 어떻게 '사용하고 소비할 것'인지에 대해서도 명확한 가르침을 남겼다.

> "세간에서 재물을 모은 사람은 그것을 즐겁고 정당하게 사용해야 하며, 자신을 위해서만이 아니라 다른 이들을 위해서도 써야 한다."[297]

이 가르침은 이기적인 소비에서 벗어나 공동체적·수행적 소비로 나아가야 함을 뜻한다. 즉, 초기불교에서 소비란 단순한 사용이나 향유·소유의 차원이 아니라 나눔과 베풂, 자제와 절제, 공덕을 쌓는 윤리적·수행적 행위로 여겨진다. 이러한 바른 소비는 무엇보다 '자족(知足)'과 '보시(布施, dāna)'의 실천에서 출발한다.

---

296) 정소비(正消費)는 정당한 용도와 올바른 의도를 따라 소비하는 것이다.

297) AN. Ⅱ, pp.65-69; 대림 스님 옮김,《앙굿따라 니까야》 권2, 울산: 초기불전연구원, 2006, pp.187-189.

자족의 실천

자족은 욕망을 절제하고 현재 가진 것에 만족하며 살아가는 삶의 태도이다. 《법구경》은 이를 다음과 같이 설한다.

> "자족하는 이는 비록 적게 가지고도 부자이며, 만족을 모르는 이는 아무리 많은 재물을 가져도 가난하다."[298)]

이는 물질적 풍요의 유무가 아니라, 마음속의 만족이 진정한 부를 결정한다는 가르침이다. 자족은 과도한 소비와 불필요한 지출을 줄이며, 삶의 중심을 '더 많이'가 아닌 '충분히'에 두게 한다. 이러한 태도는 낭비를 줄이고, 오히려 삶을 단순하고 명확하게 만든다. 초기 불교의 이상적인 인간상 역시 많은 것을 소유한 자가 아니라, 적게 가지고도 만족할 줄 아는 자이다.

보시의 실천

보시는 단순히 무언가를 타인에게 나누어 주는 행위가 아니다.

---

298) Dhp 204. "Santuṭṭhī paramā dhanaṃ" "만족함은 최고의 재물이다." 참고로, 15장 〈행복의 품(Sukhavagga)〉에서는 "Ārogyaparamā lābhā, santuṭṭhiparamaṃ dhanaṃ. Vissāsaparamā ñāti, nibbānaṃ paramaṃ sukhaṃ." "건강은 최고의 이익이요, 만족은 최고의 재물이요, 신뢰는 최고의 친척이요, 열반은 최고의 행복이다."

그것은 자비와 지혜에 기반한 바른 소비이자 깊은 수행, 즉 자기 절제와 관계 윤리의 실천이다. 붓다는 다음과 같이 설한다.

> "세상이 늙음과 죽음에 불탈 때, 보시로써 자신을 지켜라. 이미 보시한 것은 잘 지킨 것이다. 이생에서 몸과 말과 마음으로 자제하며 살면서 공덕을 지은 것, 그것이 죽을 때 그에게 행복을 가져온다."[299]

보시는 곧 자신을 지키는 수단이며, 삶의 고통과 무상함 속에서 번뇌를 여의고 공덕을 쌓을 수 있는 기반, 즉 '공덕행의 토대(puññakiriyavatthu)'[300]가 된다. 〈보시의 도움 경(Dānupakāra-sutta)〉에서는 "나누지 않는 자는 고통을 더하고, 나누는 자는 기쁨을 더한다." 고 말한다.[301] 움켜쥐는 재물은 집착과 불안을 낳지만, 베푸는 재물은 자유와 평온, 행복을 가져다준다. 이는 재물을 쓰되 나 자신만을 위해서가 아니라, 나와 더불어 남에게 유익하게 써야 한다는 보시의

---

299) AN. Ⅰ, p.156; 대림 스님 옮김,《앙굿따라 니까야》권1, 울산: 초기불전연구원, 2006, p.398. "loko jarāya maraṇena ca Nīhareth'eva dānena dinnaṃ hoti sunīhataṃ. Yo'dha kāyena saññamo vācāya uda cetasā Taṃ tassa petassa sukhāya hoti Yaṃ jīvamāno pakaroti puññan ti."

300) 공덕행과 공덕행의 여러 가지 이익이 되는 토대라고 해서 공덕행의 토대(puññakiriyavatthu)라 한다.

301) SN. S31.13-31.22; 각묵 스님 옮김, 《상윳따 니까야》 권3, 울산: 초기불전연구원, 2009, pp.607-608.

핵심을 말한다. '보시'란 곧 주는 행위 그 자체를 의미하며, 이를 통해 자신과 타인의 덕(德, guṇa)을 훼손하지 않고 오히려 증진시키고 자·타를 결속하는 '섭수(攝受)'의 행위이다.[302] 이는 탐욕을 내려놓는 수련이고, 자비심으로 함께 살아가려는 윤리적 실천이다.

보시에는 세 가지 요소 — 주는 자, 받는 자, 보시물 — 가 모두 청정해야 하며, 베풀 때는 정성, 존중, 배려가 담겨야 한다. 특히 '주었다는 생각'마저 내려놓는 것이 이상적이다. 이를테면 조건없이 자애심을 바탕으로 이익을 나누려는 태도, 즉 '베풀려는 마음(vissaṭṭhena cittena)'이 중요하다. 단순히 '의도'만 중요한 것이 아니라, 반드시 '실천'이 동반되어야 하며, 보시하지 않으면서 타인의 보시를 방해하거나 그저 생각만 하면서 실천을 미루는 태도는 바람직하지 않다. 이러한 태도는 불선한 결과를 가져오며, 실제로 "그러한 잘못된 행위는 가난하고 천한 삶을 초래한다."고 경전에선 경계한다.[303]

〈팔난품(八難品)〉에서는 바른 보시의 여덟 가지 실천 원칙을 제시한다.

---

302) AN. Ⅱ, p.248; 대림 스님 옮김,《앙굿따라 니까야》권2, 울산: 초기불전연구원, 2006, p.560. "Dānaṃ(보시), peyyavajjaṃ(친절한 말), atthacariyā(이익을 주는 행위), samānattatā(평등한 대우, 함께 함). Imāni kho bhikkhave cattāri saṅgahavatthūnī ti.(이 네 가지가 비구들이여, 사람들을 결속시키는 네 가지 원인이다.)"

303)《增壹阿含經》권10, (T2, 0595a01), "有此二法, 令人貧賤,無有財貨. 云何爲二法. 若見他施時, 便禁制之, 又自不肯布施."

> "때를 맞춰 보시하고, 깨끗한 것을, 제 손으로 직접 하고, 서원을 세워서 하며, 보시했다는 생각마저도 해탈하고, 보시로 열반을 구하고, 좋은 밭을 찾아 보시하고, 보시로 생긴 공덕마저도 자신에게 회향하지 않고 모두 중생에게 회향한다."[304]

이처럼 바른 보시는 단순한 행위를 넘어 수행으로 이어지는 깊은 길이며, 계율과 공덕의 실천 기초가 된다. 또한 《참된 사람 경(Sappurisa-sutta)》에서도 바른 보시의 방법과 기준을 다음과 같이 말한다.

> "깨끗한 것을 보시하고, 좋은 것을 …, 적절한 시기에 …, 적당한 것을 …, 생각한 뒤 …, 지속적으로 …, 청정한 마음으로 보시한다, 그리고 보시한 뒤 흡족한 마음을 가진다."[305]

이러한 보시의 실천은 단순한 물질적 나눔을 넘어 마음과 삶의

---

304) 《增壹阿含經》 권37, (T2, 0755b19), "一者隨時惠施. 非為非時. 二者鮮潔惠施. 非為穢濁. 三者手自斟酌. 不使他人. 四者誓願惠施. 無憍恣心. 五者解脫惠施. 不望其報. 六者惠施求滅. 不求生天. 七者施求良田. 不施荒地. 八者然持此功德. 惠施眾生. 不自為已. 如是."

305) AN. Ⅳ, p.244; 대림 스님 옮김,《앙굿따라 니까야》 권5, 울산: 초기불전연구원, 2007, p.192. "Sucimṃ deti, paṇītaṃ deti, kālena deti, kappiyaṃ deti, viceyya deti, abhiṇhaṃ deti, dadaṃ cittaṃ pasādeti, datvā attamano hoti."

상태 · 태도를 정화하는 중요한 과정, 수행임을 보여 준다. 특히《보시경(Dāna-sutta)》에서는 보시의 여덟 가지 이유 중 가장 깊은 목적을 "마음을 장엄하기 위해서"라고 밝힌다.[306] 즉, 보시는 자신의 '길들여지지 않은 마음을 다듬고 길들이는(adanta-damana)' 수행이며, 자 · 타가 모두 공덕을 쌓는 길로서 궁극적으로 열반을 향한 발걸음이 된다.

> "그 과보는 한량이 없어 이루 다 헤아릴 수 없고, 감로(甘露) 같은 보배를 얻어 점차 열반에 이르게 된다."[307]

한편, 보시에는 두 가지 주요 유형이 있다. 재가자가 주체가 되어 재물을 나누는 '재시(財施)'와 출가자가 법과 가르침을 베푸는 '법시(法施)'가 그것이다. 즉 재가자는 출가자의 수행을 돕기 위해 재물

---

306) AN. Ⅳ, p.236; 대림 스님 옮김, 《앙굿따라 니까야》 권5, 울산: 초기불전연구원, 2007, p.180. 보시하는 여덟 가지 이유는 다음과 같다: '비난이나 두려움 때문에, 나에게 보시하였기 때문에, 나에게 보시할 것이기 때문에, 보시는 좋은 것이기 때문에, 음식을 만들지 않는 자에게 보시하지 않는 것이 어울리지 않기 때문에, 명성을 얻을 수 있기 때문에, 마음을 장엄하고 마음의 필수품을 위해서이다.("Āsajja dānaṃ deti, bhayā dānaṃ deti, 'adāsi me' ti…, 'dassati me' ti…, 'sāhu dānan' ti…, 'ahaṃ pacāmi, ime na pacanti, na arahāmi pacanto apacantānaṃ adātun' ti…, 'imaṃ me dānaṃdadato kalyāṇo kittisaddo abbhuggacchatī' ti…, cittālaṅkāracittaparikkhāratthaṃ dānaṃ deti. Imāni kho bhikkhave aṭṭha dānānī ti.")

307) 《增壹阿含經》 권37, (T2, 0755c04), "其報無量, 不可勝計, 獲甘露之寶, 漸至滅度."

을 보시하고, 출가자는 재가자를 위해 법을 설함으로써 서로의 수행을 완성한다. 이러한 보시 행위는 상호보완적인 소비 패턴을 이루며, 재물의 순환을 통해 자·타가 함께 공덕을 쌓고 열반으로 나아가는 구조를 형성한다.

이 보시의 선순환은 수희 공덕을 누리게 하거나 탐심을 여의게 하며, 자비·자애를 실천할 기회를 제공해 현실에서 기쁨과 행복, 부귀와 같은 이익을 경험하게 한다.[308)]

현실적인 사례로는, "많은 사람이 좋아하고, 선하고 관대한 사람들이 가까이하며, 높은 명성이 따르고, 어떠한 회중에도 담대해지며 기죽지 않는 등 다양한 현세의 이익을 경험하게 한다. 궁극적으로는 현생의 이익뿐만 아니라 천상에 태어나는" 등 내세의 이익을 가져오는 과보(果報)로도 이어진다.[309)]

이러한 보시의 실천은 소비의 방향을 개인 중심에서 공동체 중심으로 확장시키며, 자본주의적 소비 문화에 대한 윤리적 대안으로 기능한다.

---

308) 《增壹阿含經》 권10, (T2, 0595a01), "若見人與他物時, 助其歡喜, 已好布施. 是謂比丘, 有此二法, 令人富貴. 如是諸比丘, 當學惠施, 勿有貪心."

309) AN. Ⅲ, p.39; 대림 스님 옮김,《앙굿따라 니까야》 권3, 울산: 초기불전연구원, 2007, pp.115-116.

1) 재가자의 바른 소비 실천

재가자에게 재물은 단순한 생계유지의 수단뿐 아니라, 신앙과 수행을 위한 토대가 되기도 한다. 붓다는 재가자에게 출가자와 같은 철저한 무소유를 요구하지는 않는다. 가정을 이루고 사회 속에서 살아가는 재가자에게 일정 수준의 재물 획득과 소비는 자연스러운 일이다.

그러나 붓다는 재가자 역시 탐욕적 소비를 경계하고, 물질적 풍요 속에서도 만족과 절제를 실천하며, 올바른 기준을 세워야 한다고 강조한다.

> "자기 재산을 오만이나 방탕에 쓰지 말고, 좋은 일에 쓰며, 탐욕에서 벗어나도록 노력하라."

이 가르침은 과소비, 충동구매, 소비 중독으로 이어지는 현대의 소비 문화와 뚜렷이 대비를 이룬다.

초기불교는 외적 소비를 통해 자아를 과시하기보다 자기 절제와 타인에 대한 봉사의 길(방향)로 소비를 이끌어야 한다고 본다. 특히 재물을 사용할 때는 '내면의 평온과 분별력 그리고 자·타 모두에게 유익함'을 기준으로 삼는 태도가 중요하다.

《앙굿따라 니까야》에서는 바른 소비의 다섯 가지 실천 원칙을

제시한다:[310]

첫째, 자신과 가족의 생계(의·식·주) 유지와 행복을 위해 사용한다.

둘째, 친척, 손님, 종업원 등 가까운 이들을 돕거나 삶의 질 향상에 기여한다.

셋째, 자연재해나 재난, 질병 등 미래를 대비한 저축과 보호 수단으로 활용한다.

넷째, 전통적인 다섯 가지 헌공(獻供) 대상 — 친척, 손님, 조상신, 왕(국가), 신 — 에게 베푸는 데 사용한다.

다섯째, 수행자와 바라문, 공동체에 공양함으로써 신앙생활을 지속한다.

이 같은 소비의 방향성과 사용처는 자신의 생계유지뿐 아니라 공동체와의 조화, 사회적 책임, 윤리적 분배를 중시하고 있는 점이 돋보인다. 다시 말해, 재가자의 소비는 단순한 소비 행위가 아니라 윤리적 행위이며, 공동체와의 관계 속에서 그 의미가 결정된다. 이러한 소비는 곧 자·타의 보호와 자기실현, 욕망 충족, 내면의 길들이기

---

310) AN. Ⅱ, pp.65-69; 대림 스님 옮김, 《앙굿따라 니까야》 권2, 울산: 초기불전연구원, 2006, pp.187-189. 조상신에게 헌공(獻供)하는 행위는 먼저 저세상으로 간 친척들에게 공양을 올리는 것을 비롯해, 삼악도 가운데 하나인 아귀(peta 혹은 petāvisaya)를 대상으로 한 회향을 의미하기도 한다. 또한 이러한 공양물은 국가의 세금 납부에 사용되기도 한다.

를 가능하게 한다. 이에 붓다는 "이 외의 소비는 합리적이지 않으며, 바른 사용이 아니다."라고 강조한다.[311] 또한 《싱갈라경(Siṅgālovāda Sutta)》의 사분법에서는 소비의 구조를 제안한다.

"첫 번째 몫은 생활비로, 두 번째와 세 번째 몫은 생업(사업)에 투자하고, 네 번째 몫은 재난 대비용 저축으로 삼는다."[312]

또한, 《기능경》에서도 "한 몫은 먹는 데, 두 몫은 살림에, 한 몫은 곤궁에 대비해 저축하라."라고 조언한다.[313]

한편, 보시를 실천할 때는 올바른 대상을 분별해야 한다. 《보시의 분석경》에 따르면, 출가자에게 허용될 수 있는 항목(보시물)은 '음

---

311) AN. Ⅳ, p.288; DN. Ⅲ, p.182. "지나친 사치나 쾌락, 즉 여성, 술, 도박, 나쁜 친구와 때아닌 때에 길거리 방황, 공연 탐닉 등은 소비를 왜곡시키는 요인이며, 멀리해야 한다." 여기서 술에 빠지는 것은 술뿐만 아니라 중독성 물질을 모두 포함한다. "itthidhutto hoti, surādhutto, akkhadhutto, pāpamitto pāpasahāyo pāpasampavaṅko. 그는 여성에 빠지고, 술에 빠지고, 도박에 빠지며, 악한 벗을 사귀고, 악한 자와 동행하며, 악한 무리와 어울린다.", "Vikāla-visikhā-cariyâ-nuyogo bhogānaṃ apāya-mukhaṃ. 부적절한 시간에 길거리에서 방황하는 데 몰두하는 것은 재물의 파멸로 가는 문이다."

312) DN. Ⅲ, p.188; 각묵 스님 옮김, 《디가 니까야》 권3, 울산: 초기불전연구원, 2006, p.325. "Evaṃ bhoge samāhantvā, alam-attho kule gihi, Catudhā vibhaje bhoge, save mittāni ganthati, Ekena bhoge bhuñjeyya, dvīhi kammaṃ payojaye, Catutthañ ca nidhhāpeyya, āpadāsu bhavissatiti."

313) 《雜阿含經》 권48, (T02, 0353a27), "得彼財物已, 當應作四分, 一分自食用, 分營生業, 餘一分藏密, 以擬於貧乏."

식, 의복, 거처, 약품'에 한정되며, 술이나 무기, 음란물 등은 금지된다.[314] 아울러 경전에는 아라한과 같은 한 사람·개인에게 보시하는 것보다 승가 단체에 보시하는 것이 '더 큰 공덕(maha-pphalatara)'을 낳는다고 말한다.[315] 특히 수행자에게 보시할 때는 수행자의 계행이나 성품보다는 보시의 본래 취지와 의도를 더 중시해야 한다고 강조한다.[316]

재물의 사용은 현실에서 개인의 조건이나 상황, 능력에 따라 달

---

314) MN. Ⅲ, p.254; DN. Ⅲ, p.268; SN. Ⅳ, p.288; Vin. Ⅲ, p.132. "abhivādanapaccupaṭṭhānañjali-kammaṁ(절[禮]하고, 합장[合掌]하며), sāmīcikammaṁ(예절을 지키고), cīvarapiṇḍapātasenāsanagilāna-paccayabhesajjaparikkh(가사[衣]·음식[食]·거처[住]·병자 치료에 필요한 약 등 네 가지 필수품을) ārānuppadānena.(제공한다.)" 이 네 가지를 제외한 모든 보시는 금지되며, 특히 '술, 여성, 구경거리, 황소, 음란물' 등 다섯 가지와 '무기, 독, 수갑(족쇄), 도축을 위한 가축, 속이기 위해 조작된 저울' 등은 엄격히 금지된다.

315) MN. Ⅴ, p.75; 대림 스님 옮김,《맛지마 니까야》 권4, 울산: 초기불전연구원, 2012, pp.523-524. 열네 가지 개인을 위한 보시가 있다: 여래 · 아라한 · 정등각자께 하는 보시를 시작으로(첫 번째), 벽지불, 여래의 제자인 아라한, 아라한과의 실현을 닦는 자, 불환자, 불환과의 실현을 닦는 자, 일래자, 일래과의 실현을 닦는 자, 예류자, 예류과의 실현을 닦는 자, 감각적 욕망들에 대해 탐욕을 여읜 이교도, 행실이 바른 범부, 행실이 나쁜 범부, 마지막(열네 번째)으로 축생에게 보시하는 것까지를 포함한다

316) DN. Ⅲ, pp.253-254. 비록 출가자나 승가의 계행이 나쁘더라도(dussīla) 재가자가 이들에게 재시(財施)를 비롯한 다양한 보시를 하는 것은 더 큰 공덕을 쌓는 길이 된다. 특히, 경전에는 재가자가 더 큰 공덕행을 쌓기 위해 보시해야 할 일곱 가지 인간(puggala)을 제시하고 있는데, 이는 "양면으로 해탈한 자, 통찰지로 해탈한 자, 체험한 자, 견해를 얻은 자, 믿음으로 해탈한 자, 법을 따르는 자, 믿음을 따르는 자"를 가리킨다.

라지겠지만, 특히 불우한 이웃이나 수행자, 공동체 등을 돕기 위해 사용하기를 권장한다.

"가난한 자의 보시는 더 큰 가치가 있다."[317]

이러한 가르침처럼 마음에서 우러나온 보시는 그 자체로 깊은 수행이 된다.

2) 출가자의 바른 소비 실천

출가자는 세속의 재물이나 명예, 권력 등 모든 소유[욕망]를 내려놓고 오직 수행의 길을 걷는 이들이다. 이들은 철저한 '무소유(無所有)'의 원칙 아래, 오직 수행에 필요한 최소한의 소비만을 허용한다. 이들의 소비 대상은 기본적으로 의식주와 약품 등 '사의지(四依止, cattāro nissayā)'에 한정되며, 이마저도 청정한 의도로써 '필요한 만큼만', 탐욕 없이 절제하여 사용해야 한다.[318] 또한 승가의 원칙에 따라

317) SN. Ⅰ, p.19; 각묵 스님 옮김,《상윳따 니까야》 권1, 울산: 초기불전연구원, 2009, p.192.

318) Vin. Ⅲ, p.132; DN. Ⅲ, p.268; SN. Ⅳ, p.288; MN. Ⅲ, p.254. 옷(cīvara), 걸식발우(piṇḍapāta), 좌와구(senāsana), 병자를 위한 약(gilānapaccaya-bhesajja)으로 '네 가지 기초생활수단[四依止, cattāro nissayā]'을 말한다.

공정하게 분배하며, 잉여분(남은)의 재물은 반드시 나눠야 한다. 《사문의 과보경》은 이러한 태도를 다음과 같이 말한다.

> "나는 이 음식을 향락이나 쾌락, 뽐냄이나 장식을 위해 먹는 것이 아니라, 단지 이 몸을 유지하고 생명을 지탱하며, 고통을 없애고 청정한 수행을 지속하기 위해 먹는다. 이로써 지난 고통은 제거되고, 새로운 고통은 일어나지 않으며, 몸은 평온하고 죄 없이 안락하게 살아갈 수 있을 것이다."[319)]

출가자의 소비는 생명 유지를 위한 최소한이며, 수행에 방해되지 않도록 몸을 건강하게 유지하는 데에만 한정된다. 이는 욕망의 도구로서 소비가 아니라, 해탈을 위한 수단으로서의 소비를 지향하는 것이다.

이에 따라 의복 역시 헌옷이나 쓰다 버린 천으로 조합한 가사를 입고, 최소한의 주거처와 약물만을 허용한다. 이들은 소비를 '비워냄의 행위'로 인식하며, 불필요한 소유를 철저히 경계한다. 특히 출가자가 금·은·보석을 다루는 행위는 중죄(pārājika)에 해당한다. 율장

---

319) DN. D2. 〈Samaññaphala Sutta〉. "Nehāmattakappasukhalipsāya na madāya na maṇḍanāya na vibhūsanāya, yāvadeva imassa kāyassa ṭhitiyā yāpanāya vihiṃsuparatiyā brahmacariyānuggahāya. Iti purāṇañca vedanaṃ paṭihanti, navañca vedanaṃ na uppādeti, yātrā ca bhavissati anavajjatā ca phāsuvihāro cā'ti"

은 "비구가 금이나 은을 다루면 이는 파계의 중죄이며, 그는 더 이상 승가의 일원이 아니다."라고 규정한다.[320] 이는 재물이 세속적 욕망을 자극하는 강력한 유혹이기 때문이며, 수행의 순수성을 지키고 마음이 세속으로 끌려가는 것을 방지하기 위한 철저한 경계이다.

출가자에게 재물의 소비는 사용이 아니라 곧 '나눔과 보시'다. 특히, 법시(法施)를 통한 나눔은 모든 보시 가운데 으뜸으로 여겨진다.

> "모든 보시 중에서 최상의 보시는 법시이다. 그러므로 비구들이여, 마땅히 법시를 배워야 한다."[321]

이 같은 붓다의 가르침처럼 출가자는 물질재물[재시]보다 법재물[법시]을 나누어야 하며, 법을 설함으로써 자·타의 공덕을 함께 이루는 것이 이상적이다. 이에 대해 붓다는 다음과 같이 강조한다.

> "법시를 생각하고 재시를 생각하지 말라. 그러면 좋은 이름이 사방에 퍼지게 될 것이다. 법을 공경하고 재물을 탐내지 않으면 거기에는 부끄러움이 없을 것이다. 왜냐하면 여래의 제자는 법시를 좋아하고 재시를

---

320) Vin. 〈쭐라왁가(Cūḷavagga)〉 제5장 10절. "Na bhikkhave jātarūparajataṁ uggahetabbaṁ. Yo ugganhāti, āpatti pārājikassa." "비구는 금이나 은을 받아서는 안 된다. 만일 받으면, 승려로서의 자격을 상실하는 최상의 중죄를 범한 것이다."

321) 《增壹阿含經》(T2, 577b), "有此二施. 云何為二. 所謂法施. 財施. 諸比丘. 施中之上者不過法施. 是故. 諸比丘. 常當學法施."

탐내지 않기 때문이다."[322]

또한, 출가자는 받은 물건이 어디서 왔는지 분별하고, 탐욕이나 치장, 욕망에서 비롯된 것은 거절해야 하며, 필요 이상의 양에 대해서는 반드시 나누어야 한다. 이것은 무조건적인 금욕이 아니라 자발적인 절제와 분별력에 기반한 절제 즉 지혜에 기반한 소비관이다.

"비구는 마땅히 자족할 줄 알고, 작은 것으로도 만족해야 하며, 소유를 늘리려 해서는 안 된다."[323]

이는 탐욕의 중단, 즉 '족족지족(足足知足, 만족할 줄 아는 삶)'의 삶에 대한 찬양이자, 불필요한 소비가 얼마나 큰 해로 이어질 수 있는지를 경계하는 가르침이다. 예를 들어, 아무리 좋은 음식이나 비싼 옷이라도 그것이 수행에 방해가 된다면 단호히 거부해야 하며, 이러한 절제를 통해 탐욕과 집착을 끊는 마음의 힘을 길러야 한다.

---

322) 《增壹阿含經》(T2, 587c-588a), "當念法施. 勿思欲施. 便得稱譽. 多聞四遠. 恭敬於法. 不貪財物. 此則無有羞恥. 所以然者. 如來弟子以好法施. 不貪思欲之施. 是謂."

323) AN. A4.28, 〈Appicchā Sutta〉. 이 경에서는 부처님께서 다음 네 가지 특성을 가진 비구를 칭찬한다: "욕심이 적고(appiccho), 자족할 줄 알며(santuṭṭho), 은거를 좋아하고(paviveka), 정진을 게을리하지 않는다(āraddhavīriya)." 이러한 비구는 탐욕이 없고, 작은 것에도 만족하며, 소유를 추구하지 않는 태도를 가진 자를 뜻한다.

"이것은 나를 위한 것이 아니라, 수행의 도구이며, 나를 낮추는 연습을 위한 것이다."

이처럼 출가자는 소비마저도 수행의 수단으로 삼듯 '무아(無我)'와 '무상(無常)'의 진리를 실현하는 방편이 되어야 하는 것이다.

출가자의 무소유는 단순히 물건을 소유하지 않는 것이 아니라, 마음까지도 집착에서 벗어나는 상태를 의미한다. 《교리문답의 긴 경(Mahā-vedalla Sutta)》에서는 진정한 무소유의 의미를 다음과 같이 설명한다.

"'무소유(ākiñcaññā)의 마음의 해탈(ākiñcaññā cetovimutti)'에는 9가지가 있으니, 그것은 무소유처(ākiñcaññ-āyatana)와 네 가지 도와 네 가지 과이다. 이 가운데 무소유처는 어떤 것(kiñcana)도 대상으로 하지 않기 때문에 무소유라 불린다."[324]

즉, 진정한 무소유는 어떤 대상에도 집착하지 않는 마음의 해탈이며, 삼독(三毒, 탐·진·치)을 여의고 번뇌를 제거한 상태에서 성취

324) MN. I , p.298; 대림 스님 옮김, 《맛지마 니까야》 권2, 울산: 초기불전연구원, 2012, p.312. 각주 299. 참조. 무소유의 원칙은 '아무것도 없다'라는 생각으로 번뇌와 욕망, 탐욕을 버리고, 의혹과 집착에서 벗어나 끊임없이 수행하여 체득하는 것이다.

되는 열반의 조건이다. 다만 현실에서 출가자가 완전한 무소유를 실천하기는 쉽지 않다. 그러므로 '중도(中道)'[325]와 '소욕지족'의 정신이 그 대안으로 강조된다. 즉 '중도'로서 필요 이상의 것을 갖지 않되, 지나친 궁핍을 피하며, '소욕지족(少欲知足)'의 삶을 통해 탐욕을 줄이고 열반에 가까워질 수 있는 것이다.

초기불교에서 재물 소비의 핵심은 행위 그 자체보다 '그에 대한 태도'에 있다. 단순히 적게 쓴다고 해서 바른 소비가 되는 것이 아니며, 소비에 깃든 집착과 갈망을 내려놓는 것이 진정한 실천이다. 즉 소비에 대한 올바른 관점은 외적 행위뿐 아니라, 내적 수행과 직결된다. 붓다는 말한다.

"모든 집착을 버리고, 아무것에도 기대지 않는 자가 가장 자유롭다."

소비는 결국 물질에 대한 기대이자, 자기만족을 얻으려는 시도이다. 초기불교는 이 메커니즘을 통찰하여 '대상에 대한 집착을 내려놓는 것'이야말로 바른 소비의 지혜라 강조한다.

결국 초기불교는 재물의 올바른 소비를 통해 개인과 공동체, 재

---

325) 중도(majjhimāpaṭipadā)는 양극단에 치우치지 않는 것을 말한다. 여기서는 불필요한 대상을 갖지 않거나 필요한 만큼만 소유하는 의미이다.

가자와 출가자 모두가 공덕을 쌓고 해탈·열반으로 나아갈 수 있는 길을 제시한다.[326] 소비는 곧 수행이며, 자족과 보시는 그 실천의 중심이다. 이러한 소비 윤리는 현대 자본주의 소비문화에 대한 윤리적 대안이자 탐욕을 벗어난 실천적 지혜로 자리 잡는다.

326) 재물의 바른 소비로 인해 선순환을 낳고, 그 결과로 탐욕을 끊으며 공덕을 쌓게 된다. 이를 통해 좋은 과보(果報)와 재물의 풍요를 얻고, 결국 해탈, 열반에 이를 수 있다.

제3절
초기불교가 전하는 바른 재물관

붓다는 바른 재물관을 확립하는 것이 최고의 행복을 실현하고, 해탈과 열반에 이르는 길이라고 가르친다. 초기불교에서 강조하는 바른 재물관의 핵심 덕목은 바로 '보시'와 '무소유'이며, 이 두 덕목은 '소욕지족(少欲知足)', 즉 '욕망을 줄이고 만족할 줄 아는 삶'의 실천으로 구체화된다.

보시는 단순한 나눔을 넘어서, 공덕을 쌓는 바른 소비의 실천이자, 재물에 대한 탐욕을 줄이는 가장 직접적인 수행이다. 이는 마음의 불선(不善)한 상태를 극복하고, 이타적 실천을 통해 선(善)순환적인 삶을 이루게 한다. 이처럼 보시는 끊임없이 새로운 공덕을 낳고, 그 공덕으로 인해 또 다른 보시로 이끌며, 결국 진정한 재물의 풍요로 귀결시킨다.

"보시하는 사람은 탐욕을 제거하며, 선한 공덕을 쌓아 다시 복으로 되돌아온다."[327]

한편, 무소유는 모든 번뇌와 삼독심, 즉 탐욕·성냄·어리석음이라는 오염원을 제거한 상태를 뜻한다. 이는 곧 아무것도 소유하지 않은 완전한 해탈의 경지를 의미하지만, 현실적인 삶에서 이를 완전하게 실천하기는 쉽지 않다. 그렇기에 초기불교는 수행의 길로서 '중도(中道)'를 제시하며, 적절한 만족과 절제를 통해 탐욕을 제어하고, 과도한 욕망을 지양할 것을 권한다.

'소욕지족'의 실천은 아함경전 여러 곳에 언급되어 강조되며, 《중아함경》에서도 다음과 같이 칭송한다.

> "욕심이 적고 만족할 줄 아는 자는 고요하고, 한가로이 머물며 진리에 가까워진다."[328]

이는 바른 재물관을 실천하는 구체적인 방법이자, 욕망을 줄이고 탐욕을 제거하여 내면의 자유를 찾는 진정한 행복의 길이다. 현대

---

327) AN. A5.34, 〈Sīha-sutta〉; 대림 스님 옮김, 《앙굿따라 니까야》 권3, 울산: 초기불전연구원, 2007, pp.114-117.

328) 중아함(《大正藏》 권1, 430上, 492上, 507上, 739中); 《中阿含經》 권2, (T1, 0430a08). "自少欲, 知足 , 稱說少欲, 知足, 自閑居, 稱說閑居."; 권20, 〈장자오경(長者誤經)〉. 欲貪斷心解脫者 … 寂靜, 離欲, 滅盡 … .

심리학의 행복론에서도 유사한 관점이 제시된다.

흔히 '행복=$\frac{\text{소유}}{\text{욕망}}$' 라는 공식이 활용되며, 이는 욕망이 클수록 행복감은 줄어든다는 의미를 담는다. 초기불교 역시 이러한 관점을 강조하며, 욕망과 탐욕이 괴로움의 뿌리라고 본다. 붓다는 "욕망은 결코 욕망으로 인해 만족되지 않는다. 불을 더하면 더 타오를 뿐이다." 라고 설하며,[329] 감각적 쾌락과 탐욕의 끝없는 굴레를 경계하였다.

욕망을 줄임으로써 진정한 행복을 얻을 수 있다는 가르침은 붓다가 제시한 '네 가지 세간적 행복'[330]에서도 드러난다. 그는 재가자들에게 다음과 같은 삶의 기쁨을 설했다.

첫째, **소유의 행복**(Atthisukhaṃ) – 정당하게 재산을 얻고, 그것이 자신에게 있음을 자각할 때 느끼는 기쁨.

둘째, **향유의 행복**(Bhogasukhaṃ) – 재물을 자신과 가족, 타인을 위해 선하게 사용하는 기쁨.

셋째, **무채무의 행복**(Anaṇasukhaṃ) – 빚이 없고, 의무에 쫓기지 않는 상태에서 오는 안심과 자유, 기쁨.

넷째, **비난받지 않는 행복**(Anavajjasukhaṃ) – 청정하고 올바른 삶

---

329) Dhp 186-187게송. "Na kahāpaṇavassena titti kāmesu vijjati; 'Appassādā dukhā kāmā' – iti viññāya paṇḍito …" "금화를 쏟아부어도 욕망은 만족되지 않는다; '욕망은 즐거움이 적고, 괴로움이 많다-는 것을 지혜로운 이는 안다."

330) AN. Ⅱ, pp.69-70; 대림 스님 옮김, 《앙굿따라 니까야》 권2, 울산: 초기불전연구원, 2006, p.190.

을 살아가며, 타인에게 비난받지 않는 떳떳한 삶의 기쁨.

재가자뿐 아니라 출가자, 모두 각자의 삶 자리에서 이러한 행복을 추구할 수 있다. 출가자는 물질이 아닌 '법재물(dhammadāna)'을 축적해야 하며, 재가자는 세속적 삶에서 정당한 방식으로 재물을 획득하고 사용할 줄 알아야 한다. 붓다는 "법을 베푸는 것이 최고의 보시"라고 말하며, 물질보다 법의 가치를 더 높게 평가하였다.

재물을 올바르게 획득하고 소비하기 위해서는 팔정도의 일환인 '정명(正命, sammā-ājīva)'의 실천이 필수적이다. 이에 붓다는 올바른 생계 수단이 바른 견해와 바른 행위, 바른 마음가짐 등과 함께 수행의 길임을 강조하였다.

이처럼 초기불교의 올바른 재물관은 '법에 따른 경제 활동'으로 정리될 수 있으며, 보시와 무소유의 실천을 그 중심에 둔다. 이를테면, 행복=$\frac{\text{소유}\uparrow}{\text{욕망}\downarrow}$, 보시를 통해 욕망을 줄이고(욕망↓), 무소유의 실천과 올바른 소비를 통해 소유를 늘림(소유↑)으로써 행복을 키운다. 이에 붓다는 "자신을 위해서뿐 아니라, 타인을 위해서도 재물을 사용해야 한다."라고 가르치며, 정당하게 획득된 재물은 이타적으로 쓰여야 한다고 강조한다.

또한, 바른 재물관은 '무상(無常)'과 '연기(緣起)'의 사상과 밀접한 관계를 맺고 있다. 경전에서는 '제행무상(諸行無常, sabbe saṅkhārā aniccā)'이라는 가르침을 반복하여 말한다. 이는 "모든 형성된 것들은 항상함이 없다." 즉 무상하다는 의미로, 시간이 지나면 반드시 변하고 소멸한다는 통찰을 강조한다.

연기의 가르침은 시·공간적으로 연결되어 "~때문에 생겨난다."라는 존재의 상호의존 원리를 드러낸다.[331] 예를 들어 붓다는 다음과 같이 설한다:

> "이것이 있을 때 저것이 있다, 이것이 생겨날 때 저것이 생겨난다.
> 이것이 없을 때 저것도 없고, 이것이 소멸할 때 저것도 소멸한다."[332]

이처럼 연기적 관점은 삶의 모든 현상이 '원인과 조건'에 의존하여 생겨나고, 사라질 수 있음을 설명한다. 이러한 원리는 인간의 마음 작용뿐 아니라, 사회나 경제의 흐름에도 그대로 적용되며, 재물에 대한 집착 역시 그러한 연기의 흐름 속에서 사라질 수 있음을 시사한다.《좋은 것의 경(Sādhu-sutta)》에서도 다음과 같은 가르침이 나온다:

---

331) 연기의 어원은 'Paticca, samuppada'로 (팔)Paticca, (산)Pratitya는 '~때문에, ~에 의해서, ~로 말미암아', (팔)Samuppada는 '일어나다', (산)samutpada는 형성, 태어남, 생김의 뜻으로서 '~로 말미암아 생겨난다'라는 의미이다.

332) SN. S12.1. 〈발생경(Paṭiccasamuppāda Sutta)〉. "Imasmiṃ sati idaṃ hoti. Imassuppādā idaṃ uppajjati. Imasmiṃ asati idaṃ na hoti. Imassa nirodhā idaṃ nirujjhati."

"불행과 괴로움은 욕망에서 비롯되며, 욕망을 소멸시켜야 불행과 괴로움을 극복할 수 있다."[333]

재물에 대한 집착과 탐욕을 버리면 괴로움도 사라지고 개인적·사회적 문제 역시 자연스럽게 해소되며 행복으로 나아가게 된다. 이러한 불교적 통찰을 바탕으로, 초기불교는 다음과 같은 '재물에 대한 네 가지 바른 실천'을 제시한다.

첫째, 바른 소유의 태도

연기와 무아의 통찰을 토대로 욕망과 집착을 줄이며, 무소유의 삶을 지향해야 한다.

둘째, 정명(正命)의 실천

바른 직업과 올바른 행위, 바른 마음을 통해 정당하게 재물을 획득하며, 이를 소욕지족의 삶으로 연결하게 해야 한다.

셋째, 바른 소비와 분배의 실천

재물은 자비·자애와 공평함, 관용의 정신으로 타인과 나누며 보시를 통해 소비해야 한다.

넷째, 사회적 책임의 자각

---

333) SN. Ⅰ, S1.11, p.22; 전재성 옮김, 《상윳따 니까야》 권1, 서울: 한국빠알리성전협회, 2006, p.155. "chandajaṁ aghaṁ, chandajaṁ dukkhaṁ, chandavinayā aghavinayo, aghavinayā dukkha vinayo ti."

모든 경제 활동은 사회와 연관 및 영향을 주므로, 개인은 공동체적 책임 의식을 갖고 살아야 한다.

이러한 바른 재물관이 실현될 때, 인간은 탐욕에서 벗어나 진정한 자유와 평화를 누릴 수 있으며, 개인과 사회는 조화롭게 공존할 수 있는 토대를 마련하게 된다. 초기불교의 재물관은 단지 가난하거나 금욕적인 삶을 강조하는 것이 아니라, 욕망을 절제하고 의미 있는 삶을 설계하기 위한 실천적 지혜를 제공한다.

Ⅳ.

맺은말
- 탐욕, 내려놓을수록 길이 보인다

오늘날 자본주의 사회는 재물에 초점을 맞춘 사회 시스템이다. 사회 구성원의 대부분은 재물이 행복과 삶의 안정, 나아가 인간 존재의 의미를 보장해 줄 것이라 기대하며, 이에 따라 재물의 가치를 최우선시하는 경향이 두드러진다. 그러나 재물은 본래 생존을 위한 수단일 뿐, 그 자체로 인간의 긍정적 행복이나 삶의 의미를 보장해 주지는 않는다. 오히려 재물에 대한 과도한 집착은 탐욕을 낳고, 그 탐욕은 다양한 심리적·사회적 문제를 일으킨다.

즉 재물은 소비를 부추겨 감각적 쾌락을 증대시킬 뿐만 아니라, 모든 가치 판단의 척도가 되어 필요 이상으로 많이 소유하려는 강한 탐욕을 일으키게 한다. 그 결과 원하는 만큼 재물을 얻지 못하면 개인과 사회는 쉽게 불만과 고통을 호소한다. 이처럼 심리적으로 채워지지 않는 탐욕이 결국 고통의 주원인[근원]이다.

본 연구는 현대 사회의 물질적 풍요 속에서 더욱더 심화하고 있는 재물탐욕의 문제를 중심으로 초기불교와 현대 심리학의 관점에서 그 본질, 원인, 문제점, 해결 방안을 비교 고찰하였다. 탐욕은 인간 존재의 본질적 문제이며, 특히 재물탐욕은 현대 사회에서 개인과 공동체 모두에 중대한 영향을 미치는 주제이다. 이하에서는 각 장의 주요 논지를 통합적으로 정리하고, 본 연구의 전체적 흐름과 저자의 견해를 정리하면 다음과 같다.

1. 탐욕의 정의와 발생원인 – 초기불교와 심리학의 기초 이해

제2장에서는 먼저 '탐욕'의 개념을 초기불교와 현대 심리학의 관점에서 고찰하였다. 탐욕은 단순히 '욕망'의 한 형태가 아니라, 자아(自我)의 불완전함과 결핍에서 비롯된 집착의 표현이다.

현대 심리학에서 탐욕은 주관적이고 모호하며, 문화적 맥락에 따라 독특하고 다양한 구조적 특성을 이루기에 명확하게 정의하기 어렵다고 본다. 따라서 욕구·욕망·탐욕이라는 용어를 명확히 구분하지 않고 유사한 의미로 사용하는 경우가 많다. 일반적으로 욕구(欲求, need)는 생존과 직결되는 무언가가 부족한 상태를 보완하기 위한 생리적·심리적 동기를 의미한다. 욕망(欲望·慾望, desire)은 특정 대상을 갈망하고 추구하도록 이끄는 내적 심리 상태로, 욕구와 달리 반드시 충족시켜야 할 것은 아니며, 긍정적이거나 부정적인 요소와 역할을 의미한다. 반면 탐욕(貪慾, greed)은 이러한 욕구와 욕망이 과도하게 증폭된 상태로서 필요 이상으로 많이 소유하려는 이기적이고 과도한 욕망, 집착적 성향을 의미한다.

탐욕은 본질적으로 불선(不善)한 속성을 지닌다. '지키거나 유지하려는 집착, 상실에 대한 두려움, 베풀지 않는 인색함과 불만족, 결과를 고려하지 않은 무분별한 행위, 타인을 속이거나 이용하려는 태도, 해를 끼치고 상처를 주는 행동' 등이 이에 해당한다.

이러한 속성은 자기중심주의, 타인에 대한 무관심, 인색함, 오만, 착취 등 비윤리·비도덕적 행위로 이어져, 결국 개인적·사회적 문제를 일으킨다. 특히 이러한 문제들 탓에 비난받고, 만족할 수 없는 것에 대해 목표를 설정하게 해 비윤리적 행위와 사회적 갈등을 더욱 심화시킨다. 그 결과 탐욕은 소비 강박, 과시적 소비, 사치, 도박·중독 행동, 폭력·전쟁 등 다양한 사회적·병리적 현상을 유발하며, 정신건강에도 심각한 부정적 영향을 끼친다.

현대 심리학에서는 이러한 탐욕의 원인을 개인의 심리적 결핍, 낮은 자존감, 외부 자극에 대한 과민 반응, 생존 본능, 보상 심리, 사회적 비교, 소비지상주의 등에서 찾으며, 욕망을 조절하는 다양한 심리적 기제를 제시한다. 특히 생존 본능과 보상 심리가 탐욕의 주요 원인으로 작용하며, 사회적 비교, 소비지상주의, 자본주의적 가치관에 의해 그 강도와 양상이 더욱 강화된다. 그 결과 불안, 스트레스, 자존감 저하 등 다양한 정신적 문제가 발생한다. 특히 긍정심리학, 자기결정이론, 인지행동이론 등은 욕망은 조절 가능한 심리과정이며, 조절되지 않을 때 강박적 소비, 인간관계 악화, 정신적·정서적 불안정과 같은 다양한 병리적 현상이 나타난다고 지적한다.

반면 초기불교는 경전 《아함경》과 《니까야》에서 욕(欲), 욕망(欲望·慾望), 탐욕(貪欲·貪慾)을 마음 상태에 따라 분명히 구별하며, 이를 십이연기의 과정 속에서 설명한다. 욕은 생존과 관련된 긍정적 마음 상태이고, 욕망은 생존과 무관하게 더 많이 갖고자 하는 마음이며[소유하려는 갈망], 특히 탐욕은 욕망에 집착과 번뇌가 결합하여 발생한 상태로, 삼독심(탐·진·치)을 구성하는 근본번뇌이다. 초기불교에서는 이 탐욕을 다시 세분화하여, 감각적 쾌락을 뜻하는 '까마(kāma)', 바램이나 서원, 의도를 나타내는 집착이 없는 중립적 개념 '찬다(chanda)', 단순한 탐욕인 '로바(lobha)', 강렬한 집착·애착을 의미하는 '라가(rāga)', 불만족에서 비롯된 갈망인 '딴하(taṇhā)' 등으로 설명하며, 그 작용을 면밀히 분석한 점은 매우 독특하다

또한, '탐욕(貪)'을 쾌락에 대한 집착과 존재에 대한 갈망을 의미하는 '갈애(渴愛)'와 연결해 모든 고통의 뿌리로 설명하며, 수행을 통해 철저히 제거해야 할 대상으로 본다. 특히 탐욕은 나쁘고 부정적인 속성을 가졌기에 나쁜 마음 상태를 지속시킨다. 이 때문에 불선한 행위와 고통, 갈등 등 많은 문제점을 일으킬 뿐 아니라 윤회의 고통을 지속시켜 열반에 이르는 길을 방해한다. 따라서 탐욕은 단순한 심리적 충동이 아닌, 깨달음과 해탈을 방해하는 심오한 영적 장애로 간

주된다. 초기불교는 탐욕을 삼독심(三毒心)인 탐·진·치(貪·瞋·癡) 가운데 하나로 규정하며, 윤회와 번뇌를 지속시키는 근본 번뇌로 보았다. 그렇기에 탐욕은 철저한 수행과 지혜의 실천을 통해 극복해야 할 대상이다.

이상의 고찰을 통해 종합하면, 현대 심리학은 탐욕을 병리적 현상으로 인식하고 제어·통제·조절 가능한 심리적 현상으로 본다. 반면, 초기불교는 탐욕 자체를 근본적으로 부정하고 철저히 제거해야 할 대상[번뇌]으로 규정한다는 차이를 확인할 수 있다

2. 재물탐욕의 구체적 성격과 문제점 – 물질적 풍요 속 결핍의 심리

제3장에서는 일반적 탐욕에서 한 걸음 더 나아가, '재물탐욕'이라는 보다 구체적 문제를 다루었다. 재물탐욕은 단순한 소유욕을 넘어, 물질[재물]을 곧 자신의 정체성과 동일시하며, 결핍된 자존감의 보상 및 사회적 지위 확보의 수단으로 활용하는 복합적이고 깊은 심리적 구조를 가진다.

현대 심리학은 재물을 단순한 생존 필수 자원이나 경제적 자산으로 보지 않는다. 재물을 정체성, 자존감, 성취감, 권력, 경험, 시간, 지식, 안전 등 삶의 여러 영역과 연결된 상징으로 이해한다. 심리학자들은 물질주의적 가치관이 강할수록 오히려 삶의 질[만족도]을 저

해하며, 행복을 증진하기는커녕 불안을 심화시킨다고 지적한다. 실제 연구에서도 사회적 비교, 소비와 도박 중독, 감정·정서적 공허함을 보상하려는 비합리적 소비 행동 등 다양한 병리현상이 나타난다.

이에 비해 초기불교는 재물을 단지 생존을 위한 '네 가지 의지처(衣·食·住·藥)' 즉 최소한의 의지처로 보았다. 출가자는 이를 최소한으로만 유지·사용하도록 허용받으며, 재가자 역시 오계를 지키는 범위 안에서 정당한 생업과 윤리적 소득을 강조한다. 또한 보시와 나눔, 소욕지족을 통해 집착을 제거 및 줄이도록 가르친다. 초기불교의 관점에서 재물탐욕은 자아중심적 집착의 표현이며, 그것을 극복하지 않고서는 수행의 진전이 불가능하여 해탈·열반의 길에 들어설 수 없다.

결국, 현대 심리학은 재물탐욕을 '조절해야 할 심리적 문제', 즉 병리적 증상이나 기능장애로 이해한다. 반면 초기불교는 '재물 자체에 대한 집착'을 '초월해야 할 집착'으로 보아 이를 수행의 과제로 본다는 점에서 큰 차이를 보인다.

3. 재물탐욕의 해소 방안 - 실천적 전략과 수행적 초월의 접점

제4장은 본 연구의 핵심 장으로, 재물탐욕을 해소하기 위한 양측의 해결 방안과 실천 전략을 비교 분석하였다.

현대 심리학은 다양한 심리적 기술을 통해 탐욕을 완화할 수 있다고 본다. 긍정적 사고, 자기효능감 강화, 자기 조절력 증진, 인지 전환, 의식적 소비, 정서 조절, 만족 추구, 목표 설정, 사회적 관계 형성, 윤리적 행동, 재무관리 능력 향상 등 현실적·실천적 기법이 그것이다. 핵심은 소비주의 문화의 영향에서 벗어나 자율적이고 의식적인 삶을 구축하는 것이다. 다시 말해, 바람직한 소비생활은 단순한 금욕이 아니라, 삶의 가치를 명확히 하고 합리적이며, 의식적 소비와 만족 추구, 자율적 판단 및 선택 등을 가능하게 하는 과정이다. 따라서 소비주의 문화에 대한 비판적 사고, 사회적 비교를 피하는 태도, 지속 가능성에 대한 관심, 감정적 소비에서 벗어나는 훈련 등이 중요한 실천 요소로 강조된다.

한편 초기불교는 더욱 철저하고 근원적인 해결책을 제시한다. 올바른 생계를 뜻하는 '정명(正命)'을 지키고, 재물을 타인과 나누는 '보시(布施)'를 실천하며, '소욕지족(少欲知足)'의 삶을 추구할 것을 강조한다. 특히 출가자의 경우 '무소유(無所有)' 실천을 통해 소유에 대한 집착 자체를 제거하고, 궁극적으로 탐욕을 완전히 소멸시키는 것을 목표로 제시한다. 이는 단순히 '적게 갖는 삶'이 아니라, 내적 자유와 해탈을 향한 근원적 수행이다.

이처럼 양측의 접근은 출발점에 있어 분명한 차이가 존재한다. 그러나 공통적으로 재물에 대한 집착이 인간의 삶에 부정적 영향을 미친다는 점을 경계하며, 보다 자각적이고 의미 있는 삶을 지향한다는 점에서 중요한 접점을 이룬다.

4. 통합적 고찰과 저자의 견해 – 물질의 시대, 마음의 지혜를 묻다

본 연구는 현대 심리학과 초기불교라는 서로 다른 전통 속에서도 공통된 문제의식을 확인하고, 그 해결을 위한 상호보완적 접근의 가능성을 탐구하였다. 현대 심리학은 인간의 현실적 욕망을 부정하지 않으면서도 그것을 조율하고 통제·관리할 수 있는 실천적 기제를 제공한다. 반면, 초기불교는 더 근원적이며 영적인 차원에서 탐욕을 직시·통찰하고, 그것을 완전히 소멸시켜 해탈에 이르는 길을 제시한다. 전자는 삶의 질 향상과 정신건강[심리적 안정]을 추구하며, 후자는 고통의 소멸과 궁극적 자유[해탈]를 지향한다.

그렇다고 해서 두 전통이 충돌하는 것은 아니다. 오히려 상호보완적 관계로 이해될 수 있다. 현대 심리학이 제공하는 실용적 기법들은 불교 수행의 기반이 될 수 있으며, 불교의 무소유와 보시의 정신은 현대인으로 하여금 삶을 보다 근본적인 차원에서 성찰할 수 있는 지혜를 제공한다.

오늘날 우리는 역사상 그 어느 시대보다 많은 재화를 소유하며 풍요 속에 있지만, 만족하지 못한 채 끊임없이 더 많은 것을 바란다. 이러한 결핍은 외부의 부족 때문이 아니라, 우리 내면의 허기와 집착에서 비롯된다. 문제의 핵심은 재물 그 자체가 아니라 재물에 대한 우리의 태도이며, 그것을 통해 자아를 확인하고 보상받으려 하는 습관적인 끝없는 욕망이다.

저자는 본 연구를 통해 재물탐욕이 단순한 심리적 현상이 아니라 삶의 방식, 나아가 존재의 방식에 대한 철학적 질문임을 확인하였다. 현대 심리학과 초기불교는 각자의 언어로 이 질문에 답하고 있으며, 두 전통의 통합적 고찰은 오늘날 사회가 직면한 욕망의 문제를 깊이 성찰할 수 있는 귀중한 지적 자원이 될 것이다.

우리가 물어야 할 것은 얼마나 많은 재물을 소유했는가가 아니라, 그 재물을 어떻게 바라보고, 어떤 방식으로 사용하는가이다. 탐욕을 줄이고, 가진 것을 나누며, 필요한 만큼에 만족할 줄 아는 삶. 그것이 개인의 고통을 줄이고 공동체를 더욱 건강하게 만드는 지혜의 길일 것이다.

물질의 시대를 살아가는 우리는 이제 어떤 마음의 길을 선택할 것인가를 묻지 않을 수 없다. 이 책은 그 물음에 대한 하나의 성찰적 응답이자, 앞으로의 삶을 위한 방향을 제시하려는 작은 시도이다.

참고문헌

약어

AN: Aṅguttara Nikāya(증지부)

AAṬ: Aṅguttara Nikāya Aṭṭhakathā Ṭīkā(증지부 복주석서)

DN: Dīgha Nikāya(장부)

Dhp: Dhammapada(법구경)

DhpA: Dhammapada Aṭṭhakathā(법구경 주석서)

Dhs: Dhammasaṅgaṇī(담마상가니, 법집론)

DhsA: Dhammasaṅgaṇī Aṭṭhakathā(담마상가니 · 법집론 주석서)

DhsA = Aṭṭhasāṅlinī

It: Itivuttaka(여시어如是語)

MN: Majjhima Nikāya(중부)

MA: Majjhima Nikāya Aṭṭhakathā(중부 주석서)

MV: Mahāvagga(율장 대품)

Pm, Vism: Paramatthamañjūsā, Visuddhimagga Mahāṭīkā(청정도론 복주서)

PTS: Pāli Text Society(빠알리 성전 협회)

PTS Dict: The Pāli Text Society's Pāli-English Dictionary(사전)

SN: Saṁyutta Nikāya(상응부)

SA: Saṁyutta Nikāya Aṭṭhakathā = SāratthappaKāsinī(상응부 주석서)

Stn, Sn: Suttanipāta(숫타니파타, 경집)

Thī: Therīgāthā(장로니게경)

VRI: Vipassana Research Institute(위빳사나 연구 협회)

Vin: ViSN..aya Piṭaka(율장)

Vis: Visuddhimagga(청정도론)

Vism: Visuddhimagga Mahāṭīkā(청정도론 복주서)

1. 경전 및 번역

AN: Aṅguttara-Nikāya(1976), PTS.(Pāli Text Society).

AAṬ: Aṅguttara Nikāya Aṭṭhakathā Ṭīkā, PTS.

DN: Dīgha-Nikāya(1975), PTS.

MN: Majjhima-Nikāya(1925), PTS

SN: Saṁyutta Nikāya(1973, 1976), PTS.

Sn: Suttanipāta(1984), PTS.

Itivuttaka, ed(1889, 1975), Emst. Windisch, London: PTS.

Vis: Visuddhimagga, ed(1975), C.A.F. Rhys Davids and D. Litt, London: PTS.

Abhidhammatthasaṅgaho, Chaṭṭha Saṅgāyana(VRI).

한역본: 大正一切經刊行會의《新修大藏經》(東京: 大藏出版, 1931)에 의거.

《잡아함경(雜阿含經)》, [역] 구나발타라(求那跋陀羅), 한역연대 435.

《장아함경(長阿含經)》, [역] 불타야사(佛陀耶舍), 축불념(竺佛念) 한역연대 413.

《중아함경(中阿含經)》, [역] 승가제바(僧伽提婆), 한역연대 397~398.

《증일아함경(增壹阿含經)》, [역] 승가제바(僧伽提婆), 한역연대 397.

《해탈도론(解脫道論)》, [역] 승가바라(僧伽婆羅), 한역연대 399.

각묵 스님 옮김, 《디가 니까야》 권1, 2, 3, 울산: 초기불전연구원, 2006.
각묵 스님 옮김, 《담마상가니 1》, 울산: 초기불전연구원, 2016.
각묵 스님 옮김, 《담마상가니 2》, 울산: 초기불전연구원, 2016.
각묵 스님 옮김, 《앙굿따라 니까야》 권2, 울산: 초기불전연구원, 2006.
각묵 스님 옮김, 《상윳따 니까야》 권1, 2, 3, 4, 5, 6, 울산: 초기불전연구원, 2009.
거해 스님 편역, 《법구경 1》, 서울: 도서출판 샘이깊은물, 2003.
김서리 역주, 《담마빠다》, 서울: 소명출판, 2013.
대림 스님 옮김, 《청정도론》 권2, 서울: 초기불전연구원, 2004.
대림 스님 옮김, 《앙굿따라 니까야》 권1, 2, 울산: 초기불전연구원, 2006.
대림 스님 옮김, 《앙굿따라 니까야》 권3, 4. 5. 6, 울산: 초기불전연구원, 2007.
대림 스님, 《가려 뽑은 앙굿따라 니까야》, 울산: 초기불전연구원, 2008.
대림 스님 옮김, 《맛지마 니까야》 권1, 2, 3, 4, 6, 울산: 초기불전연구원, 2012.
대림 스님 옮김, 《청정도론》 권3, 서울: 초기불전연구원, 2012.
대림 스님 옮김, 《청정도론》 권1, 서울: 초기불전연구원, 2013.
대림 · 각묵 스님 옮김, 《아비담마 길라잡이 1》, 울산: 초기불전연구원, 2017.
대림 · 각묵 스님 옮김, 《아비담마 길라잡이 2》, 울산: 초기불전연구원, 2018.
마성 스님 지음, 《잡아함경 강의》, 일산: 인북스, 2018.
범라 스님 옮김, 《위숟디 막가-淸淨道論》, 화은각, 1999.
붓다고사 저, 대림 스님 옮김, 《청정도론》 권1, 2, 3, 서울: 초기불전연구원, 2004.
전재성 옮김, 《쿳다까 니까야 숫타니파타》, 서울: 한국빠알리성전협회, 2005.

전재성 옮김, 《디가 니까야》, 서울: 한국빠알리성전협회, 2011.
전재성 옮김, 《마하박가-율장대품》 권1 서울: 한국빠알리성전협회, 2014.
전재성 옮김, 《맛지마 니까야》 권3, 서울: 한국빠알리성전협회, 2003.
전재성 옮김, 《맛지마 니까야》 전집, 서울: 한국빠알리성전협회, 2009.
전재성 옮김, 《비나야삐따까》, 서울: 한국빠알리성전협회, 2020.
전재성 옮김, 《숫타니파타》, 서울: 한국빠알리성전협회, 2004.
전재성 옮김, 《상윳따 니까야》 권1, 2, 서울: 한국빠알리성전협회, 2006.
전재성 옮김, 《상윳따 니까야》 권3, 4, 서울: 한국빠알리성전협회, 2007.
전재성 옮김, 《앙굿따라 니까야》 권6, 서울: 한국빠알리성전협회, 2007.
전재성 옮김, 《쭐라박가-율장소품》, 서울: 한국빠알리성전협회, 2014.
전재성 옮김, 《청정도론-비숫디막가》, 서울: 한국빠알리성전협회, 2018.
전재성, 《상윳따 니까야, 오늘 부처님께 묻는다면》, 서울: 한국빠알리 성전협회, 2005.
Ñāṇaponika Thera, The Roots of Good and Evil, Kandy: BPS, 1986.
Papañcasūdanī, Vol. I: (1922, 1983); Vol. II: (1928, 1979, 2016) ed. J.H. Woods and D. Kosambi; Vol. III: (1933, 1976).
Therī-gāthā, ed., V, Hermann Oidenberg. London: PTS, 1990.

가. 사전류

김정길, 《불교학대사전》, 홍법원 출판사, 1993.
이기문 감수, 《동아 새국어사전》, 두산동아, 2004.
전수태 외, 《범어대사전》, 서울: 대한교육문화신문출판부, 2007.
전재성 편저, 《빠알리어사전》, 서울: 한국빠알리성전협회, 2012.
Malalasekera. G. P. ed., Encyclopedia of Buddhism, Vols, VI, Colombo,

Govemment of Sri Lanka, 1996.
T. W. Rhys Davids & William Stede, The Pali Text Society's Pali-English Dictionary, London: PTS, 1986.
W. & R. Chambers. London and Edinburgh., Chambers's Etymological Dictionary of the English Language, By James Donald, F.R.G.S., & c, 1874.

2. 국내 문헌

가. 단행본

강영계, 《행복학 강의》, 서울: 새문사, 2010.
김기홍 · 이지연 · 정윤경, 《한국인의 직업윤리에 관한 연구》, 한국직업능력개발원, 1999.
김인준, 이영섭, 《국제금융론》, 서울: 율곡출판사, 2019.
김용수, 《자크 라캉》, 살림, 2008.
김태형, 《풍요중독사회》, 부산: 한겨레 출판, 2020.
대검찰청, 《2020 범죄분석》, 대검찰청, 2020.
돈 슬레이터, 정숙경 옮김, 《소비문화와 현대성》, 서울: 문예출판사, 2000.
딜런 에반스, 김종주외 역, 《라캉정신분석사전》, 인간사랑, 1998.
로버트 스키델스키 · 에드워드 스키델스키, 김병화 옮김, 《얼마나 있어야 충분한가?》, 서울: 부키, 2013.
Ronald J. Comer, 오정자 외 5인 옮김, 《이상심리학》, 서울: 시그마프레스, 2014.

Myers, D. G., & DeWall, C. N., 신현정 · 김비아 옮김, 《마이어스의 심리학》, 서울: 시그마프레스, 2015.
마하시 사야도, 비구 일창 담마간다 옮김, 《담마짝까 법문》, 안양: 불방일, 2019.
미셸 포쉐 지음, 조재룡 옮김, 《행복의 역사》, 서울: 열린터, 2007.
모리스 고들리에, 오창현 옮김, 《증여의 수수께끼》, 경기도: 문학동네, 2016.
Marcel Mauss, Essai Sur Le Don, 이상률 옮김, 《증여론》, 경기도: 한길사, 2020.
박병일 · 김민재 · 김태연 · 김선영 · 한국갤럽조사연구소, 《2018년 청소년 도박문제 실태조사: 요약 보고서》, 한국도박문제관리센터, 2018.
법상 스님, 《붓다 수업》, 서울: 민족사, 2013.
법정 스님, 류시화 역음, 《산에는 꽃이 피네》, 서울: 문학의 숲, 1998.
법정 스님, 《무소유》, 서울: 범우사, 1999.
벨 훅스, 이영기 옮김, 《올 어바웃 러브》, 서울: 책 읽는 수요일, 2013.
비구 일창 담마간다 편역, 《가르침을 배우다》, 경기도: 도서출판 불방일, 2021.
부자학연구학회; 김옥암; 김종명; 김혜숙; 박정윤; 서경요; 안양규; 이주화; 임헌규; 정기철; 한동철, 《종교, 부를 허하다 : 부자와 종교》, 서울: 미래를 소유한 사람들, 2011.
사행산업통합감독위원회, 《2011년 사행산업이용실태조사》, 서울: 사행산업통합감독위원회, 2012.
사행산업통합감독위원회, 《2019년 사행산업관련통계》, 과천: 사행산업통합감독위원회 조사홍보과, 2020.
C. S. Carver, & M. F. Scheier 공저, 김교헌 역, 《성격 심리학: 성격에 대한 관

점》, 서울: ㈜학지사, 2012.
손영화, 《고객심리학》, 서울: 커뮤니케이션북스(주), 2013.
스티븐 J.맥나미, 로버트 K.밀러 주니어, 김현정 옮김, 《능력주의는 허구다》, 서울: 주식회사 사이, 2015.
아누룻다, 김종수 옮김, 《아비담마 종합해설》, 서울: 불광출판사, 2019.
아브라함 H, 매슬로 지음, 정태연·노현정 옮김, 《존재의 심리학》, 서울: ㈜문예출판사, 2004.
안승준 옮김, 《원시불교의 실천철학》, 서울: 불교시대사, 1993.
안양규, 《행복을 가져오는 붓다의 말씀》, 안성: 도피안사, 2012.
양해림, 《행복이라 부르는 것들의 의미: 행복의 철학적 성찰》, 서울: 철학과현실사, 2002.
에리히 프롬, 차경아 옮김, 《소유냐 존재냐(To have or To have?)》, 서울: 까치, 1996.
에이브러햄 매슬로(Abraham Maslow)지음, 오혜경 옮김, 《(에이브러햄 매슬로의) 동기와 성격》, 파주: ㈜북이십일, 2009.
오수진·이보한, 《2022 한국의 소비자역량지수》, 한국소비자원, 2022.
윤정숙·박지선·안성훈·김민정, 《묻지마 범죄자의 특성 이해 및 대응방안 연구》, 한국형사정책연구원, 2014.
이강수·허우성·남기영 외 3인 공저, 《욕망론: 철학적·종교적 해석》, 서울: 경서원, 1995.
이기춘, 《소비자교육의 이론과 실제》, 서울: 교문사, 1999.
이재담, 《의학의 역사》, 서울: 위드, 2000.
Wade Rowland, 이현주 옮김, 《탐욕주식회사》, 경기도: 팩컴북스, 2008.
자크 라캉, 민승기 역, 《욕망이론: 자크 라캉》, 문예 출판사, 1994.

주소현, 《재무설계를 위한 행동재무학》, 한국FP협회, 2009.
Grant McCracken, 이상률 옮김, 《문화와 소비》, 서울: 문예출판사, 1997.
John Marshall Reeve 원저, 정봉교 · 현성용 · 윤병수 공역, 《동기와 정서의 이해》, 서울: 박학사, 2003.
정선희, 《사회적 기업》, 서울: 다우, 2004.
정준영 · 한자경 외 4인 공저, 《욕망: 삶의 동력인가, 괴로움의 뿌리인가》, 서울: 운주사, 2008.
정창우 외 6인, 《생활과 윤리》, 서울: ㈜미래엔, 2018.
필립스 A. 티클, 남경태 옮김, 《탐욕》, 서울: 믿음in, 2007.
흥사단 투명사회운동본부, 《2019년 대한민국 성인(직장인) 및 청소년 정직지수 조사 결과보고서》, 서울: ㈜케이스탯리서치, 2019.

나. 연구논문

강성군 · 김교헌 · 이민규 · 임지향, 〈도박중독의 측정: KNODS, KCPGI 및 KSOGS의 비교〉, 《한국심리학회지: 건강》, 15(3), 2010.
권영실 · 현명호 · 김현정 · 김소라, 〈도박심각도와 자살생각의 관계-도박 빚 압박감의 매개효과와 가족의 정서적 지지의 중재효과를 중심으로〉, 《한국심리학회지: 건강》, 19(2), 2014.
김교헌 · 최훈석, 〈인터넷 게임중독: 자기조절 모형〉, 《한국심리학회지 건강》, 13(3), 2008.
김민정 · 김기옥, 〈소비욕구 측정을 위한 척도개발〉, 《소비자학연구》, 19(1), 2008.
김순양, 〈사회적 기업에 대한 성과평가 지표의 개발 및 적용〉, 《지방정부연구》, 12(1), 2008.

김영훈 · 이영호, 〈병적 도박자의 단도박에 영향을 미치는 심리적 요인〉, 《Korean Journal of Clinical Psychology》, 25(3), 2006.
김재성, 〈초기불교의 번뇌〉, 《인도철학》 29, 《인도철학회》, 2010.
김정현 · 최현자, 〈소비자 재무관리역량 척도개발 연구〉, Financial Planning Review, 4(3), 2011.
김정현 · 최현자, 〈우리나라 소비자의 재무관리역량〉, 《소비자학연구》, 23(1), 2012.
김진석, 〈소비주의의 이중적 성격〉, 《사회과학연구》, 46(1), 2007.
김정숙, 〈인터넷 쇼핑에서의 패션제품 중독구매성향 특성에 관한 연구〉, 이화여자대학교 석사학위논문, 2007.
김창이 · 황덕순, 〈재무상담 및 재무교육이 소비자의 재무관리역량에 미치는 영향〉, Financial Planning Review, 9(4), 2016.
김현정 · 신영철 · 오강섭 · 오윤희 · 정지영 · 서동우, 〈긍정적 사고 척도의 개발 및 타당화 연구〉, 《한국심리학회지: 건강》, 11(4), 2006.
김혜인 · 이승신, 〈청소년소비자의 과시소비성향에 관한 연구〉, 《대한가정학회지》, 41(7), 2003.
나혜림 · 최현자, 〈자기통제가 은퇴준비행동에 미치는 영향 연구〉, Financial Planning Review, 6(1), 2013.
문희태, 〈경제범죄의 개념과 대응방안에 대한 형사법적 쟁점〉, 《법학연구》, 30(2), 2019.
박경준, 〈원시불교의 사회 · 경제 사상 연구〉, 동국대학교, 1993.
박미혜, 〈윤리적 소비와 관련한 소비자의 감정경험〉, 《소비자학연구》, 25(3), 2015.
박선웅 외, 〈물질주의와 정신건강: 경제적 수준으로 조절되지 않는 부적 관계〉, 《보건사회연구》 37(3), 2017.
박정민 · 이기원 · 하은솔, 〈청년 채무 보유의 관련요인: 부모 사회경제적 특성의 역할〉, 《한국사회복지학》, 70(4), 2018.
박종선 · 황덕순, 〈가계주 소득 원천과 소득 분위에 따른 가계 유형별 심적 회계 분석〉, 소비자학연구, 25(1), 2014.
박지혜 · 안재우, 〈감동 측정을 위한 척도의 개발〉, 《마케팅연구》, 24(1), 2009.
박진영 · 최혜원 · 서은국, 〈물질주의와 인간관계 경시의 심리적 원인: 낮은 일반적 신뢰〉, 《한국심리학회지 사회 및 성격》, 26(1), 2012.
백경미, 〈현대소비문화와 한국소비문화에 관한 고찰〉, 《소비자학연구》, 9(1), 1998.
변금선 · 이혜원, 〈고용불안정이 정신건강에 미치는 영향: 고용상태 변화 유형과 우울의 인과관계 추정〉, 《보건사회연구》, 38(3), 2018.
서미경 · 박근우 · 이민화, 〈행위중독의 친숙함이 차별에 미치는 영향〉, 《사회과학연구》, 33(4), 2017.
손종우 · 정미림 · 이영순, 〈한국판 성인용 기질적 탐욕 척도의 타당화〉, 《재활심리연구》, 28(4), 2021.
손진희, 〈인성교육 참여가 청소년의 심리 · 사회성숙에 미치는 영향: 자기조절능력함양교육과 인간관계능력함양교육을 중심으로〉, 중앙대학교, 2009.
신희성 · 김태익 · 박유빈 · 박선웅, 〈물질주의와 정신건강: 경제적 수준으로 조절되지 않는 부적관계〉, 《보건사회연구》, 37(3), 2017.
심영, 〈지속가능소비 실천은 소비자를 행복하게 하는가?: 2019년과 2021년 비교〉, 소비자문제연구, 53(2), 2022.

양해만 · 조영호, 〈한국의 시장경제적 변화와 탈물질주의〉, 《한국정치학회보》, 52(1), 한국정치학회, 2018.

이기순, 〈ISSUE PAPER -청소년상담 이슈페이퍼〉, 한국청소년상담복지개발원, 1, 2021.

이민아 · 송리라, 〈소득, 물질주의와 행복의 관계〉, 《한국인구학》, 37(4), 한국인구학회, 2014.

이순묵 · 김종남 · 최삼욱 · 현명호 · 김수진, 〈도박의 정의와 범주화에 대한 개념의 명확화〉, 《한국심리학회지》, 28(1), 2009.

이은경 · 안양규, 〈재물(財物)에 대한 탐욕(貪欲)과 그 해결 - 4부 니까야(Nikāya)를 중심으로〉, 《동아시아불교문화》, 56, 2023.

이주영 · 심원술, 〈목표설정이론의 특성이 목표관리 효과성에 미치는 영향에 관한 연구 -평가와 보상의 신뢰성을 조절변수로-〉, HRD연구(구 인력개발연구), 8(2), 2006.

이진석 · 조현영 · 전승우, 〈다양한 얼굴의 물질주의: 물질주의, 변화 기대, 과시적 소비〉, 《마케팅 연구》, 34, 한국마케팅학회, 2019.

이태원, 〈카지노 도박이 지역사회 범죄에 미치는 영향: 정선군지역에 대한 경찰통계를 중심으로〉, 《형사정책연구》, 17(2), 2006.

이흥표, 〈비합리적 도박신념, 도박 동기 및 위험감수 성향과 병적 도박의 관계〉, 고려대학교 박사학위 논문, 2002.

이흥표, 〈도박 동기와 병적 도박의 관계〉, 《한국심리학회지: 건강》, 8(1), 2003.

원성두 · 김임렬 · 이민규, 〈자기조절 연구 현황 및 발전방향〉, 《한국심리학회지》, 34(1), 2015.

오세연 · 송혜진, 〈쇼핑중독의 원인과 대응방안에 관한 연구〉, 《한국중독범죄학회보》, 3(1), 2013.
우명주, 〈하인첼만 탐욕 척도(HGS©)-이론적 구조와 항목개발〉, 《불교상담학연구》 15, 불교상담학회, 2020.
유인창, 〈온라인게임 아이템의 재물성에 대한 재검토〉, 《한국컴퓨터정보학회논문지》, 18(4), 2013.
유지혜, 설경옥, 〈한국판 물질주의 척도의 타당화 연구〉, 《한국심리학회지》, 24(3), 한국심리학회, 2018.
임정빈 · 조미환 · 이영호, 〈도시가계의 재무관리행동과 재정만족도〉, 《한국가정관리학회지》, 16(3), 1998.
장영민, 〈경제범죄의 유형과 대처방안〉, 《형사정책연구》, 4(1), 1993.
장은영 · 한덕웅, 〈사회비교의 목표, 대상 및 결과가 비교대상의 선택에 미치는 영향〉, 한국심리학회지: 사회 및 성격, 18(2), 2004.
전혜경, 〈초기불교에서 본 재물욕의 문제와 그 해결〉, 서울: 국내석사학위논문 동국대학교 대학원, 2021.
최시현, 〈주택장(housing field)의 정치경제학: 도시중산층의 젠더화된 투기아비투스〉, 《공간과 사회》, 31(3), 2021.
추인혜, 〈초기불교의 관점에서 본 소유와 괴로움〉, 《순천향 인문과학논총》, 38(3), 2019.
탁희성, 〈재산죄의 객체로서 전자정보의 포섭가능성 및 그 한계: 게임아이템과 사이버머니를 중심으로〉, 《형사정책연구》, 16(2), 2005.
홍은실, 〈과거와 현대적 관점에서 본 사치소비: 사치소비의 주 · 객체, 욕망, 사치소비유형을 중심으로〉, 한국생활과학회지, 20(2), 2011.
홍은실, 〈성인여성의 소비지출통제와 소비특성 분석 : 인색-낭비수준과 소득수준에 따른 유형분류에 의하여〉, 소비자정책교육연구, 12(3), 2016.

3. 외국문헌

가. 단행본

Ashin Janakābhivaṁsa, *Abhidhamma in Daily Life*, Mandalay: U Maung Maung Publisher Registration, 1999.

APA(미국정신의학협회), *Diagnostic and Statistical Manual of Mental Disorders DSM-5*, American Psychiatric Association, 2013.

Campbell McConnell, *Economics*, New York: McCraw Hill, 8th ed, 1981.

David Webster, *The Philosophy of Desire in the Buddhist Pali Canon*, London and New Yok: Routledge Curzon, 2005.

E. F. Schumacher, *SMALL IS BEAUTIFUL*, Blond & Briggs, 1973.

Gerrig, R. J., & Zimbardo, P. G., *Psychology and Life*, London: Pearson Education, 2009.

Gottfredson M, Hirschi T., *A General Theory of Crime*, Stanford University, 1990.

Henry Clarke Warren, *Visuddhi Magga of Buddhaghosacariya*, 2000.

Lee, M., *Consumer Culture Reborn: The Cultural Politics of Consumption*, London: Routledge, 1993.

Mahā Thera Ledi Sayadaw, *The Manual of Buddhism*, edit, Daw Shwe Wah Soe, Yangon: Mother Ayeyarwaddy Publishing House, 2004.

McClelland, D.C., *The achieving society*, NewYork: Van Nostrand, 1961.

Murray, H. A., *Explorations in Personality*, New York: Oxford University Press, 1938.

Pierre Bourdieu, *Raisons pratiques*, Sur la théorie de l'action, Paris: LeSeuil,

1994.

Seuntjens, T. G., *The Psychology of greed*, Tilburg University, 2016.

SN..idal, Duncan, *Rational Choice and International Relations*, London: SAGE Publications Ltd, 2013.

Steven Miles, *Consumerism: As a Way of Life*, SAGE Publications Ltd, 1998.

Tickle, P. A., *Greed: The seven deadly sins*, Oxford, UK: Oxford University Press, 2004.

U Ko Lay, *Essence of Tipiṭaka*, Bombay, Vipassana Research Institude, 1998.

World Health Organization, *Guidelines for the management of conditions specifically related to stress*, Geneva: WHO, 2013.

Zygmunt Bauman, *Postmodern Ethic*s, Oxford:Blackwell publishers, 1993.

나. 연구논문

A. H. Maslow, "A theory of human motivation", *Psychological review*, Vol. 50(4), 1943.

Alain Caillé, "Anti-Utilitarianism, Economics and The Gift-Paradigm", Handbook on the Economics of Reciprocity and Social Enterprise, Edited by Luigino Bruni and Stefano Zamagni, 2021.

Battersby, M., Tolchard, B., Scurrah, M., & Thomas, L., "Suicide ideation and behaviour in people with pathological gambling attending a treatment service", *International Journal of Mental Health and Addiction*, Vol. 4(3), 2006.

Baumeister, R. F., "Reflections and Reviews", *Journal of Consumer Research*, Vol. 28(3), 2002.

Bauer, Isabelle M. and Baumeister, Roy F., "Self-regulatory strength. Handbook of self-regulation: research, theory, and applications", Edited by Kathleen D. Vohs and Roy F. Baumeister. New York, NY, United States: Guilford Publications, 2011.

Baumel, Amit and Ety Berant, "The Role of Attachment Styles in Malicious Envy," *Journal of Research in Personality*, Vol. 55, 2015.

Belk, R. W., "Three Scales to Measure Constructs Related to Materialism: Reliability, Validity, and Relationships to Measures of Happiness," *Advances in Consumer Research*, Vol. 11, 1984.

Brown, K. W., Kasser, T., Ryan, R. M., Linley, P. A., & Orzech, K., "When what one has is enough: Mindfulness, financial desire discrepancy, and subjective well-being", *Journal of Research in Personality*, Vol. 43(5), 2009.

Burgoon, B., & Dekker, F., "Flexible employment, economic insecurity and social policy preferences in Europe", *Journal of European Social Policy*, Vol. 20(2), 2010.

Burroughs, J. E., & Rindfleisch, A., "Materialism and Well-Being: A Conflicting Values Perspective", *Journal of Consumer Research*, Vol. 29(3), 2002.

Burroughs, J. E., & Rindfleisch, A., "What welfare? On the definition and domain of consumer research and the foundational role of materialism", In D. G. Mick, S. Pettigrew, C. Pechmann, and J. L.

Ozanne(Eds.), *Transformative consumer research for personal and collective well-being*, New York: Routledge, 2011.

Campbell, W. K., Bonacci, A. M., Shelton, J., Exline, J. J., & Bushman, B. J., "Psychological entitlement: Interpersonal consequences and validation of a self-report measure", *Journal of Personality Assessment*, Vol. 83, 2004.

Christenson, G. A., Faber, R. J., Martina de Zwaan, Raymond, N. C. Specker, S.M., Eckert, M.D., Mussell, M.P., & Mitchell, J.E., "Compulsive Buying: Descriptive Charateristics and Psychiatric Comorbidity", *Journal of Clicical Psychiatry*, Vol. 55(1), 1994.

D'Astous, A., "An Inquiry into the compulsive side of 'normal' consumers", *Journal of consumer Policy*, Vol. 13, 1990.

Diamond A., "Executive functions", *Annual Review of Psychology*, Vol. 64, 2013.

Diener, E., "Subjective well-being", *Psychological Bulleti*n, Vol. 193(3), 1984.

Diener, E., Emmons, R. A., Larsen, R. J., & Griffin, S., "The Satisfaction with Life Scale", *Journal of Personality Assessment*, Vol. 49, 1985.

Diener, E., "Assessing subjective well-being: Progress and opportunities", *Social Indicators Research*, Vol. 31, 1994.

Ditrich, T., "The Ethical Foundations of Buddhist Cognitive Models: Presentations of Greed and Fear in the Theravāda Abhidhamma", *Asian Studies*, Vol. 10(1), 2022.

E. Diener, "Subjective well-being", *Psychological Bulletin*, Vol. 193, 1984.

Eyzop, E., Vanier, A., Leboucher, J., Morvan, H., Poulette, M., Grall-Bronnec, M., & Challet-Bouju, G., "Materialism, financial motives and gambling: examination of an unexplored relationship", *Journal of Gambling Studies*, Vol. 35(3), 2019.

Fehr, E., Gintis, H., "Human motivation and social cooperation: Experimental and analytical observations", *Annual Review of Sociology*, Vol. 33, 2007.

Glenn W. Lambie, Jaimie Stickl Haugen, "Heintzelman Greed Scale©(HGS©) Theoretical Framework and Item Development", University of Central Florida, College of Community Innovation and Education, 2019.

Goedele Krekels, Mario Pandelaere, "Dispositional greed", *Personality and Individual Differences*, Vol. 74, 2015.

Greenfeld, L., "The spirit of capitalism: Nationalism and economic growth", Cambridge, MA: Harvard University Press, 2001.

Hoch, S. J., G. F. Loewenstein, "Time Inconsistent Preferences and Consumer Self-Control," *Journal of Consumer Research*, Vol. 17, 1991.

Holbrook, Morris B., "Consumption experience, customer value, and subjective personal introspection : An illustrative photographic essay", *Journal of Business Research*, Vol. 59(7), 2006.

Isak Barbopoulos, Lars-Olof Johansson, "The Consumer Motivation Scale: Development of a multi-dimensional and context- sensitive measure of consumption goals", *Journal of Business Research*, Vol. 76, 2017.

Jin, H., Zhou, X. Y., "Greed, leverage, and potential losses: A. prospect theory perspective", *Mathematical Finance*, Vol. 23, 2013.

Kasser, T., Ryan, R. M., "Aspiration Index [Database record]", *APA PsycTests*, 1993.

Kasser Tim, "The High Price of Materialism", Cambridge Mass: MIT Press, 2002.

Kessler, R. C., Petukhova, M., Sampson, N. A., Zaslavsky, A. M., Wittchen H-U., "Twelve-month and lifetime prevalence and lifetime morbid risk of anxiety and mood disorders in the United States", *International Journal of Methods in Psychiatric Research*, Vol. 21(3), 2012.

Koran, L. M., Thienemann, M. L., & Davenport, R., "Quality of life for patients with obsessive-compulsive disorder", *American Journal of Psychiatry*, Vol. 153, 1996.

Krekels, G. & Pandelaere, M., "Dispositional greed", *Personality and Individual Differences*, Vol. 74, 2015.

Lambie, G. W., & Haugen, J. S., "Understanding greed as a unified construct", Personality and Individual Differences, Vol. 141, 2019.

Lambie, G. W., & Stickl Haugen, J., "Heintzelman Greed Scale (HGS): Theoretical Framework and Item Development", Haugen University of Central Florida, College of Community Innovation and Education, 2019.

Lesieur, H. R., & Blume, S. B., "Revising theSouth Oaks Gambling Screen in DifferentSettings", *Journal of Gambling Studies*, Vol. 9(3), 1993.

Lemons, G., "Bar drinks, rugas, and gay pride parades: Iscreative behavior a function of creative self-efficacy?", *Creativity Research Journal*, Vol. 22(2), 2010.

Maddux, J. E., Gosselin, J. T., "Self-efficacy", In M. Leary & J. Tangney (Eds.), *Handbook of self and identity*, New York: Guilford, 2003.

Martin EP Seligman, Mihaly Csikszentmihalyi, "Positive psychology: An introduction, M Csikszentmihalyi", *American psychologist*, Vol. 55(1), 2000.

Michael Lynn, Judy Harris, "The desire for unique consumer products: A new individual differences scale", *Psychology & Marketing*, Vol. 14(6), 1997.

Miller, David & Byrnes, James., "Adolescents' decision making in social situtions: A self-regulation perspective", *Journal of Applied Developmental Psychology*, Vol. 22, 2001.

Muraven M., "Prejudice as self-control failure", *Journal of Applied Social Psychology*, Vol. 38, 2008.

Mussel, P., Reiter, A. M., Osinsky, R., & Hewig, J., "State and trait-greed, its impact on risky decision-making and underlying neural mechanisms", *Social Neuroscience*, Vol. 10(2), 2015.

Mussel, P., Hewig, J., "The life and times of individuals scoring high and low on dispositional greed", *Journal of Research in Personality*, Vol. 64, 2016.

Noguti, V., Bokeyar, A. L., "Who am I? The relationship between self-concept uncertainty and materialism", *International Journal of Psychology*, Vol. 49(5), 2014.

O'Guinn, T. C., Faber, R. J., "Compulsive buying: A phenomenological exploration", *Journal of Consumer Reserch*, Vol. 16(2), 1989.

Oishi, S., S. Kesebi, & E. Diener, "Income Inequality and Happiness," *Psychological Science*, Vol. 22(9), 2011.

Oka, R., Kuijt, I., "Introducing an inquiry into the social economies of greed and excess", *Economic Anthropology*, 2014.

Ondabu, Ibrahim, "A Theory of Human Motivation: The Tirimba Grouping Theory of Motivation", *Scientific online Publishing*, Vol. 1, 2014.

Paramabandhu Groves, Roger Farmer, "Buddhism and addictions", Addiction Research, *Harwood Academic Publishers,* Vol. 2(2), 1994.

Pavot, W. G., Diener, E., Colvin, C. R., & Sandvik, E., "Further validation of the Satisfaction with Life Scale: Evidence for the cross-method convergence of well-being measures", *Journal of Personality Assessment*, Vol. 57, 1991.

Perry, V. G., Morris, M. D., "Who Is in Control? The Role of Self-Perception, Knowledge, and Income in Explaining Consumer Financial Behavior", *The Journal of Consumer Affairs*, Vol. 39(2), 2005.

Pieters, R., "Bidirectional dynamics of materialism and loneliness: Not just a vicious cycle", *Journal of Consumer Research*, Vol. 40(4), 2013.

R. Veenhoven, "Hedonism and happiness", *Journal of Happiness Studies*, Vol. 4, 2003.

Richins, M. L., Dawson, S., "A consumer values orientation for materialism and its measurement: Scale development and validation", *Journal of*

Consumer Research, Vol. 19(3), 1992.

Richins, M. L., "Measuring Emotions in the Consumption Experience," *Journal of Consumer Research*, Vol. 24, 1997.

Rick, S., Cryder, C., & Loewenstein, G., "Tightwads and spendthrifts", *Journal of Consumer Research*, Vol. 34(4), 2008.

Sampson, J. R., Raudenbush, S., & Earls, F., "Neighborhoods and Violent Crime", *Science 277*, 1997.

Sareen, J., Afifi, T. O., McMillan, K. A., Asmundson, G. J., "Relationship between household income and mental disorders: findings from a population-based longitudinal study", *Archives of General Psychiatry*, Vol. 68(4), 2011.

Seuntjens, T. G., Zeelenberg, M., Van de Ven, N., & Breugelmans, S. M., "Dispositional greed", *Journal of Personality and Social Psychology*, Vol. 108(6), 2015.

Seuntjens, T. G., Zeelenberg, M.,외 2인, "Defining greed", *British Journal of Psychology*, Vol. 106(3), 2015.

Slatter, M., "The secret life of greed", *Anglican Theological Review*, Vol. 96, 2014.

Stigler, G. J., "Economics or ethics? In S. McMurrin (Ed.)", The Tanner lectures on human values, Cambridge, UK: Cambridge University Press, 1981.

Suls, Jerry, Rene Martin, and Ladd Wheeler, "Social Comparison: Why, with Whom and with What Effect?", *Current Directions in Psychological Science*, Vol. 11(5), 2002.

Thoits, P. A., "Stress and health: Major findings and policy implications", *Journal of health and social behavior*, Vol. 51(1), 2010.

Thompson, C. J., Locander, W. B., and Pollio, H. R., "The Lived Meaning of Free Choice: An Existential Phenomenological Description of Everyday consumer Experiences of Contemporary Married Women", *Journal of Consumer Research*, Vol. 17(3), 1990.

Thornberry, P.T., Christenson, R.L., "Unemployment and criminal involvement : a investigation of reciprocal causal structures", *American Sociological Review*, Vol. 49(3), 1984.

Veenhoven, Ruut, "Sustainable consumption and happiness", University Library of Munich, Germany, MPRA Paper, 2004.

Wang, L., Malhotra, D., & Murnighan, J. K., "Economics education and greed", *Academy of Management Learning and Education*, Vol. 10, 2011.

Weiss. Allen M. and Jan B. Heide, "The Nature of Organizational Search in High Technology Markets", *Journal of Marketing Research*, Vol. 30(5), 1993.

Wheeler, L., & Miyake, K., "Social comparison in everyday life", *Journal of Personality and Social Psychology*, Vol. 62, 1992.

Winarick, k., "Thoughts on greed and envy", The American *Journal of Psychoanalysis*, Vol. 70, 2010.

Yang, Myungji., "The rise of 'Gangnam style': Manufacturing the urban middle class in Seoul, 1976-1996." *Urban Studies*, Vol. 55(15), 2018.

4. 인터넷 자료

http://tipitaka.sutta.org/(빠알리 6차 결집본).

https://kosis.kr/(국가통계포털)

https://www.police.go.kr 〉open 〉 publice 〉 publice0202/(한국경찰청)

http://www.munhwa.com/news/(KICJ 한국형사·법무정책연구원)

https://www.psychiatry.org/psychiatrists/practice/dsm(미국정신의학협회)

https://www.newdream.co.kr new/(CJB뉴스, 도박중독 예방 캠페인)

https://www.christiantoday.co.kr/sections/(2011년 9월 9일, 김충렬 칼럼)

https://www.donga.com/news/(2013년 1월 11일, 동아일보 기사)

https://m.khan.co.kr/local/Seoul/article/(2015년 8월 19일, 경향신문)

https://news.sbs.co.kr/news/ (2017년 8월 23일, SBS 뉴스)

https://www.ytn.co.kr/(2020년 1월 28일, YTN, 더뉴스-더사건)

https://m.health.chosun.com/svc/news/(2022년 2월 22일, 헬스조선 뉴스)

https://thumb.mt.co.kr/(2023년 5월 28일, OECD 회원국 자살률 조사)

https://m.blog.naver.com/telekan/(2015년 1월 7일, 헤럴드경제)

https://www.jangup.com/news/(2021년 12월 9일, 장업신문)

ABSTRACT

A study on greed for wealth and its solutions in early Buddhism

- Compared to the views of modern psychology -

Lee, eun kyung(Hyeon do)

Department of Buddhist Studies

Graduate School of Dongguk University

The purpose of this study is to suggest new solutions in Early Buddhism to liberate from the sufferings caused by the desire of wealth and the economical negative thought as well as the greed for wealth. In Buddhism, as not possessing anything is emphasized, people misunderstand that obtaining legitimate wealth is discouraged. In Noble Eightfold Path(八正道, āryāṣṭāṅgamārga) which is the core principal, right occupations are suggested as a fulfillment and in many parts of the early buddhist scriptures right acquisition of wealth and expenditures are shown. For this reason, this study focuses on the right economic practice, the definition of greed for wealth and the solution.

This study on the greed for wealth is based on the investigation of the early Buddhist scriptures, Ahamgyeong(阿含經) and Pali Samjang(Pāḷi

Tipiṭaka) and a variety of criteria for greed in contemporary Psychology. Accordingly, its definitions, kinds, causes and issues from the scriptures would be focused on in order to find out the solutions to the greed for wealth.

In modern times, there exist many kinds of economic practices, which makes it hard to define what parts of these can be considered greed. In modern psychology, there are various levels of discussions about desire and ambitions in relation to greed. Greed refers to the longing for gaining more and excessive desire with selfishness, which includes all from material wealth such as money, goods, property, wealth etc. and non-material wealth such as possession, authority, success, happiness etc. That is to say, greed has character-istics that those want to keep and protect the wealth at any their costs and end up never being satisfied with it.

A majority of modern people make individual and social troubles by doing wrong things ethically and morally; such as being stingy, greedy or dissatisfied and exploiting, deceiving, manipulating, or harming others. In terms of excessive greed, there are material troubles which are engaged in gambling, speculations, shopping addiction, economic crimes, robbery, homicide, interpersonal conflicts and psychological troubles which give an influence on dissatisfaction, stressful barrier, money squeeze, mammonism, stinginess, dissipation and so forth.

In Early Buddhism, the three terms, which are need, desire and greed based on 'Yog(欲)-the need for rising instinctively' depend on 'Sensation or feeling(受)-receiving' the feelings from the objects that we face and the state of mind. Yog(欲)-the need for rising instinctively, refers to the pursuit of the sensational pleasure from the objects we face and prefer, but it never arises when they are not suitable and likeable. Greed based on 'Yog(欲)' arises with the foundation on pleasant feeling and evil mind about the objects we face including matter and spirit.

In other words, greed arises with pleasant or neutral feelings and does not arise with feelings of dissatisfaction. In addition, greed also is accompanied by wrong perspectives and conceit, and being unaware that feelings, thoughts, formation, and consciousness are all transient, we are never satisfied and thus led to the state of sinful mind by keeping expanding the desire of constant pleasure. Greed, by its nature, is insatiable and increases the evil deeds or acts kamma(不善業). A variety of sufferings result from greed which is engaged in mental disorders with the sinful attributes like anxiety, worries, pinion, fetters and restrain, dirt and stain, dissatisfaction, homicide and so forth. Greed gives rise to various sufferings, and Tanha(渴愛) for existence leads to reincarnation.

The Buddha was the one who gave us the Dhamma to unburden sufferings we undergo. He instructed us to remove greed without arising feeling from the beginning. And in order to eliminate greed, he emphasized the use of Yog(欲, 熱意, chanda) to create and increase the mind to reap and seize greed. He said that if greed arises, we should control greed and put it out of existence by studying religious precepts and practicing.

In Early Buddhism, it was taught separately, depending on the monk and the laity. For the monk, the only greed for the four immeasurable minds(四無量心), Good works or deeds(善行), the wholesome Dharmas, or virtuous ways(善法, The Five Precepts, Ten Good Actions, the Three-fold learning, and the Six Paramitas, or the Six Perfections.) was recommended and allowed. In addition, they were asked to make a living with the wisdom of contentment with less or little gain(少欲知足), and keep the only Four things to rely on(四依止, cattāro nissayā) which are composed of daily necessities like clothes(cīvara), an alms bowl(piṇḍapāta), sleeping place(senāsana: sleeping and sitting, bed & chair, dwelling, lodging), and some medicine for the sick(gilānapaccaya-bhesajja).

For the laity, they were asked to live a life to obtain all the wealth including material and spiritual objects and the interests of property value through the practice of Five Precepts(五戒, pañca-śīla) and Noble Eightfold Path(八正道, āryāṣṭāṅgamārga). And no limitation for the amount and accumulation of wealth through right living was suggested by the Buddha and meanwhile Dāna(布施, A charitable act, almsgiving, donation, or generosity either in material or spiritual form.) was also recommended as the way of more accumulation of wealth. The monk gives the laity Dhamma-offering while the laity gives the monk material goods-offering. Such offerings are right consumption. In other words, we comsume our own wealth as offerings and also practice good deeds by offering and sharing. Accordingly, we can obtain more and more wealth by doing good, which refers to the structure of twofold in the aspect of accumulating wealth.

Wealth is often mistaken because it is considered as the criteria of the richness and happiness. Consequently, too much attachment for wealth makes us overlook and ignore the spiritual value of life. If we focus on the pursuit for self-interest with greed rooted on unwholesome thought, it could be the worldwide catastrophe beyond individual and social issue.

However, as long as we keep practicing the Buddha's teachings such as Right livelihood(正命), Dāna(布施), non-owned(無所有, simatiga), and the wisdom of contentment with less or little gain(少欲知足), the sound, beneficial and happy life could be accompanied as well. Also, by helping reduce and eliminate the source of pollution like three poisonous elements(三毒心: greed, anger, and ignorance) and anguish, the ultimate happiness, named nirvana could be expected in our real lives.